# Ilma Rakusa

# Mehr Meer
Erinnerungspassagen

Literaturverlag Droschl

*Anthropologische Erdkunde*

Der Mensch grenzt ans Meer,
Er ist ein fremdes Land,
In ihm hausen Flüsse und Berge,
Begehren Völker auf,
In ihm schlummern Erze und Tiere,
Glimmen Städte vor sich hin,
Doch wenn er auf einen Punkt starrt –
Versinkt er gnadenlos.
Der Mensch grenzt ans Meer,
Doch nicht immer und ganz, –
Erzittert sein Geist, fängt die Sintflut an,
Das dunkle Wasser steigt und steigt.

Jelena Schwarz

*La vie est unique*, mais les paroles d'avant la mémoire font ce qu'on en dit.

Jacques Roubaud, *Autobiographie*

# I

*Wer war Vater?*


Als er starb, hinterließ er nichts Persönliches. Keine Briefe, keine handschriftlichen Notizen, nichts. In seinem Schreibtisch lag der Autoschlüssel mit dem silbernen Mariatheresien-Taler, in den Schubladen Bankauszüge, Versicherungsausweise, säuberlich geordnet. Keine unbezahlten Rechnungen. Alles transparent, verständlich, korrekt. Zahlen, kleine, große. Ein abstrakter Kosmos. Die Kartonmappen rosa, zitronengelb, mausgrau, ohne Flecken und Knicke, geruchlos. Er hatte für uns vorgesorgt, auf lange Jahre.

Das war seine Selbstlosigkeit.

Ich roch an seinen Kleidern. Sie hingen still im Schrank. Kleiderkolonnen wie Zahlenkolonnen. Der leicht ausgefranste Pulloverärmel war tröstlich, und unten die ausgetretenen Lederpantoffeln. Fast bekam ich Mitleid mit ihnen. Argloser konnte man nicht sein. Und anhänglicher. Vor dem stummen Krawattenrudel machte ich kehrt.

Er wollte. Wollte einiges aus seinem Leben aufschreiben, weil ich ihn darum gebeten hatte. Für die Nachwelt, sagte ich, für uns, sagte ich. Er trug sich so lange mit dem Gedanken, bis es zu spät war: Er fiel vom Stuhl und blieb liegen. Ohne eine einzige Zeile zu Papier gebracht zu haben.

Draußen sehr Dezember, von den kahlen Bäumen tropft nasser Schnee. Jeder Ast zeichnet sich ab, der Garten ist lichter geworden. Auch die Vergangenheit hat sich gelichtet. Skelettiert streckt sie mir Erinnerungen entgegen, Rutenbündel, mit einigen aufflammenden Blättern.

Wenn Vater Musik hörte, hielt er den Kopf schief wie ein Vogel. Er saß im blauen Fauteuil, ich im beigen. Wir sprachen nicht, wir waren in Bruckners Siebte vertieft. Manchmal stützte er den Kopf auf, als wäre er ihm zu schwer geworden, gedankenschwer. Den Fluß seiner Gedanken kannte nur er. Es war ein Fluß, der von weit kam und wer weiß wohin führte. Mit der Musik verband er sich am besten, ohne seine Quellen preiszugeben.
Vater war schweigsam und war es nicht. Offen und verborgen zugleich. Er war großherzig, tapfer über die Maßen, uneitel, standhaft wie ein Baum. Ein kleiner, feingliedriger Mann, dessen Humor schalkhaft aus den Augen leuchtete. Pathos war ihm fremd. So fremd wie der Pomp der katholischen Kirche. Das Befreiende fand er in der Musik und in der Natur.
Manchmal teilte ich seinen Raum. Wenn wir so einmütig schwiegen, daß unser Atem verschmolz. Bei Bruckners Siebten, beim Gehen durch den Kastanienwald. Mit niemandem sonst hielt ich das Schweigen aus, es bekam Mißtöne, schuf Verlegenheit. Mit Vater war es weit, eine sprechende Stille.
Wir gingen. Von Bondo nach Castasegna, auf dem Römerweg. Der Kies knirschte unter unsern Sohlen, aus den Wipfeln Vogelrufe. Unbändiges Grün, in allen Schattierungen. Dazwischen das Grau der Felsblöcke, moosüberwachsen. Wir gingen zügig, wir sprachen kein Wort. Auf der Waldwiese blieben wir stehen. Die Berge traten hervor, ein gezackter Horizont in gleißendem Licht. Dann nahm uns der Wald wieder auf. Hier wuchsen hohe Tannen und nur vereinzelt Kastanienbäume, und der Weg stieg an. Noch immer gingen wir zügig, wie durch einen kühlen Tunnel. Es roch nach Harz. Und plötzlich sprach ich ihn an. Erzähl, Vater, von damals. So, mitten im Wald, ohne Vorbereitung. Er wirkte nicht überrascht. Im Alltag war die Zeit knapp, und in Gegenwart Dritter wollte ich keine Fragen stellen. Jetzt war es gut, auch wenn unser Atem schnell ging.

Du hast schon in der Schülerzeitung linke Artikel geschrieben?
Ich hielt es für meine Pflicht.
Ging das 1933 im Königreich der Serben, Kroaten und Slowenen ohne Rüge ab?
Mein Vater, der zu mir stand, aber als Gymnasialprofessor in Maribor keine extremen Ansichten vertreten durfte, hat mich auf die Risiken aufmerksam gemacht. Ich nahm sie in Kauf.
Drohte kein Ausschluß aus der Schule?
Hätte ich meine Aktivitäten verstärkt, vielleicht schon.
Du hast also Matura gemacht und bist nach Ljubljana gegangen?
Ich habe in Ljubljana Chemie studiert und 1940 bei Professor Samec abgeschlossen, der meine Diplomarbeit bei De Gruyter in Berlin veröffentlichen ließ. Sofort erhielt ich das Angebot, an der Technischen Universität Zagreb Assistent zu werden, und zwar bei Vladimir Prelog, dem späteren Nobelpreisträger. Hätte ich angenommen, wäre ich bald schon der Ustascha in die Hände gefallen, während Prelog sich in die Schweiz abgesetzt hat. Gut, bin ich nach Budapest gegangen.
Was hast du in Budapest gemacht?
Ich habe bei der Firma Dreher/Hagenauer Verfahren entwickelt, um aus Hefe Vitamine zu erzeugen.
Interessant.
Die Firma wurde zum Kriegsbetrieb. Dann lernte ich Emil Wolf kennen. Er gab mir einen Forschungsauftrag und brachte mich so über die Runden. In diese Zeit fiel auch mein Kontakt zum Serben Jovanović.
Den Namen hast du schon einmal erwähnt.
Jovanović hatte Verbindungen zum einflußreichen Moldovànyi und vertrat bei der Schweizerischen Gesandtschaft die Interessen jugoslawischer Staatsbürger. Ich bekam einen Schweizer Freipaß. Zu Jovanović habe ich einige meiner jüdischen

Landsleute gebracht. Er hat sie auf Donauschiffen heimlich nach Jugoslawien befördert und gerettet.
Warst du außer Gefahr?
Das kann man nicht sagen. Ich war schon mit deiner Mutter befreundet, als mich Horthyisten festnahmen und eine Woche lang in Csáktornya internierten. Sie dachten, ich hätte Waffen und Verbindungen zur protitoistischen Partisanengruppe von Muraszombat. Über Jovanović beziehungsweise Moldoványi kam ich frei.
Wann bist du zu Mutter nach Rimaszombat?
Neunzehnhundertdreiundvierzig. Mein Schweizer Freipaß war bei mir. Die Deutschen respektierten ihn. Als ich einmal nach Budapest zurückfuhr, hieß es, die Pfeilkreuzler hätten mich gesucht. Meine fertiggeschriebene Dissertation hatte ich vorher einem gewissen Farkas zur Aufbewahrung gegeben. Er hat sie später unter seinem eigenen Namen veröffentlicht. Das Haus, in dem noch Sachen von mir verstaut waren, ist wenig später bombardiert worden. Aus den Trümmern habe ich ein paar Bücher und Fotos gerettet. Das ist alles.
Hauptsache, du bist am Leben geblieben.
Am Leben, wenn auch ohne Doktorat.
Und Rimaszombat?
Die Frontlinie verlief mitten durch die Stadt. Die Deutschen hatten die Wasserleitungen zerstört. Ich bin im Geschützhagel Wasser holen gegangen. Als die Russen kamen, wollten sie als erstes Uhren – »Dawaj tschasy!« – und Alkohol. Sie haben sogar den Sprit aus den Apothekergläsern getrunken, in denen seltene Föten aufbewahrt wurden.
Und dann?
Dann war der Krieg zu Ende. Du bist zur Welt gekommen. Ein Jahr später sind wir nach Budapest.
Hast du es nicht bereut?
Nein. Ich habe Misi kennengelernt. Misi war hoch intelligent,

wenn auch schwierig. Er hatte als Offizier des britischen Geheimdienstes in Ägypten gegen Rommel gekämpft und sich eine schwere Schulterverletzung zugezogen, die ihn quälte. Er hat mich überzeugt, Tito zu unterstützen. Später haben wir in Triest die Firma »Interexport« gegründet. 1951 verlegten wir sie nach Zürich.
Ich erinnere mich an Misi. Ein großer Melancholiker. Hat er sich nicht in London das Leben genommen?
Doch. Seine Frau hat ihn um zwanzig Jahre überlebt. Sie war seelisch robuster.
Warum Zürich?
Ich wollte in die Schweiz. Nur, die Schweiz wollte uns nicht. Wir saßen schon auf den gepackten Koffern Richtung London, als es im letzten Moment doch noch klappte.
Du hast Glück gehabt.
Das bestreite ich nicht.
Und Tito?
Eine Zeitlang habe ich im Jugoslawischen Konsulat gearbeitet. Dann wurde mir Titos Politik suspekt. Ich konnte und wollte dieses Regime nicht unterstützen. Ich sagte mich von ihm los. Unser Staatenlosenpaß war die Quittung.
Keine Kompromisse, so kenne ich dich.
Die Kompromisse hätten mich umgebracht.
Während er sprach, bekamen seine Augen einen wagemutigen Glanz, und die Stimme klang jugendlich.
X-mal dem Tode entronnen, sagte ich.
Es gab schwierige Zeiten, sagte er mit nachdenklichem Stolz.
Ich sah zu ihm hinüber. Eigentlich sah ich zu ihm auf. Ich hatte Grund dazu.

Immer wieder: Wie wäre das Leben verlaufen, wenn. Gehst du am Kreuzweg nach links, holt dich die Hexe ein; gehst du nach rechts, gelangst du zum Meer, wo ein Schiff auf dich wartet.

Ich hadere nicht. Das hat mir Vater, der nie und nirgends haderte, wortlos ausgetrieben. Ich stelle nur Fragen, eiliger, als ich Antworten geben kann. Ein halbes Leben hinterm Eisernen Vorhang, was hätte es aus mir gemacht? Kapuze hoch und. Im Londoner Reihenhaus ohne Samowar, mit Remington-Schreibmaschine, auch das eine Option. Es hat nicht sollen sein.
Was hat denn wirklich sein müssen?

Der Weg führte aus dem Wald, wurde ein Pfad, der sich in weiten Serpentinen hinunterkurvte. Steile Grashänge mit kleinen Ställen, vor denen Ziegen weideten. Tief unten die schimmernden Gneisdächer von Castasegna. Irgend etwas bimmelte, in der Ferne rauschte ein Bach. Dort verlief die Grenze.
Wir gingen jetzt hintereinander. Vater hatte die Mütze aufgesetzt, manchmal wies er mit der Hand auf ein Tier oder eine Pflanze oder blieb staunend stehen. Das Staunen hatte er nicht verlernt. Auch nicht das Staunen darüber, daß er mit achtzig durch diese Berggegend lief.
Vier seiner Studienkameraden waren in Mauthausen umgekommen. Zwei saßen in Goli Otok. Von manchen wußte er nicht, wohin es sie verschlagen hatte. Misi setzte seinem Leben ein Ende. Und die, die überlebt hatten, in Budapest oder Ljubljana, trugen schwer an ihren Erinnerungen.
Auch Vater trug an seinen. In regelmäßig wiederkehrenden Träumen holten ihn die Ängste ein. Mutter sagte: Mitten in der Nacht setzt er sich auf, schwer atmend und schweißgebadet. Es beruhigt ihn, wenn ich seine Hand ergreife.
Die Kühe weideten auf der flachen Wiese über der Maira, die schäumend Richtung Italien floß. Zurück gingen wir schweigend, mit dem Troß unserer Gedanken.
Dreieinhalb Jahre später war er tot. Seine Krankheit, statistisch

selten und fast nur in Japan vorkommend, hieß Rosai-Dorfman-Disease.

Bilder und Szenen kommen hoch: Wie er täglich für zwei Stunden hinter der Zeitung verschwand, unansprechbar, abgewandt, aber auf seine Weise weltzugewandt. Wie er sich über Herzschmerzen beklagte und meine kindliche Vorstellung das Herz bei den Geschlechtsteilen lokalisierte. Wie er das Kind trug: vom Haus ins Auto, vom Auto ins Haus, der ganze Zigeunerzirkus. Wie er mich beim Klavierspielen unerbittlich korrigierte, quer durch den Raum: Falsch, und diese Rufe mir bis ins Fingermark drangen. Wie er fachmännisch einen Bordeaux dekantierte. Und am Telefon gleich zur Sache kam, nur kein Geschwätz. Du liebst mich am schönsten, sagte er einmal. Am schönsten, nicht am besten. Ich behielt es für mich.
Soll ich ihn pragmatisch nennen? Er glaubte an Lösungen und suchte sie. Um diffuse Gefühlsbereiche, die sich rationalem Zugriff entzogen, machte er einen respektvollen Bogen. Wir sprachen über dies und das, häufig über Politik, aber kaum über Emotionen. Hier war er scheu, ein wenig hilflos und unbeholfen. Er verweigerte sich. Was nicht hieß, daß er nicht spürte, was mit einem los war. Vielleicht hatte er vor seinem eigenen Spürsinn Angst, und vor seiner Verletzlichkeit.
Kein Mann des Zögerns, der Unschlüssigkeit. Als er im Dorf ein Auto mit slowenischem Nummernschild sah und dieses nach fünf Tagen und einem markanten Wettersturz noch immer dastand, wußte er, daß den Bergsteigern etwas zugestoßen war. Er informierte die Rettungswache. Helikopter suchten den Piz Badile ab, bis sie in der berüchtigten Nordwand ein rotes Lebenszeichen entdeckten: jemand winkte mit einem Wimpel oder Tuch. Die Rettung war kompliziert, aber erfolgreich: das slowenische Bergsteigerpaar, das, von Schnee und Kälte überrascht, drei Tage in einem Biwak ausgeharrt hatte,

kam mit Erfrierungen davon. In den Zeitungen figurierte auch Vater als Held, nur legte er keinen Wert darauf. Mit den jungen Slowenen verband ihn fortan eine Freundschaft, das zählte. Und daß sie wiederkamen, um den Berg bis oben zu besteigen, diesen schwierigen, herrlichen Berg.

Der Schnee fällt, taut, fällt erneut, auf alles ohne Unterschied. Weiß der Holzzaun, die Wiese. Und die Welt so still, als hätte sie einen Dämpfer bekommen.

Wie war das damals. Aus dem Nichts kam ein Anruf. Vater sagte nur: Wir wurden verleumdet. Dieser Kurzmeyer, dieser alte Nazi unter uns, hat der Polizei gemeldet, wir seien verdächtig. Bekämen Besuch von irgendwelchen Jugoslawen. Eine kommunistische Unterwanderung usw. Nie habe ich meinen Vater so wütend gesehen. Da findet man mit Müh und Not ein Plätzchen in der demokratischen Schweiz, schafft es auf den Zürichberg, und dann das. In einem Mehrfamilienhaus, 1960. Aus Empörung kaufte er kurzentschlossen ein kleines Einfamilienhaus, obwohl das weit über unsere Verhältnisse ging. Um Ruhe zu haben vor verleumderischen Nachbarn. Um in Würde leben zu können.

Im übrigen gab es nichts zu verschweigen: Der Osten war unsere Bagage. Mit Herkunft und Kindheit und Gerüchen und dicken Pflaumen. Mit Braunkohle und Ängsten und Dampfloks und sukzessiven Fluchten. Wir kamen von DORT und kappten die Verbindungen nie. Nicht zu den Weinbergen zwischen Podgorci und Jeruzalem, nicht zu den Freunden an Drau und Mur, auch nicht zu den Hügeln von Rimaszombat, das nun offiziell Rimavská Sobota hieß. Die Regime waren eines, die Topographien ein anderes. Die Sprachen, die Speisen, die Gesten. Gefühlsalphabete. Vater rechnete sein Leben

lang auf slowenisch. Slowenisch wird er auch seine Selbstgespräche geführt haben.
Ich weiß zu wenig über ihn.
Als Jugendlicher spielte er Cello.
Er aß gern Tafelspitz, Topfenpalatschinken, Löwenzahnsalat mit Kartoffeln und Kürbiskernöl, eine frische adriatische Goldbrasse. Wein durfte nicht fehlen. Und nach dem Essen der Zahnstocher.
Prinzipien? Ja. Dogmen? Keine. Seneca war ihm lieber als die Bibel. Am liebsten war ihm die Musik, die schwebendste aller Künste.
Ein Fischgeborener. Zart, nicht zu fassen.

## II

*Bis nach Wilna*

Die Linie der mütterlichen Vorfahren mütterlicherseits führt bis nach Polen-Litauen. Die Kontratovics hießen einst Kondratowicz. Einer von ihnen wurde wegen seines Kämpfermuts in der Schlacht an der Uła geadelt. (Ein Familiendokument zeigt das Wappen mit dem polnischen Kommentar: »Kondratowicz, herbu Syrokomla, Sebestyan, wsławił się z odwagi w bitwie pod Ułą«.) Zu einem verwandten Zweig gehört der Dichter Władysław Kondratowicz-Syrokomla, geboren 1823 in Smolhow, gestorben 1862 in Wilna, ein spätromantisch-patriotischer Lyriker, der Polen ein besseres Schicksal erschrieb. In der Wilnaer St. Johannes-Kirche entdeckte ich eine Gedenktafel für ihn. Beerdigt ist er auf dem Friedhof Rasos.
Wilna, Vilnius, mit seinen Gassen und Hügeln, seinen neunundneunzig Kirchen und dieser litauisch-polnisch-russisch-jüdischen Vielfalt. Wenige Schritte von der wundertätigen Muttergottes (»Matka Boska Ostrobramska«) biegst du in die Allee ein, die zum russischen Frauenkloster führt. Die Nonnen schrubben und beten und schrubben. Hier steht die Zeit still. Als hätte sie sich in einen Hinterhof verzogen, während die Vögel zwitschern und knittrige Weibchen auf den Bänken dösen. Und kaum glaubst du dich, in der belebten Altstadt, wieder im Heute angekommen, fällst du in das nächste Zeitloch. Ein Tor, ein Durchgang, und du stehst auf einem hofähnlichen Platz, zur Hälfte mit Brettern und Sperrmüll verstellt, und zu deiner Linken ragt ein Gotteshaus, die Kirche der Unierten. Du betrittst sie vorsichtig. Zwischen Gerüsten und Gerümpel

erblickst du den Schimmer der Ikonostase, es riecht muffig, kein Mensch weit und breit. Als wäre hier ein Kulissenlager, ein versifftes Theaterdepot. Für Renovationsarbeiten fehlt es sichtlich an Geld. Das Häufchen Griechisch-Katholiken ist arm.

Im Ghetto nur noch wenige hebräische Aufschriften. Während die Gedenktafeln lauter Verluste dokumentieren: zerstörte Häuser und Synagogen, deportierte oder erschossene Menschen. Was noch steht, wurde schick gemacht, boutiquisiert. Eines der teuersten Hotels der Stadt prangt im Ghettoviertel. Ich spreche vom Jahr 2004. Beim Schabbat-Gottesdienst in der einzigen »tätigen« Synagoge höre ich fast nur Russisch; der Rabbiner, ein Amerikaner, spricht es mit starkem Akzent. Das einstige Jerusalem des Ostens rekrutiert sein jüdisches Gemeindeoberhaupt aus Brooklyn, so groß und rätselhaft sind die Umwege des Herrn.

Ich nehme eine der Hügelstraßen, steil ansteigend, von niedrigen Holzhäusern gesäumt. Zu Władysław Kondratowiczs Zeiten wird sie nicht anders ausgesehen haben. Hier ein Vorgarten, dort ein Baum. Nur über das grobe Straßenpflaster rattern klapprige Autos. Und plötzlich, nach einer Kurve, hört die Stadt auf, und der Wald beginnt. Als dichter Mischwald zieht er sich über etliche Hügelketten. In seiner finstersten Mitte, in Paneriai, die Überreste von siebzigtausend Juden, die zwischen Juli 1941 und Juli 1944 erschossen worden sind.

Das erste Mal kam ich Ende der sechziger Jahre nach Vilnius, damals Hauptstadt der Litauischen Sozialistischen Sowjetrepublik. Ich kam mit dem Nachtzug aus Leningrad. Es war früh, und ich hatte kein Hotel. Alle Versuche, ein Zimmer zu ergattern, schlugen fehl. Bis eine freundliche Rezeptionistin mich an der Hand nahm und mir eine Dachkammer überließ. Das war ein gutes Omen. Auch später behandelte man mich gut. Ein Student führte mich ins Herz der Altstadt, wo die

engsten und krummsten Gassen ein flußnahes Netz bilden.
Und schon entdeckte ich, an einem unscheinbaren hellgrauen
Haus, eine Gedenktafel für meinen Dichter.
Fünfunddreißig Jahre später ist der Bahnhof kaum wiederzuerkennen. Die große Halle erneuert, die Schalter ausgelagert und modernisiert. Noch weiß ich genau, wo ich damals Schlange gestanden und eine Fahrkarte nach Riga erstanden habe, für einen Nachtzug, der Ausländern verboten war, da er militärische und andere Sperrgebiete passierte. Aber da ist kein Schalter mehr. Nur die Gleise draußen gleichen sich noch.

Man zeige mir den Fluß Uła.
Man zeige mir die Orte, an denen mein Urgroßvater als Finanzoffizier tätig war. An verschiedenen Enden Ungarns, das damals auch Siebenbürgen, Teile der Slowakei und Transkarpatiens einschloß und zur Kaiserlich-Königlichen Monarchie gehörte. All diese Flußläufe und Grenzverläufe. All diese Städte mit neuen Namen und hybriden Identitäten. All diese Regimewechsel und Kriege und Verheerungen und Verdrängungen. Der Wind der Historie.
Urgroßvater war mit einer Mährin verheiratet und hatte vier Kinder, zwei Söhne und zwei Töchter. Der ältere fing ein Medizinstudium an, wurde als Soldat eingezogen, geriet in russische Kriegsgefangenschaft und blieb in der Sowjetunion. Er heiratete eine Russin. Bat die Eltern, daß man ihm ein gefälschtes Medizindiplom besorge, was diese verweigerten. Dann verlieren sich seine Spuren. Der jüngere Sohn, Elemér, fiel mit knapp zwanzig an der galizischen Ostfront. »Ich lebe noch«, stand in seinem letzten Brief. Kurz darauf folgte die Todesnachricht. Die beiden Töchter, drei Jahre auseinander, waren schwesterlich Verbündete. Sie besuchten das Gymnasium in Ungvár (dem heutigen Užhorod) und blieben unzertrennlich. Die Ältere, Jolán, wurde Lehrerin, die Jüngere, meine

Großmutter, heiratete Károly Sichert, der es vom Waisenkind zum Direktor der Konservenfabrik in Rimaszombat gebracht hatte. Sie nahm Jolán zu sich. Jolán war ledig, tiefgläubig und schreckhaft wie ein Nachtvogel. Ihre ganze Zärtlichkeit schenkte sie der Nichte (meiner Mutter) und deren Tochter (mir). Mit immer ernstem Gesicht schob sie den Kinderwagen, ließ sich tyrannisieren und ausnutzen. Der Opferwille stand ihr im Gesicht. Bis sie eines Tages, Anfang der sechziger Jahre, tot umfiel. Ein schneller Herztod.

Meine Großmutter übersiedelte zu ihrer Tochter in die Schweiz, hörte aber nicht auf, sich mit ihrer Schwester zu unterhalten. Leise, beim Blättern in alten Briefen und Alben. Ach, das hätte Jolán gefallen, las ich auf ihren Lippen. Sie war schüchtern, dezent elegant, mit einem ausgesuchten Sinn für schöne Stoffe und Materialien. Das hatte sie von ihrem Vater geerbt, dem Finanzoffizier, der alle möglichen kostbaren Objekte sammelte: Zigarettenetuis und -spitzen, Schatullen, Scheren, Lorgnons, aus Perlmutt, Silber und Bernstein. Großmutter hielt es mit Gürteln und Schuhen, aus feinstem Leder gefertigt. Im Alter allerdings trug sie nur wenig davon. Der Besitz war tot, ein materieller Beweis verjährter Sammellust. Konservierte Vergangenheit. (Das Konservieren lag ihr im Blut; in ihrem großbürgerlichen Fabrikantengattinnenleben zeigte es sich etwa darin, daß sie die Salonsessel, außer wenn Besuch kam, mit weißen Schonbezügen versah.)

Ich erinnere: ein melancholisches, über der markanten Nase etwas zu eng liegendes, mausbraunes Augenpaar.

Ich erinnere: den über eine Näharbeit oder ein winziges Gebetbuch gebeugten Kopf.

Ich erinnere: die schmalen Hände, die geduldig durch Schubladen fuhren, um Briefe, Zettelchen, aus früheren Zeiten herübergeretteten Krimskrams immer neu zu sichten und zu ordnen, als verbürgten diese Gegenstände ihre Existenz.

Ich erinnere: ihren langsamen, bedächtigen Gang, ihre brüchige, fast weinerliche Stimme, die der meiner Mutter nie Paroli bieten konnte.

Ich erinnere: ihre flinken Zähne, die noch das letzte Fitzelchen Fleisch von einem Hühnerflügel (oder -hals) nagten.

Ich erinnere: ihre rührende Sparsamkeit, mit der sie jeden Heller oder Rappen umdrehte, zum Ärger meines Vaters. Ihren Satz: Ich will euch nicht zur Last fallen. Was ihn in seiner Großmut erst recht aufbrachte.

Ich erinnere: die orange-braun-gestreiften Hausschuhe aus Wollstoff mit einer Metallspange (tschechoslowakischer Fabrikation), in denen sie vor ihrem Tod durch das Haus schlurfte, eine gebrochene, fahle Frau.

Ich erinnere: ihre Klagen über Blähungen und saures Aufstoßen, Signale ihrer Krankheit.

Ich erinnere: ihr dünnes, silberweißes Haar, das zu einem kleinen Knoten zusammengesteckt war; ihre buddhalangen Ohrläppchen mit einem punktgroßen Ohrring.

Ich erinnere: ihre Sanftheit, die in krassem Gegensatz zum Jähzorn ihrer Tochter stand. Ich glaube, sie hat oft geweint. Aus Reue, aus Hilflosigkeit.

Die Sippe der Kontratovics ist groß. Ein Cousin meiner Großmutter, Ireneus, war unierter Bischof in Užhorod. Wie er die repressiven Sowjetzeiten überstand, weiß ich nicht. Ich weiß nur, daß Ikonostasen mich seit je magisch anziehen, wie die langsamen, monotonen Rituale griechischer, russischer Gottesdienste.

In Užhorod lebt noch heute Ernest Kontratovics, ein Landschaftsmaler und mehrfacher »verdienter Künstler der Ukraine«. Die Hügel, Felder und Wälder Transkarpatiens erstrahlen bei ihm in leuchtenden Farben, die Dorfszenen sind märchenhaft-idyllisch wie Gauguins Tahiti. Mit seinen dreiundneunzig

Jahren zieht es ihn noch immer hinaus in die Natur. Vielleicht könnte er mir sagen, was engste Heimat ist.
Unsere Wege haben sich nie gekreuzt. Einmal, vor langer Zeit, fuhr ich mit dem Nachtzug von Kiew nach Budapest. Im Morgengrauen sah ich durch das Fenster: auf jeder Anhöhe eine Holzkirche. In Užhorod bin ich nicht ausgestiegen. Langes Rangieren des Zugs im Grenzort Čop, dann durch weites Flachland südwestwärts, in die ungarische Hauptstadt.

Den Osten Europas, über den sich das Netz der Familiengeschichte breitet, habe ich kreuz und quer bereist, vor allem auf Schienen. Schrecken und Anziehung der Bahnhöfe: mariatheresiengelber, schmutziggrauer, räudiger, hinfälliger Bahnhöfe, mit Säulen und ohne, mit einer stinkigen Kneipe oder einem einfachen Ausschank, mit vertrockneten Geranien und einem Stationswärterhäuschen, mit toten Gleisen in provinzieller Tristesse. Irgendwo ertönt ein Glockenzeichen, hebt sich eine winkende Hand, und der Zug ruckelt los. Die Fensterscheiben sind schmutzig, kalter Rauch hängt in den Abteilen. Das schummrige Licht geht aus und wieder an, einer unbekannten Laune folgend. Draußen ziehen Felder vorbei, Weiden mit mageren weißen Kühen. Ein einsamer Hund hinkt aus dem Dorf. Und als der Zug plötzlich stehenbleibt, taucht eine Schar Zigeunerkinder am Bahndamm auf, laut gestikulierend, die Gesichter erdbraun und lachend. Noch bevor ich zurückwinke, hat der Abschied uns eingeholt. Es geht immer weiter, im Takt der Schwellen. Und seltsam, dieses Weiter, wenn es sich denn nicht selbst genügt, zielt nicht auf Ankunft, sondern erscheint mir wie eine Kette von Abschieden. Die Bäuerin mit dem Wassereimer, knietief im Gemüsebeet stehend – schon vorbei. Das kleine Pferdchen mit der tanzenden Mähne – vorbei. Der Glockenturm mit dem riesigen Helm – vorbei. Die flinke Rauchsäule aus dem Schornstein einer windschiefen

Holzkate – vorbei. Vorbei das junge Paar, das Hand in Hand hinter der Schranke steht, einträchtig wartend. Vorbei der See, der mitten im Birkenwald aufleuchtete, vorbei. Ich schaue, ich lese Aufschriften in Ungarisch, Slowakisch, Litauisch, auch die Schaffner wechseln die Sprache. Und wenn ich mich vollgeschaut und vollgehört habe, überlasse ich mich dem Schlaf. Er trägt mich zuverlässig durch Räume und Zeiten, ein warmer Ballen, aus dem ich mich irgendwann hochräkle. In Kaunas, Košice oder Pécs, nach einem scharfen Pfiff, der mich in eine schläfrige Gegenwart katapultiert.
Was suche ich?

# III

## *Das andere Gedächtnis*

Die innere Kompaßnadel zeigt nach Osten. Aber woher diese Erregung, wenn ich eine Akazienallee sehe, einen Ausschnitt von Tiefland, einen tuchförmigen Platz, gesäumt von einstöckigen Häusern. Da ruft etwas: Hier. Und kein Name kommt dem Bild bei. Das Bild sitzt hinter jeder bewußten Erfahrung. Es stammt aus einem Gedächtnisspeicher, den ich weder kontrolliere noch wirklich kenne. Und hat Macht über mich. (Déjà-vus, sagt M., wäre das nicht das Indiz dafür, daß wir schon mehrere, ja unzählige Male auf dieser Erde gewandelt sind?)
Im Schnee krümmt sich ein Zaun. Unbedingt ein krummer Zaun, dörflich. Schatten, Dohlen, alles da. Und ich falle in die wievielte Vergangenheit. Vorvergangenheit. Jenseits der sieben Berge und Zwerge.
Dann Schafherden, wollig am Grashang, im Grassteppenland. Auf steilen Weiden. Kauende Kiefer, und plötzliches Wogen, wenn sich die Herde in Bewegung setzt. Wie eine Urerinnerung.
Zu den Wer-weiß-woher-Bildern gesellen sich Klänge und Gerüche. Pentatonisches (mit schneidenden Halbtonschritten), gesungen, geblasen. Es riecht nach Rauch. Nach Gewürzen, Weihrauch.
Aus Tassen dampft Tee.
Das Land des andern Gedächtnisses ist ein Teeterritorium.

Zwischen seinen Zäunen und Grenzen bin ich berührt. Ich folge seinen Appellen, als wären es Zurufe zuverlässiger Hirten. Eastward ho!
Die Zeit ist konisch, das Leben läuft auf eine unerbittliche Spitze zu. Ich nenne sie Anfang. Weil die Herde schon wartet. Weil der Rauch weht, wo er will. Ich frage nicht nach Gründen. Das Wort Heimweh klammere ich aus.

# IV

## *No memory*

Ein zufälliger Geburtsort. Ein nicht ganz zufälliger Geburtsort, denn schon meine Mutter wurde hier geboren. In Rimaszombat, das nach dem Vertrag von Trianon von Ungarn an die Tschechoslowakei fiel, von Admiral Horthy zurückerobert wurde, um nach dem Krieg Teil der ČSSR zu werden und rund fünfundvierzig Jahre später Bezirkshauptstadt des Kreises Gemer im Südosten der Slowakischen Republik. Rimavská Sobota, 25.000 Einwohner, ein knappes Drittel davon zählt zur ungarischen Minderheit. Gymnasium, Hauptschule, Museum, Bibliothek, Rathaus, zwei Hotels, eine katholische, eine lutherische, eine calvinistische Kirche, barocker Hauptplatz. Die Synagoge (in einer der Altstadtgassen) wurde dem Verfall preisgegeben. Später wütete der sozialistische Bauboom: in den sechziger Jahren entstand am Rande des historischen Stadtkerns eine große Plattenbausiedlung, im Volksmund »chinesische Mauer« genannt.

Die 1902 gegründete Konservenfabrik, deren Direktor mein Großvater war, gibt es noch heute. Sie produziert Konfitüre, Obst- und Gemüsekonserven. Das einstige Direktorenhaus, in dem meine Mutter aufwuchs und ich zur Welt kam, wurde zum Bürotrakt, ohne daß Treppenhaus und Wohnungsgrundriß verändert worden wären. Ich finde mühelos mein Geburtszimmer (erster Stock, Nordostfenster), man läßt mich allein. In den Nebenräumen wird renoviert (gehämmert), ich trete auf den einzigen Balkon, von dem sich eine triste Sicht auf Lagerhäuser und eine benachbarte Bierbrauerei bietet. In

Mutters Berichten ist von Fuhrwerken die Rede, von Kutscher Károly, der sie in die Schule fuhr; vom Schweinchen Pici, das auf dem Flachdach eines Nebengebäudes lebte, bis ihm die Stunde schlug. Erzählungen aus einer anderen Zeit.
Ich tappe durch das Dunkel der Nicht-Erinnerung, versuche mir vorzustellen, wie man mich im tiefsten Januarwinter im Kinderwagen durch den angrenzenden Stadtpark fuhr, vermummt wie eine winzige Mumie. Der Stadtpark ist bei meinem jetzigen Besuch kahl und riecht nach Moder. Die Parkbänke dämmern vor sich hin, als wollten sie Moos ansetzen. Hinter dem Park das Flüßchen Rima; Brücke, Pavillon. Das war Mutters idyllische Kindheit.
Auf einem Foto stapfe ich windelbewehrt durch den Park. Vielleicht anderthalb Jahre alt. Auf einem andern stehe ich auf dem Balkon des Hauses, in dessen Erdgeschoß sich Mutters Apotheke befand. Es ist Sommer, ich trage ein weißes Kleidchen und eine riesige Masche im Haar. Das Licht blendet mich, oder es ist Skepsis, die mir schon früh im Gesicht steht. Leicht zusammengekniffene Augen, der Kopf leicht schief, als wäre er zu schwer. Im Arm halte ich einen Teddybär. Wenig später sind wir nach Budapest gezogen.

Jesusmaria, soll Tante Jolán immer gesagt haben, das Kind erkältet sich.
Puppe will spielen, soll ich über mich gesagt haben, und wickelte ihre dünnen silbrigen Haarsträhnen um meinen rechten Zeigefinger, daß sie aufstöhnte. Ich zerrte und riß an ihr herum, lachend. So erzählen es die, die sich erinnern.
Ein kleiner Tyrann.
Ein Tröpfchen (Kosename), das kräftig wächst.
Großvater, der mir gewachsen gewesen wäre, stirbt drei Wochen nach meiner Geburt.
Mutter (jähzornig-energisch) schuftet in der Apotheke, umge-

ben von großen Apothekergläsern mit kretinesken Embryos.
(Die einmarschierenden Russen hatten doch nicht den ganzen
Alkohol weggetrunken.)
Vater? Ist stolz auf das winzige Mädchen.
Ich wachse tantenbehütet auf, zwischen Fabrikwohnung,
Apotheke und Park. Wechsle von der Muttermilch jäh zur
Paprikawurst, was akute Besorgnis auslöst. Vier Zähne, viel
Ungehorsam. So stand es um mich.

An einem klirrend kalten Novembertag des Jahres 2004 begrüße
ich die Stadt wie eine Unbekannte. Aber die Apotheke sieht wie
auf dem Foto aus. Der Hauptplatz schaut aus dem Album. Die
Konservenfabrik dito. Auch das gelbe kakanische Gymnasium,
in dem meine Mutter acht Jahre lang glückliche Schülerin war.
Ich gehe durch die Straßen, mit meiner Phantasie Schneisen
schlagend. Alles ist um die Ecke, kaum biegen die Beine in
eine der Gassen ein, ist sie auch schon zu Ende; putzige Markt-
fleckenarchitektur, das heißt einstöckige Häuser mit bescheide-
nem Zierat, gesäumt von niedrigen Bäumen mit kugelförmiger
Krone. Ich erkenne den Reiz der Übersichtlichkeit: in diesem
Karree geht keiner verloren. Und die Welt, aufs Miniatureske
beschränkt, scheint halbwegs in Ordnung. (Daher Mutters
Mißtrauen gegen Großstädte, ihre Orientierungsverlorenheit.)
Ich skandiere schon: vom Tompa-Denkmal zum Stadtpark
– 0,8 km; vom Café Karpathia zum Friedhof – 0,9 km; vom
Gymnasium zum Gebäude der Volksschule, wo Jolán unterrichtete – 0,6 km. Das Gebäude ist streng, in abgeblättertem Grau;
seine Front geht auf eine akazienbestandene, schattige Straße,
während sich seitlich ein Sportplatz breitgemacht hat, trist
umzäunt. Jolán liegt längst im granitenen Familiengrab, den
Rosenkranz ums Handgelenk gewickelt. Ich stehe vor der Ruhe-
stätte der Kontratovics, ein Vogel scharrt im Sand. Der Friedhof
klammert sich an den Hang, darüber ein waschblauer Himmel.

Familiäre Spurensuche brauche ich nicht zu betreiben. Verwandte gibt es nicht mehr in R. S. Nur entfernte Bekannte meiner Mutter. Aber die Stadt bereitet mir ihren eigenen Empfang, als wäre ich eine verlorene Tochter. Mit Bürgermeisterinnengrußwort und orgelbegleitetem Gesang, mit Gedichtrezitation, Blumenstrauß und Geschenken. Die kleine Nachmittagszeremonie spielt sich im Hochzeitssaal des Rathauses ab. Ich fühle mich bräutlich und danke gerührt, auf ungarisch.

Zwischen den Kirchturmspitzen scheint die Sonne flach ins Rathaus. So ein heller Moment, nur wenige Häuser von Mutters Apotheke entfernt. Sagt Rabbi Nachman: Durch die Freude wird der Sinn seßhaft, aber durch die Schwermut geht er ins Exil. Sagt: Die Welt ist wie ein kreisender Würfel. Und alles kehrt sich.

Ich bin, wo ich einst war, ohne mich zu erinnern, angekommen. Eile vom Rathaus an der Nordseite des Hauptplatzes zur Bibliothek an dessen Ostseite. Lese im ausgebauten Dachgeschoß vor siebzig Gymnasiasten, die mich anschließend nach allen Regeln der Kunst ausfragen. In welcher Sprache fühlen Sie sich zu Hause. Wie gefällt Ihnen Ihre Geburtsstadt. Haben Sie kein Heimweh. Was empfinden Sie beim Schreiben. Ich spreche von der Heimlichkeit der Sprache, vermeide es aber, auf die Parallele von Schreiben und Schreien hinzuweisen. Die Gesichter glühen, auch die Deutschlehrerin (in elegantem Hütchen) blickt erwartungsvoll. Ich komme von weit, um meine hiesige Zugehörigkeit zu testen.

Pani K., joviale Herrin des Hauses, führt mich durch die Bibliothek wie durch ein Heckengebüsch. Auf dem Papiertischtuch voller Flaschen und Brötchen rotlappige Blumen. Alles blumt und blüht hier, üppig. Worauf ich ins Gästebuch eine Margerite zeichne. Widmung, Dank usw. Sie strahlt.

Draußen ist sternklare Nacht. Ich sehe Menschen über den

Platz huschen. Boris sagt: Sie müssen den letzten Bus erwischen, der sie nach Hause ins Dorf bringt. Viele Schüler wohnen auf dem Land.

Die Läden haben längst zu. Es ist still in Rimavská Sobota. Ich frage mich, wo einst die Bälle stattfanden, von denen Mutter so schwärmte. Und wo wird heute getanzt? Boris führt mich durch schlafende Straßen, ohne Kneipen, ohne Discos, ohne Hundegebell. Sie sind so leer, daß ich sie zur Bühne meiner Imagination mache. Dort drüben, sage ich mir, wohnt Olga Singer, die Tochter des Rabbiners, Mutters engste Freundin. Und dort vorn, wo der Lichtschein herkommt, Gyuszi Vietorisz, ihr Spielgefährte. Vielleicht übt er Klavier, während die Erwachsenen Karten klopfen. Und weiter vorn wohnt Illi, die krause, gut gelaunte Illi, die so schnell Schlittschuh fährt.

Aber plötzlich betrete ich ein Haus, und da sitzt eine Katinka von heute, und redet und fragt und bietet Fleisch und Kuchen an. Und ich versinke im Jetzt.

Das Hotel sieht wie eine Pyramide aus, mit abgeflachter Spitze. Vom Balkon aus überblicke ich fast die ganze Stadt, und im Hintergrund grüne Hügelzüge. Ein seltsamer Neubau, postkommunistisch, ja postmodern. Nach der »chinesischen Mauer« war Ägypten angesagt.

Ich schlafe den Tiefschlaf glücklicher Erschöpfung. Um morgens gleich ins Museum zu eilen, das mir schon um acht seine Schätze zeigen will. (Spezialerlaubnis, Spezialbegleitung; ein Fotograf dokumentiert meinen Besuch.) Ein Heimatmuseum mit stattlichen Räumen, das Paläontologie und Schlachtenmalerei mühelos zusammenbringt. Ich passiere im Schnellrundgang Vitrinen mit Knochenfunden und archäologischen Ausgrabungen, mit Kristallen, Zobeln, Zieselmäusen, seltenen Sumpfpflanzen, mit Säbeln, Trachten, Urkunden und Stadtplänen. Schließlich Säle mit Porträts lokaler Größen, die

gelassen in den Morgen blicken. Einen Moment lang durchzuckt mich der Gedanke, hier Quartier zu nehmen, im stillen Tête-à-tête der Historie des Landstrichs beizuwohnen. Aber die Zeit drängt, und ich beende die Kurzvisite als Voyeurin einer heimlichen Stunde.
Am benachbarten Tompa-Platz winkt der ungarische Nationaldichter Sándor Petőfi vom Sockel. Die pathetische Geste durfte nicht ausbleiben, nur wirkt sie durch den Umstand, daß die Figur kleiner als lebensgroß ist, verstümmelt und lächerlich, wie die ganze Statue. Fehlte es am Geld? Oder sollte die ungarische Minderheit mit Drittlösungen vorliebnehmen? Das Machwerk ist neu und mehr als halbherzig. Zwerghaft steht Petőfi im Schatten hoher Bäume, durch deren kahles Geäst die gelbe Fassade des Irrenhauses leuchtet.

Schleierwolken über der Stadt. Ich muß weiter, obwohl ich eben erst angekommen bin. Obwohl ich eben erst angefangen habe, eigene Erinnerungen zu bilden. Hallo, sagen sie zu den Fremderinnerungen. Hallo, Mutter.

Mutters Apotheke hieß »Einhorn«. Immer hielt sie es mit den Tieren. Lernte mit einer Schweinsblase schwimmen, beobachtete als Kind stundenlang Ameisen und griff furchtlos in Wespenschwärme, die die süße Konservenfabrik belagerten. Auf dem Flachdach eines niedrigen Nebengebäudes lebten Hühner, Gänse und das Ferkel Pici. Pici entblödete sich nicht, dreimal vom Dach zu fallen. Beim ersten Mal hatte es Glück. Beim zweiten brach es sich ein Bein. Beim dritten verletzte es sich so schwer, daß es geschlachtet werden mußte. Man liebte die Tiere und verzehrte sie bedenkenlos. Wurst, Speck, Gänseleber, Schmalz gehörten aufs Jausenbrot.
Ins Bett gehörten die Stofftiere, oder auf einen kleinen Leiterwagen, der durch den Stadtpark fuhr.

Mutter war verspielt. Mutter kroch (bis zehn) durch die Ornamente des Eisengitters, das die Fabrik umgab, statt das ordentliche Tor zu benutzen. Legte an der Rima ihr eigenes Gemüsegärtchen an und machte dem Kutscher Dampf. Fotografierte mit einer alten Box-Kamera, reimte und zeichnete und ließ es sich nicht nehmen, bei der bucklingen Zsuzsó Roth, in einem dunklen, »alchimistischen« Kämmerlein, Butter und Quark zu holen. Mutter las Jules Verne, Mutter verkleidete sich als Indianer, Mutter schaukelte bis zum Gehtnichtmehr. Ihre Angina war chronisch, bei jeder Magenverstimmung bekam sie Rhizinusöl. Aber das änderte nichts am Glück dieser Kleinstadtkindheit.

Heiter? Sie? Ich?
Schleierwolken, aus dem Boden kriecht Kälte. Und immer weiter, und immer Abschied nach nirgendwo.
Rabbi Mendel klagte: Jetzt fährt man auf der Landstraße den Tag und die Nacht, und es gibt keine Ruhe mehr.
Pani K. drückte mich an sich, sie roch nach Süßgebäck.
Boris stand blinzelnd im Licht, winkte.

# V

## *Was heute ist (Intermittierendes Stilleben)*

Sieben Äpfel liegen in der Porzellanschale, berühren sich, ohne sich zu beengen. Wie hingekollert: der eine eine Spur tiefer als der andere, aber keiner auf dem anderen. Vorne ein rotgelb gesprenkelter, die andern grünrot moiriert. In schöner Staffelung, und das Ganze geschüsselt, hingelagert, stillebenreif.
Sehr orange die Clementinen in der türkisfarbenen marokkanischen Obstschale: ihre beblätterten Stiele ragen spitz in die Luft, kleine Ritzer.
Beim Schauen verfestigt sich das Geschaute zum Bild. Das langsam einwärts wandert, mitsamt Farbe und Anordnung, und Ruhe hinterläßt.
Draußen die bereifte Natur: Bäume, Sträucher, Zweige, jede einzelne Fichtennadel weiß glasiert, glitzernd. Jedes Teil enthüllt, was es ist. Buschiges ist doppelt buschig, Zartes doppelt zart. Nur manchmal rieselt es von den Ästen. Kristalliner Sprühregen.

Heute dieser Tag. Der Hase im Unterholz. Die Mutteramsel vorsichtig, äugt. Freezing cold. Und die Gedanken in Schraffur, um Wärme zu erzeugen.
Iwanows Seele zittert aus Furcht vor dem morgigen Tag, weil der heutige ihn ekelt. Er sieht keine Bäume, nur das Dilemma: die jüdische Ehefrau liebt er nicht mehr, die andere traut er sich nicht zu. Tschechow hat es für ihn gelöst, mit der schnellen, selbst richtenden Kugel. Ein dunkler Wald ohne Wege ist Iwanow. Und der, der im eigenen Wald herumtappt wie ein

Blöder. Vor, zurück, im Kreis. Kein Vogelruf vermag ihn zu verzaubern. Es sei denn als Lockung in die Irre. Und wenn die Gewißheit kommt, wenn sie da ist, unumstößlich da, ich bin gefangen, platzt der Schuß. Dann ist genug.
Wieder die dicke Mutteramsel, aufgeplustert im Busch. Während agile Rotkehlchen durchs Birkengeäst schwirren. Ein Hauch von Sonne dringt durch den Nebel, etwas Transparenz. Die Kälte schluckt die Geräusche. Oder sie ducken sich wie die Tiere. Stille der Zäune. Stille der Äpfel in der Schale.

# VI

## *Was es mit Koffern auf sich hat*

Richard sagt: Diese Kofferpathologie. Ich kann den Anblick von Koffern nicht mehr ertragen. Richard zog umher und zieht noch immer umher und weiß nicht, wie er das Karussell beenden soll. Und wie er mich ansieht, beginnt mein eigener Kofferfilm abzurollen.

Eigentlich waren wir immer am Packen. Die Koffer lagen unterm Bett, auf dem Schrank, im engen Flur. Koffer. Aus Stoff, aus dunkelbraunem Karton, aus abgewetztem Schweinsleder, dazu Riemen zum Verschnüren, denn die Dinger wurden dick und schwer und hatten einiges auszuhalten. Wenn Mutter sich über den tiefen Kofferschlund beugte, war es soweit. Die Gegenwart glitt mit jedem Kleidungsstück, das sie versenkte und mechanisch glattstrich, in ein unfaßliches Anderswo, das Hier wollte kein Hier mehr sein. Ich stand daneben, und wie neben mir selbst. Das Seltsame war, wie schnell sich alles um den Koffer herum entwirklichte: das Bett, auf dem er lag, die Wände, das Zimmer, das mir eben noch vertraut gewesen war. Kaum begann er sich die Dinge einzuverleiben, schuf er einen imaginären Raum zwischen den Zeiten, in dem ich ratlos und verunsichert herumstand. Die Melancholie rührte vom Gefühl der Distanz zu buchstäblich allem. Noch waren wir nicht fort, aber auch nicht mehr da, und je länger das Packen dauerte, desto lähmender empfand ich es.

Ich wurde ja auch nicht gefragt. Das Weggehen entschieden die anderen. Die Eltern, die Umstände. Du kommst mit. Ich

ging mit. Ins Unbekannte. Ins nächste Provisorium. Eine Kindheit lang.
Überstürzt war der Aufbruch nie. Kein Drauflosrennen, bei dem ein Schuh zurückbleibt, leer. Wir flohen nicht, wir packten Koffer. Die Habe in Koffern, das war's. Also doch leichtes Gepäck. Umzugswagen brauchten wir nicht. Das schwer Bewegliche blieb zurück. Wir wohnten meist zwischen fremden Möbeln, die wir, kaum hatte ich mich an sie gewöhnt, wieder verließen. Und schon wieder blickte ich in den Schlund der Koffer. Ihre Treue war fraglos.
Das Wort Plaid. Das Wort Pelzhandschuh. Die weichen, flauschigen, wärmenden Dinge. Fast gewichtlos. Denn das Schleppen der Koffer war eine Plackerei. Was nicht auf Rädern fährt, ist eine Last, und sei der ganze Besitz darin versamelt.

Ich kann den Anblick von Koffern nicht ertragen. Sagt Richard.
Wem sagst du das.
Man hört auf zu verstehen, wohin man gehört.
Sind Orte so wichtig?
Ich meine schon.
Als ich Brodskij 1972 in seinen anderthalb Leningrader Zimmern besuchte, fiel mein Blick zuerst auf einen riesigen Schrank, darauf ein schwarzer Überseekoffer und eine winzige amerikanische Flagge. Wenige Monate später war er exiliert.
Ein Koffer ist ein Zeichen. Und erst in zweiter Linie ein Gebrauchsgegenstand.
Das Stigma des Nomaden?
Hör auf. Ich kann das Wort nicht ertragen.
Es ist in aller Munde. Wir leben schließlich in einer Migrationsgesellschaft. Oder meinetwegen in einer mobilen Gesellschaft der Weltreisenden.

Bloß keine Bahnhöfe, keine Flughäfen. Ich krieg sofort einen Koller.
Koffer können auch Vorfreude bedeuten, oder nicht?
Auf eine Expedition? Auf ein Wiedersehen?
So ungefähr.
Meine Neugier kommt ohne Koffer aus. Und je schneller ich mich im sommerlichen schwedischen Wald verkrieche, desto besser.
Ich dachte, du bist lichthungrig.
Na eben.
Vielleicht müßte ich nach deinen Vorfahren fragen.
Laß das.
Meine sind über halb Osteuropa verstreut.
Und du willst diese ganzen Verwandtschaftswege bereisen, als ob deine eigenen nicht ausgereicht hätten?
Ich glaube schon.
Meine Mitteleuropakarte ist zerfetzt von diesen jahrzehntelangen Berufsreisen.
Darum das Koffertrauma?
Mit zunehmendem Alter frage ich mich, wer ich bin.
Koffer, auch wenn sie voller farbig-fröhlicher Aufkleber sind, geben darauf keine Antwort.
Koffer tun weh.
Ich leih dir meine Tasche als Hilfs-Bag. Tasche ist Tasche.
Und wenn ich mich damit aus dem Staub mache?
In die Wälder?
Weiß ich nicht. Nur um endlich leicht zu sein.
Go ahead.

Leichtigkeit, ja. Ich reise (im Flugjargon) mit Handgepäck, die Siebensachen auf engstem Raum verstaut. Der Mantel – mein Zelt, die Bücher – meine Wegzehrung. Wasserflasche, Zahnbürste, Stifte, Papier. Das früh erlernte Herumzigeunern hat mir Beschränkung beigebracht. Und Sorgfalt im Umgang mit dem Wenigen. Hüte dich vor Verlusten. Brauch das Kopftuch als Zierde, Schutz und Schirm. Bevorzuge das Handliche, Knitterfreie, Polyvalente. Im übrigen bist du dein eigenes Haus. Unterwegs oder nicht, Obdach gewährst du dir selbst.

Das wußte ich, bevor ich es wissen wollte. Die Umzüge stießen mich in eine Selbständigkeit, deren Kehrseite die Angst war. Vater, Mutter, die Koffer und ich – das war die Welt. Aber da sich Vater, Mutter und die Koffer nicht festhalten ließen, begriff ich, was sich als einziges Zuhause anbot.

So stehen wir im Wind. Das Schweinslederne längst verrottet. Ein Schal hat die Strapazen fadenscheinig überlebt. Neue Generationen von Schals sind herangewachsen. Und Trolleys eilen durch die Lande. Aber manchmal überkommt es mich, überkommt es mich jäh, und ich werde klein und schutzlos. Strecke die Hand hilfesuchend aus, nach einem Haltegriff, einem Kofferriemen. Nach einem Lotsen durch die Zeit.

# VII

## *Budapest, remixed*

Wir wohnten am Fuß des Rosenhügels, in der Törökvész-Straße. Sie stieg steil an, und von oben bot sich ein weiter Blick hinüber nach Pest. Zweieinhalb Jahre nach Kriegsende zeigten die Häuser noch Beschädigungen, in unserer Hochparterre-Wohnung wüteten die Wanzen. Mutter erzählt, sie hätten den Bettrost ins Freie getragen, mit Benzin übergossen und dann angezündet, um das Ungeziefer loszuwerden. Meine Erinnerungen schweigen, ich war damals kaum zwei. Wie vergingen die Tage? Wir seien viel spazieren gegangen, sagt Mutter. Auf dem Weg in die Stadt kamen wir jeweils an Gül-Babas Grab vorbei, der sogenannten Türkenkapelle, die 1543-48 für diesen heiligen Derwisch errichtet wurde. Gül-Baba heißt Rosenvater. In der Nähe der Türkenkapelle liegt das Lukas-Bad und daneben das Kaiserbad – mit neun schwefelhaltigen Quellen und einem aus türkischer Zeit stammenden Dampfbad. Warmes Wasser, bauchige Kuppeln und der zierliche türkische Halbmond lagern irgendwo tief in meinem Gedächtnisspeicher.
Während die Heilquellen unter Budapests Boden sprudelten, wechselten sich oben Römer, Magyaren, Mongolen und Osmanen ab. Buda war Sitz eines Paschas, bis es im 18. Jahrhundert wieder Haupstadt Ungarns wurde.
Pascha, lehrte mich die Kinderfrau Piri, zeichne den Pascha. Sie nahm meine Hand mit dem zwischen Daumen und Zeigefinger geklemmten Bleistift und führte sie: zwei Strichlein für die Augen, eines für die Nase, waagrecht der Mund und der Kopf rund. Der Hals ein senkrechter Strich, der Bauch ein

großer Kreis, zwei Arme und Beine, und fertig ist der Pascha-Mann. Ungarisch reimte sich das Sprüchlein, so daß ich es mir schnell einprägen konnte:
Vesső, vesső, vesszőcske,
készen van a fejecske,
hosszú nyaka, nagy a hasa,
készen van a török pasa.
Im Rückblick osmanisiert sich mein Budapest mehr und mehr. Und wenn Mutter erzählt, wie tyrannisch ich sie und Vater am abendlichen Ausgehen gehindert und die arme stellvertretende Piri gequält hätte, kommt mir mein Verhalten nicht nur trotzig, sondern auch paschahaft vor.
Viel Kindergeplärr. Reagierte ich auch auf die Ruinen, die der sozialistische Wiederaufbau so schnell nicht beseitigen konnte? Mutter und ich waren viel unterwegs, nicht nur zwischen den Hügeln. Dunkle Straßenzüge, manches lag noch in Schutt und Asche. Aufgerissene Gehsteige, Löcher im groben Kopfsteinpflaster. Das Gehen ein Hürdenlauf. Wie war es am Donaukai? Der Fluß hat sich meinem Gedächtnis nicht eingeschrieben. Diese träge, glitzernde Masse war vor allem Spiegel. Im Fluß verdoppelten sich die Gebäude, die Brücken, selbstgefällig. O doch, es gab die grüne Margareteninsel. Und die Schiffe. Das mit den Schiffen ist mir geblieben. Das langsame Gleiten stromabwärts, bis die Kähne, die Frachter, die Dampfer dem Blick entschwanden. Geräuschlos oder von einem langen Tuten begleitet.
Du stehst am Ufer und empfindest Fernweh. Du bist ein Kind und weißt nicht, wie riesig dieser Strom ist. Daß er immer breiter und breiter wird und – zu einem mächtigen Delta verzweigt – ins Schwarze Meer mündet. Wo sie alle auch einst waren, die Römer und Daker und Osmanen und.
Schwarzes Meer. Wie schwarze Sonne. Das sitzt noch heute als Sehnsuchtsmetapher.

Aber Budapest? Es wäre wohl eine Übertreibung, mit Dezső Tandori zu sagen: Die Arche meiner Kindheit – der schwankende Wasserstand der Donau schaukelte sie. Das Schaukeln besorgten die Wellen im Golf von Triest, wenn nicht Kinderwagen, Züge, Autos, in denen ich augenblicklich einschlief, um nur widerwillig zu erwachen. Fahrend ließ ich mich wie eine eingepackte Ware transportieren. Beim Gehen war ich entdeckungsfreudig, eigensinnig, selbstbewußt. Wie lange wohl hielt ich es an Mutters Hand aus. Wie oft erschrak sie, wenn ich mich losriß. Wieviel Angst verband uns unter wechselnden Himmeln.

Ich glaube, sie erzählte mir Märchen, um sich selbst zu beruhigen. Um diesen andern, den Wortfluß, gegen das Staccato der Veränderungen aufzubieten. Das Hähnchen rannte, das Feuer brannte, aber das alles konnte uns nichts anhaben. Im übrigen hatte das Märchen immer Lösungen parat, für heitere Toren und schlaue Schweinchen ein Happy-End.

Erzähl. Der Regen schlägt an die Scheiben, der Schnee bedeckt Gül-Babas Grab, wir kauern im Warmen, und das Hähnchen kämpft um sein diamantenes Kleinod:

Es war einmal eine arme Frau, die hatte ein Hähnchen. Das Hähnchen scharrte und suchte im Mist, bis es eines Tages einen diamantenen Halbkreuzer fand. Da kam der türkische Kaiser des Weges, erblickte den diamantenen Halbkreuzer und sagte zum Hähnchen: »Hähnchen, gib mir den diamantenen Halbkreuzer.« »Den geb ich dir nicht, den brauch ich für meine Herrin.« Doch der türkische Kaiser nahm ihn dem Hähnchen weg und verschloß ihn in seiner Schatzkammer. Das Hähnchen wurde wütend, flog auf den höchsten Zaunpfahl und begann zu schreien: »Kikeriki, türkischer Kaiser, gib mir den diamantenen Halbkreuzer zurück!« Der türkische Kaiser eilte ins Haus, um das Geschrei nicht hören zu müssen. Da flog das Hähnchen auf sein Fensterbrett und schrie: »Kikeriki, türkischer Kaiser, gib mir den diamantenen Halbkreuzer zurück!« Der türkische Kaiser geriet in Zorn und schickte seinen Diener aus, das Hähnchen zu fangen und in den tiefen Brunnen zu werfen. Der Diener packte das Hähnchen und warf es in den Brunnen. Da begann das Hähnchen: »Kröpfchen, Kröpfchen, saug dich mit Wasser voll!« Und der Kropf saugte alles Wasser aus dem Brunnen. Und wieder flog das Hähnchen auf das Fensterbrett des türkischen Kaisers. »Kikeriki, türkischer Kaiser, gib mir meinen diamantenen Halbkreuzer zurück!« Da schickte der türkische Kaiser seinen Diener aus, das Hähnchen zu fangen und in den feurigen Ofen zu werfen. Der Diener packte das Hähnchen und warf es in den feurigen Ofen. Nun begann das Hähnchen: »Kröpfchen, Kröpfchen, laß das Wasser raus, damit es das Feuer lösche!« Und der Kropf ließ das Wasser raus und löschte das Feuer. Und wieder flog das Hähnchen aufs Fensterbrett. »Kikeriki, türkischer Kaiser, gib mir meinen diamantenen Halbkreuzer zurück!« Da geriet der türkische Kaiser in noch größeren Zorn und schickte seinen Diener aus, das Hähnchen zu fangen und in den Bienenstock zu werfen, damit die Bienen es zu Tode stachen. Der Diener packte das Hähnchen und warf es in den Bienenstock. Da begann das Hähnchen: »Kröpfchen, Kröpfchen, saug die Bienen auf!« Und der Kropf saugte alle Bienen auf. Und wieder flog das Hähnchen auf das Fensterbrett des türkischen Kaisers. »Kikeriki, türkischer Kaiser, gib mir meinen diamantenen Halbkreuzer zurück!« Der türkische Kaiser wußte nicht mehr, was er tun sollte. Er schickte seinen Diener aus, das Hähnchen zu fangen und in seine kaiserliche Pluderhose zu stecken. Da begann das Hähnchen: »Kröpfchen, Kröpfchen, laß die Bienen raus, daß sie den Hintern des Kaisers zerstechen!« Und der Kropf ließ alle Bienen raus, und diese zerstachen den Hintern des Kaisers. Der Kaiser sprang auf. »Zum Teufel mit diesem Hähnchen! Bringt es in meine Schatzkammer, soll es seinen diamantenen Halbkreuzer suchen.« Als das Hähnchen in der Schatzkammer war, begann es sein altes Lied: »Kröpfchen, Kröpfchen, saug des Kaisers Geld auf!« Und der Kropf saugte das Geld auf, drei Truhen voll. Das Hähnchen brachte alles nach Hause und gab es seiner Herrin. Die war nun eine reiche Frau. Sie lebt noch heute, wenn sie nicht gestorben ist.

Andere Märchen erzählten vom halbgehäuteten Ziegenbock, vom Heinzelmännchen Pancimanci, vom bohnengroßen Winzling Jankó oder von Zsuzska und dem Teufel. Sie waren voller Sprüche und Refrains, die meine Kindheit skandierten. »Zieglein, Zieglein, bist du satt?« »Bin so satt, ich mag kein Blatt.« Oder wenn der falsche Ziegenbock zu lügen anhob: »Satt? Ach wo, ich leide Hunger / wie ein Hund in seinem Zwinger.« Die Welt gerann zu Zweizeilern und Vierzeilern, zu kompakten, klangreichen Formeln, die unterwegs zu einer höheren Gerechtigkeit waren. Noch höre ich den dumpfen Baß des scheinbar tumben Teufels: »Tányértalpam, lompos farkam, szép lány mátkám, bonts ágyat!« (Huf und Tatze, Schwanz und Fratze, schönes Mägdlein, mach das Bett!) Und das verzweifelte Mädchen, wie es seine Katze um Rat fragt: »Jaj, cicuskámmicuskám, mit csináljak?« (Ach, Kätzchen-Miezchen, was soll ich tun?) Für das freundliche Mädchen geht die Sache gut aus, für das unfreundliche schlecht, weil auch der Teufel Unterschiede macht. Uneigennützigkeit wird belohnt, Profitgier bestraft. Und Furchtlosigkeit ist eine unbedingte Tugend.

Das Lachen blieb mir selten im Hals stecken, denn der Humor der ungarischen Märchen ist redlich, hell. Es ist ein Humor, der aus Phantasie erwächst, aus Einfallsreichtum. Das wehrlose, doch kluge Schweinchen überlistet den bedrohlichen Wolf, indem es heißes Wasser auf ihn schüttet. Kahl geworden sinnt er auf Rache. Wobei es nur eines einzigen Satzes bedarf, um ihn ein für allemal zu vertreiben: »Heißes Wasser auf den Kahlen!« Auch das Hähnchen wehrt sich erfolgreich gegen den

übermächtigen türkischen Kaiser, indem es mit Verstand seine körperlichen Reserven ausschöpft.
Die Tier- und die Kettenmärchen mochte ich am liebsten. Die einen wegen ihres wundersamen Sogs, die anderen wegen ihrer Weisheit. Auch wenn sich Bruder Wolf, Bruder Fuchs, Bruder Hase und Bruder Hahn gelegentlich auffraßen, weil sie aus Angst vor dem Weltuntergang temporeich auf der Flucht waren, so büßten sie für ihre Dummheit. Ein Ei auf'n Kopp – und das Räderwerk der Hysterie kennt kein Halten. Der Reim auf Absurdität heißt mitunter Grausamkeit.

Es schneite auf Gül-Baba. Es schien die Sonne. Die Märchen züngelten durch die Tage. Ich lernte Kinderverse und kleine Kinderlieder (vom Debrecener Truthahn). Und als wir Budapest verließen, wußte ich, was Rosen sind und wehmütige Melodien. Diese Melodien – gesungen, von Zigeunergeigen gestrichen, von Klarinetten geblasen – haben mich nie mehr losgelassen.
Mein Ohr gehört dem Tiefland. Der Steppenpentatonik. Dem Csárdás und jenen ungeraden Rhythmen, die dich gezielt aus dem Tritt bringen. Du stolperst ein wenig, dann bist du verschoben angekommen. (Das nennt sich vielleicht ungarisches Temperament.)

# VIII

## *Garten, Züge*

Tags schien er riesig. Da waren die Birn- und Apfel- und Kirschbäume mit ihren kompakten Schatten, da war der Gemüsegarten, an dem sich immer jemand mit Hacke und Schaufel zu schaffen machte. Die Tomatenstauden standen woanders, am Rand eines kleinen Rasenvierecks, im Reich der Feen. So erzählte es Marjeta, die die Beweise gleich mitlieferte: waren die Bonbons, die da und dort an den Stauden hingen, nicht ein Geschenk der Elfen? In der Mitte des Gartens prangte, von Steinen gerahmt, ein Blumenrondell, zu dem zwei schmale Kieswege führten. Nahm man den linken, konnte man einen Blick in den quadratischen Brunnenschacht werfen und das eigene Spiegelbild betrachten. Hinter dem Rondell (Rosen, Rosen) gab es Rabatten und Himbeerstauden, und irgendwo grenzte der Garten an eine Gärtnerei, die ihrerseits an die Gleise des Rangierbahnhofs grenzte. Saß man auf der Bank an der Hauswand, umgeben von Spalierobst, sah man, soweit das Auge reichte, nur Grün – wuchernd, gezähmt, gestutzt. Die schwarzen schnaufenden Lokomotiven am fernen Horizont gehörten einer anderen Welt an. Jenseits des Paradieses.

*Malven, Cosmeen, Lilien, Kohlraben, Weichseln, Lattich, Stachelbeeren, Heimchen, größenwahnsinnige Amseln, Tomaten, Rüben (Sand tritt aus den Wurzeln), Schnittlauch, Quitten, saurer Sommer, Rettich, Herbstzeitlosen, Zwiebeln, Zäune, Aprikosen, Geißblatt, Sonnenblumen, Gurken, Schwalben, Gladiolen,*

*Wollgras, Thujen, Immortellen, schnelles Wasser, Winde, Rechen, Karren, Körbe, Kletterrosen, Mohn und Märzschnee, weiße Monde, Goldlack, Rußgeruch und Krähen, Kältevögel, Veilchen, Feen, Sauerampfer, Nüsse, Hummeln, Klee, Holunder.*

Nachts war er dunkel und schrumpfte. Im Bett liegend dachte ich an seine farbige Fülle, aber das half nichts gegen die grellen Schreie der Züge. Nachdem der Garten verstummt und verblaßt war, hatten die Züge das Sagen. Sie waren ganz nahe, fauchten durchs Zimmer. Stöhnten, ächzten, gaben metallische Laute von sich. Ich wußte nicht, was da verschoben und verkoppelt wurde, ich wußte nicht, was rangieren heißt, ich hörte nur diese Unrast, unheimlich in der Nacht. Eine aufbrausende Dampflok. Endlos dahinratternde Güterwaggons. Mit welchem Ziel? Fernweh drang ins Haus, ein dunkles Ziehen. Ljubljana, 1949. Unten schliefen Onkel und Tante und meine Cousinen. Ich klammerte mich an meinen großen Pelzhandschuh, der mir Puppen und Pelztiere ersetzte. Nur mit ihm fühlte ich mich geborgen, er war mein kleines, kuscheliges Zuhause.

Gastrecht im Garten, in der kühlen Dachwohnung. Die nächtlichen Züge erinnerten auch daran, daß die Reise weitergehen würde, immer geht sie weiter. Diese dunkle Kommode gehörte nicht uns, sowenig wie das Bett. Ich bewegte mich zwischen fremden Gegenständen, umgeben von einer fremden Sprache. Die Gegenstände blieben, was sie waren, der Sprache näherte ich mich langsam an. Den Pelzhandschuh ans Gesicht gedrückt spitzte ich die Ohren. VRT. Garten. SMRT. Tod. Ich lernte NOČ, VLAK, DAN, KRUH. Ich lernte stumm, ich sammelte die Welt. Nicht brockenweise, sondern in ganzen Sätzen wollte ich reden. Darum schwieg ich, bis das gelang.

Durch die Nacht rollten, mit den Zügen, die Wortkolonnen, etwas reimte sich, etwas stieß sich. Zusammenprall. Was hatte der Garten mit dem Tod zu tun? Zwischen den Beeten und den Gleisen waren doch Zäune, und überhaupt. Nur das Unkraut wucherte hier wie dort. Ich lag wach, in einer von fernen Scheinwerfern gelöcherten Dunkelheit. Buchstabierte rückwärts und vorwärts und horchte, wenn kurze Stille eintrat. Die Stille war klamm. Wie eingequetscht zwischen dem Lärm. Sie atmete nicht. Und auch mir fiel das Atmen schwer. Ich versuchte mir Marjetas Gesicht vorzustellen, die lachenden, verschmitzten Augen. Kirschaugen. Die helle, singende Stimme. Erzähl mir ein Märchen, Marjeta, sofort. Aber Marjeta wollte nicht. Laß mich schlafen, denk an die Feen. VILE, das klang versöhnlich und beruhigend. Die VILE-Wesen walteten heimlich und still, während die VLAKI, die Züge, sich abrackerten. Scharfes Hämmern drang herein, etwas klirrte, pfiff, schrill. Und schnaufte tragisch.

Die Möbel sahen mich an. Der Vorhang hing schlaff, mit unsichtbarem Blumenmuster. Die Tapeten schwiegen. Ich hatte Angst. Und wenn sie mich abholen? Und wenn. Ich bin steif, draußen rumort es. Ich kann die Augen nicht schließen, weil die Ohren dröhnen. Ich bin allein, aber sie lassen mich nicht in Ruhe. Mein Bett, mein Kissen, meine Decke blieben gleichgültig. Von der Tür erwartete ich kein Mitgefühl. Nur die Fenster zitterten manchmal, leise. Die Fenster.

Zwischendurch fiel ich in Halbschlaf. Fuhr hoch, fiel zurück. Mehrere Male. Bis ich mich endlich fallenließ. Weil die Müdigkeit das Mißtrauen besiegt hatte. Die Angst verkroch sich in die Träume, dort nistete sie bis zum Morgengrauen.

*Blei, Schienen. Ruinen. Das Metallsein greift weiter. So krallen sich Puffer fest. Fassen Maschinen an. Mamamaschinen. Mit Rauch. Aussteigen, bevor die Uhren entwertet sind, der heisere Feuerschein der langen Züge zerstiebt. Sie haben Steine geladen. Kinder mit wasserstoffblonden Augen. Geschoben heißt es Geduld haben. Plombiert, dann entsiegelt. Jappende Nordostverschiebung, und Schnee. Das ist kein Zucker. Das ist eine entgleiste Reise. Es zieht.*

Der Pelzhandschuh aus Kaninchenfell war hellbraun und räudig. Abgewetzt. Ich strapazierte ihn. Auch die Träume bekam er mit. Klebte feucht und zerzaust an meiner Wange. Wenn ich fror, steckte ich ihn unters Nachthemd. Beim Frühstück lag er neben dem Milchnapf, auf dem karierten Wachstuch. Im Klo hängte ich ihn an die Türklinke. Ich sprach mit ihm. Geduldig verfolgte er meine ersten slowenischen Gehversuche, obwohl er ans Ungarische gewöhnt war. Er hörte auf den Namen KESZTYE. Kesztye und ich waren unzertrennlich. Meine ältere Cousine konnte es nicht fassen. Aus ihrem Indianergesicht sah sie mich ungläubig und ein wenig tadelnd an. In dieser Hitze mit diesem Handschuh rumrennen! Heiß war es selten, höchstens im Garten, an der prallen Sonne. Während ich um das Blumenrondell lief (Rosen, Rosen), lag Kesztye unter dem Birnbaum, im schattigen Gras. Zur Abwechslung steckte ich ihn auf die Tomatenstauden, wo er Vogelscheuche spielte. Aber in meiner Nähe mußte er sein. Riechst du? Schau! Kesztye machte viele Erfahrungen und verlor dabei manches Haar. Ich schalt ihn, daß er verkümmerte, daß seine Pelzigkeit nachließ. Und liebte ihn noch, als er fast kahl war.

Zusammen lebten wir hier, in diesem Haus mit dem Garten. Klar würden wir wegziehen, sind wir denn nicht immer um- und weitergezogen? Doch erstmal Pause, regelmäßige Essenszeiten, Jausen. Der Garten war ein Reich, reich an allem. Was brauchten wir mehr. Ich mochte nirgends hingehen: nicht in die Läden, nicht in die Kirche, nicht ins laute Stadtzentrum. Laßt mich in Ruhe. Die bedrohliche Betriebsamkeit der nächtlichen Züge schüchterte mich auch tagsüber ein. Laßt mich. Und nahm mich Tante doch mit, klammerte ich mich mit Kesztye an ihren Korb, stolperte wortlos durch den Straßenschotter und sah nur auf, wenn mich eine sonnengelbe Fassade ermunterte. Marjetas Schule hatte diese Farbe. Ich mochte sie. Und mochte den baumbestandenen Schulhof, wo die Kinder herumtobten.

Ich hatte keine Freunde, oder doch: ich hatte Kesztye und meine Cousinen. Aber wir tobten nie herum. Die Cousinen neckten mich, banden mir Bären auf. Marjeta pflegte den Märchen- und Feenzauber. In ihren Augen war ich zu klein, um ernst genommen zu werden. Das spürte ich. Und das ärgerte mich. Darum zog ich es vor, mit Kesztye allein zu sein. Am liebsten im Garten.

Es kam vor, daß Tante in irgendwelchen Beeten wühlte und ich Nüsse auflas, die ich Kesztye in den Bauch stopfte. Oder ich machte mich mit der Gießkanne nützlich und besprengte auch den erhitzten Kesztye. Langweilig war es uns nie. Zumal da und dort Gefahren lauerten: ungestüme Wespen, die ums Fallobst schwirrten, der schwarze Brunnenschacht (wie tief war er bloß?), und am äußersten Rand des Gartens stachelige Sträucher und Brennesseln, die mir bis zu den Knien reichten. Mit Kesztye schlug ich auf pickende Ameisen. Er war mein Beschützer.

Beim Anblick der Stiefmütterchen und Vergißmeinnicht sann ich über ihre Namen nach. Sie stimmten mich traurig. Etwas in mir verdunkelte sich ganz schnell, zog sich zusammen und bildete einen Knäuel. Da saß ich mit Kesztye, still in der Hocke, und wartete. Wartete, daß er sich langsam löste.

Abschied war auch ein solches Wort. Und Zug und Gleis und Schnee und SMRT. Tod. Reise war ein halbtrauriges Wort, genauer ein dreivierteltrauriges. Weil ich nicht ständig wegwollte, oder nicht wollte, daß die anderen weggingen. Trieb uns Neugier? Und war das Neue immer woanders? Dort drüben hörte der Garten auf, dahinter begann das Niemandsland der

Züge, des Unterwegsseins. Das blühende Unkraut wuchs bis unter die Zugräder. Ließ sich entwurzeln. Ausgerissen hing es in einer Speiche, und weg. Fortgeweht, zerfetzt.

Wenn ich die Finger nicht in Kesztyes Wärme steckte, grub ich sie in die Erde. Tastete nach Steinchen und kleinen Scherben und Würmern und Wurzelwerk. Vor allem nach Wurzeln, denn sie bedeuten Wachstum. Und hatte ich ein handgroßes Loch gegraben, legte ich einen Kirsch- oder Pfirsichstein hinein, damit etwas Neues wuchs. Mein Pflanztrieb war nicht wild, eher freundlich. Er zeigte einen Hang zum Bleiben, zum Hegen, Pflegen und Keimen.

*Kein Dreirad. Aber schartige Schaufeln und Griebenjause im Freien. Wiese, Fliegen. Es muß Juni sein. Die Zäune nie rigid, einer wackelt immer. Sind da Maulwürfe? Lautes Gesumm. Nach dem Gewitter ist das grünborstige Gras geknickt. Keiner zeigt Mitleid. Und hängende Blumenköpfe. Unmutsgrau. Was eben kühn war, ist kühl. Der Gärtner drüben trägt Stiefel und Latzhosen. Die Baumrinde glänzt wie Glimmer. Es gibt immer Zugereiste. Sie gaukeln sich was vor. Sie schaukeln wie Dörrobst an langen Schnüren hin und her. Es heißt Geduld haben. Kann man dem Sommer trauen? Das Wanderkraut wuchert ins Jahr. Das Jahr wird Astern bringen. Sie schmecken ranzig-rot. Die Zugluft schmeckt nach Ruß. Cousinen halten die Treue. Sie schützen vor dem Schroffen. Wie Brot.*

Drei Jahreszeiten hatte mein Garten. Die vierte erlebte ich nicht mehr. Als die Astern verblüht waren, trug es uns fort. Wir verließen das Haus, die Cousinen, den Garten. Ich weinte nicht. Ich hielt Kesztye in der Rechten und summte slowenische Sätze. Vollständige, verständliche Sätze. Marjeta ist netter. Züge sind Lüge. Der Garten ist eine Karte der Welt.

# IX

## *Am Meer*

Ljubljana, das war auch Nebel und Braunkohlegeruch, Braunkohlegeruch und Nebel. Unterm Nebel gediehen die Pilze, die Erkältungen. Im Café Europa saß nicht wenig Mißmut.
*Then we were heading towards the sea.*
Auf dem Karst ändert sich schlagartig das Klima. Die Nebelschwaden bleiben zurück, schwarz und konturiert zeichnen sich die Föhren über dem Kalkgrund ab. Steineichen, Wacholder, Stechginster. Rote Erde. Geröll. Die Kirchtürme der weit verstreuten Ortschaften nicht spitz, sondern Campaniles. Das Mediterrane winkt.
Winkt erst recht, wo das Karstplateau aufhört und steil zur Bucht von Triest abfällt. Hier breitet sich in einem riesigen Halbrund das Meer aus: zartblau, glitzernd, eine einzige Verheißung.
Es muß mir den Atem verschlagen haben, dieses erste Meer. Noch heute, wenn ich in meinem Norden die Augen schließe, sehe ich seine helle Weite. Rieche das Salzwasser, höre die Wellen ans Ufer schlagen. Und die Welt scheint in Ordnung.
Wie von selbst formen die Lippen ein »O«.

Wasser, Wind, Wärme, Stein, Weiß, Blau, Muschel, Tang, Immergrün, Lorbeer, Rosmarin, Rebe, Oleander. Und Kinderschaukel und Faro und Miramar und Fische und Schiffe. Oder so:

Das Geviert der Kindheit
mit Leuchtturm und Bucht
mit Schloß und Buchs
mit Veranda und Fuchs-
märchen mit Strand und
istrischem Sand mit Vater
Mutter und Brandung
mit Lutscheis und Wind
aus dem Karst aber Angst keine

Das Stenogramm eines Glücks, das in Wirklichkeit viele Gesichter hatte. Wie das Meer, wie der Himmel, wie die Stadt, die eine geteilte war. Zone A wurde von den Alliierten, Zone B von Jugoslawien verwaltet. Wir lebten in Zone A, in Barcola, Richtung Miramar. Ein ochsenblutrotes Haus an der steilen Via San Bortolo, oberhalb des Viadukts der ehemaligen Südbahn, mit Garten, Gartenlaube und krähendem Hahn. Obergeschoß, Meerblick. Das Badezimmer teilten wir mit der Familie eines amerikanischen Besatzungsoffiziers, die in der Nebenwohnung einquartiert war. Zwei neue Sprachen schlugen an mein Ohr: Englisch und Italienisch. Englisch gehörte einer Sphäre an, die mir fremd blieb, Italienisch lernte ich von der buckligen Nachbarstochter Violetta, von den Kindern am Strand, von den Marktfrauen.
Ich lernte und lernte. Mit dem Korkgürtel schwimmen, mit Violetta reden, mit der Straßenbahn fahren, dem Wind widerstehen. Ich lernte bis zur Erschöpfung, dann schlief ich zwischen Vater und Mutter den kindlichen Schlaf der Gerechten.
Die Züge, die – auf unserer Augenhöhe – den Viadukt passierten, machten mir keine Angst. Nicht am Tag, nicht in der Nacht. Spielzeugartig schoben sie sich vor den Meereshorizont und verschwanden.

Der Garten hatte keinen Zauber. Eng und verwildert glich er einer grünen Rumpelkammer – mit Buchs und Feigenbäumen, mit etwas Gemüse und einem unzufriedenen Hahn, der allein im schütteren Gras scharrte.
Ich wollte nicht in den Garten, höchstens in die glyzinienüberwucherte Veranda. Ich wollte ans Meer, immer ans Meer. Fotos zeigen mich im knöchellangen ungarischen Lammfellmantel, mit Wollmütze, auf der Mole von Barcola. Es muß kalt und windig gewesen sein, ich runzle die Stirn. Aber vom Meer hielt mich kein Wetter ab, höchstens die stärkste Bora. Meine Triestiner Kindheit spielte sich auf den kalkweißen Strandfelsen ab, die das Ufer von Barcola säumten – und in einem Halbkreis das Kap mit Schloß Miramare. Große, unregelmäßige Blöcke, zwischen denen das Wasser gurgelte, zischte oder einschläfernd murmelte. Während der Blick den Horizont nach Schiffen absuchte oder sich im Meeresblau verlor.
Im Sommer hieß es täglich: Strandtasche gepackt und um zehn hinunter auf die Felsen. Mutter und ich suchten uns die flachsten aus, breiteten das Schneewittchen-und-die-sieben-Zwerge-Tuch aus und machten es uns liegend oder sitzend bequem. Sie cremte meinen Rücken ein, ich ihren, dann holte sie ein Buch heraus und las mir vor. Die Märchen-Teufel spukten jetzt durch den Wellenschlag, wobei Mutters Stimme sich so natürlich mit der des Meeres verband, daß ich regelmäßig einschlief. Irgendwann weckten mich die Sonne und das Leben um uns herum. Die Felsen waren schon munter bevölkert, auf der Promenade hatten Rentner kleine Campingtische aufgestellt, spielten Schach oder verzehrten den mitgebrachten Proviant. Im Wasser tollten Kinder, gelegentlich auch ein Hund. Benommen von der Hitze, dem blendenden Gleißen, wollte ich unverzüglich baden. Mutter band mir den Korkgürtel um, benetzte meinen Nacken und schubste mich sanft ins Wasser. Dann folgte sie nach.

Ich spreche von windstillen Tagen, wenn das Meer fast spiegelglatt war, ohne Wellengang. Oder nur leicht gekräuselt. Prickelnd-wiegend, mit vereinzelten kühleren Strömungen. Winzige Fische blitzten auf. Ich jauchzte vor Glück.
Genug war nie genug.
Das Rauskommen dort am schönsten, wo es zwischen den Felsen etwas Sand gab. Plötzlich faßten die Füße Grund, und die Hände griffen nach Muscheln. Klaubten sie aus dem feuchten Sand, wuschen sie, bis sie schillerten. Kaputte Muscheln taugten nicht, jede Zacke zählte, und die Musterung, und der Glanz, und die Ebenmäßigkeit der Form.
Genug war nie genug.
Der Tag gescheitelt. Wenn die Sonne im Zenit stand, ging es zurück ins ochsenblutfarbene Haus, in die kühlen, gefliesten Räume. Wir aßen eine Kleinigkeit, dann war Siestazeit. Ausgeklinkte Stunden, ein Slow-down und Calm-down, ein Pssst, das selbst die lautlos-flinken Eidechsen ins Versteck trieb. Nur die Lichthasen zitterten, zitterten auf dem Boden.
Nach einer Wassermelonen-Jause schulterte Mutter die Strandtasche, und gestärkt eilten wir zum Meer, das schon einen rötlichen Schimmer hatte. Es herrschte Hochbetrieb: wer nicht badete, sonnte sich auf den Felsen oder promenierte am Ufer. Klein und Groß, auch Soldaten mischten sich unter die Flanierenden. Mutters Strohhut zuckte in der Nachmittagsbrise. Ich schwamm viele Runden, wie ein prustender Delphin. Oder ließ mich im Schlauchboot schaukeln. Dann legte ich mich bäuchlings auf unsern Felsen und starrte ins Wasser. Fast schwarz schlug es an den Stein, hob und senkte sich. Atem, ging mir durch den Kopf. Das Meer atmet. Und wiegt seinen Tang. Ich starrte in das Dunkel zwischen den Felsen, horchte auf das hallende Geräusch. Das manchmal wie Grollen klang. Als regte sich ein Tier unter mir. Bis mir schwindlig wurde und der Fels zu schwanken begann. Dann schloß ich die Augen.

Wenn ich sie wieder öffnete, blendete mich die tiefe Sonne. Wie ein Feuerball stand sie über dem Horizont, warf ein rotes Band übers Meer. Boote glitten hindurch und wurden von den dunkleren Zonen verschluckt. Die Bucht wurde lila, während die Ufergeräusche langsam verebbten. Zugeklappt die Campingtische der Rentner. Die Felsen leerten sich. Mutter und ich schwiegen. Wir hatten es nicht eilig. Erst wenn die Brise in kühlen Abendwind umschlug, legte sie die Hand auf meine Schulter, und wir brachen auf. Manchmal sahen wir schon die Mondsichel am Himmel.

Auf dem Heimweg vermischte sich der Geruch von Salzwasser mit dem herben Duft von Immergrün. Allein mit der Nase hätte ich die Uhrzeit erraten. Die Pflanzen atmeten auf.

Müde? Am Ende eines langen Strandtages fuhren Mutter und ich oft in die Stadt, um Vater abzuholen und mit ihm abendzuessen. Ich hatte Appetit. Aber mehr noch freute ich mich auf ein Eis in der platanenbestandenen Viale XX Settembre. Auf ein Cornetto oder eine Berlina, wo aus der mit Kaffee übergossenen Vanillekugel ein hauchdünnes Waffelsegel ragte.

Zehn Uhr abends: noch lärmten die Spatzen in den Bäumen, während unten der Corso voll in Gang war. Flanierrunden des Südens, ausgelassen, träge, für Jung und Alt. Nicht selten endeten sie in einem Kino, aus dem Vater mich schlafend hinaustrug.

# X
## *Amelia*

Amelia, meine Kinderfrau, unsere Zugehfrau, die schnelle, tüchtige Triestiner Slowenin Amelia. Sie wohnte hoch oben am Hang, in einem kleinen Haus mit Pergola und herrlicher Aussicht, mit ihrer Tochter Dragica. Bei Wind und Wetter war sie unterwegs, eilte die vielen Treppenstufen hinunter – zu uns oder direkt zum Fisch- und Gemüsemarkt an der Piazza Ponterosso. Sie besorgte, was zu besorgen war, machte rein und zauberte manchmal ein Mittagessen hin. Fritto misto mit knusprigen kleinen Sardinen, Pasta mit Artischocken oder rotem Radicchio, gefüllte Auberginen, Hühnchenbrust. Sie hatte eine tiefe Stimme und Temperament. Meinen kindlichen Eigensinn parierte sie mit slowenischen Liedern. Ich mochte und respektierte sie.

Mein Respekt wuchs fast ins Unermeßliche, als sie sich als meine Retterin erwies: ein Skorpion hatte sich unter meinem Kopfkissen verkrochen. Kurzentschlossen zog sie ihren rechten Schuh aus, fegte den Skorpion auf den Boden und schlug ihn mit der Sohle tot. Eins, zwei, und die Bedrohung war abgewendet. Blieb nur das Mißtrauen: nie mehr wagte ich mich ins Bett, ohne es gründlich zu untersuchen. Und in jeden Schuh schaute ich forschend hinein, ob sich darin ein Untier verbarg. Die Gefahr drohte besonders in der kühlen Jahreszeit, wenn auch Skorpione das Warme suchten. Aus der feuchten Gartenwildnis flüchteten sie ins Haus.

Mit Amelia teilte ich kleine Flüstergeheimnisse und ein wirk-

liches, großes Erlebnis. Es war ein grauer Tag im Spätherbst, an dem die berüchtigte Bora Rekordgeschwindigkeiten erreichte. In Böen stürzte sie sich auf die Stadt hinab, eisig und gnadenlos. Es muß gegen zehn Uhr vormittags gewesen sein. Ein Riesenknall ließ uns ans Fenster rennen: auf dem Viadukt stand ein Zug mit einem abgedeckten Waggon. Vom Wind losgerissen, hing das Dach schräg in den Leitungsmasten, wie ein unförmiger Metalldrachen. Schreie, Polizei, Feuerwehr. Amelia und ich starrten gebannt auf die Havarie. Sie machte uns, die Zeugen, zu Verbündeten. Während sich in meinem Kopf dunkle Bilder regten, von fauchenden Loks und metallischer Angst. Die Unschuld der Züge konnte mir keiner beweisen. Auch nicht Amelia, die für alles einen Rat wußte. Nach dem Unfall fuhren die Züge wieder spielzeugähnlich über die Brücke, aber ich hatte ihre Harmlosigkeit durchschaut, ein für allemal.
Auch Triest hatte seine Tücken. Die Bora kannte kein Pardon, verschonte weder Hausdächer noch Zugdächer noch Bäume noch Menschen. Wenn sie in die Gründerzeitstraßen des Stadtzentrums einfiel, fegte sie alles weg, was ihr in den Weg kam. Stühle flogen herum, Kinder wurden wie Ballons hochgehoben. Stramme Polizisten waren an den zugigsten Ecken postiert, um leichtgewichtigen Passanten über die Straße zu helfen. Besser, man nahm ihren Dienst gar nicht in Anspruch und blieb zu Hause. Allein schon das Rütteln des Winds an den Jalousien legte nahe, das Schicksal nicht herauszufordern. Wind ist Wind, Bora ist Bora.
Wenn sie wütete, war das Meer in Aufruhr. Eine graue, brodelnde Masse mit weißgelben Schaumkronen, die sich jagten. Riesige Wellen brachen sich an den Uferfelsen, es donnerte und krachte. Im kleinen Hafen von Barcola schaukelten die Boote wie Nußschalen. Die Maste der Yachten schwankten nach allen Seiten, als wären sie zerbrechliche Mikadostäbchen.

Teufelsküche, pflegte Amelia zu sagen, und runzelte die Brauen. Hier half nur Abwarten, Geduld haben.
Ich staunte über die Verwandlung der Stadt am Meer. Wie sie über Nacht Krallen zeigte, bedrohlich wurde. Wie sie einen zum Rückzug zwang. Wenn die Elemente tobten, verstummte der Dialog. Das Haus wurde zur Festung, alles andere fremd.
Etwas in mir lehnte sich gegen diese jähen Wechsel auf, gegen die Diktatur des Windes, des Ausgeliefertseins. Ich war ein trotziges Kind.
Amelia bevormundete mich nicht. Aber wenn nötig, setzte sie mir Grenzen, auf ihre energische, fröhliche Art. Wir waren gute Kumpel, sie und ich. Wir neckten uns, wir sangen. Manchmal nahm sie mich zum Einkaufen in den Mercato Coperto mit, die große Markthalle, wo in langen Reihen die Schätze des Meeres ausgebreitet waren: Tintenfische, Krabben, Langusten, Fische in allen Größen und Farben, von gut gelaunten Verkäufern angepriesen. Zur Markthalle fuhren wir mit der Straßenbahn. Sie verkehrte vom Barcolaner Park zur Piazza Oberdan. Der immergrüne Park barg etwas Geheimnisvolles: ein kleines, lebkuchenbraunes Blockhaus, an dem sich nie eine Menschenseele zu schaffen machte. Amelia nannte es das Hexenhäuschen. Kaum hatte sie das Wort ausgesprochen, war ich von seiner Richtigkeit überzeugt. Hier wohnte Hexe Baba Jaga. Tagsüber zeigte sie sich nicht, während sie nachts ihr Unwesen trieb. Beunruhigt schaute ich auf die geschlossenen Fensterläden, ob sie sich nicht einen winzigen Spaltbreit öffneten. Die Stille der Hütte war unheimlich. Und wurde mit der Zeit immer unheimlicher, je mehr Geschichten meine Phantasie um das Hexenhäuschen wob. Baba Jaga hatte es auf Kinder abgesehen. Waren sie allzu vorwitzig und wagten sich zu nahe ans Häuschen heran, ging plötzlich die Tür auf und Baba Jagas Besen schnappte nach ihnen. Darum hielt ich respektvoll Distanz,

schielte nur vorsichtig zwischen den Büschen zur stummen Hütte.
Immer das gleiche Ritual: die Straßenbahn wartet schon, aber ich kann es nicht lassen, hinüberzuspähen. Als gäbe es nichts Anziehenderes als das angstumwobene Geheimnis.
Amelia überließ mich meinen Phantasien.

Manchmal kam Dragica zu uns, Amelias halbwüchsige Tochter. Sie war blond und rundlich, mit einem bäurischen Gesicht. Ich glaube nicht, daß wir miteinander gespielt haben, meistens ging sie ihrer Mutter an die Hand. Aber dann, eines Tages, gab es ein Fest, und wir trugen beide die lokale slowenische Volkstracht: bodenlanger, bauschiger weißer Rock, weiße Bluse und weißes Schultertuch. Um den Kopf hatten wir, turbanartig, ein weißes Tuch gebunden, das die ganze Stirn verdeckte. In den Stoffmassen sahen wir ziemlich verloren aus. Statuarisch, nonnenhaft. Wie ein Foto zeigt.

Bei den Slowenen war es lustig. Ihre Dörfer – hoch über und hinter Triest – gehörten zur Zone B. Wir fuhren häufig hin, um in einem Landgasthof zu essen. Besonders an Wochenenden und abends, nach einem heißen Tag. In den Karstdörfern war es kühler, oft ging ein leichter Wind. Wir aßen im Freien, an langen Holztischen. Es gab Krautsuppe, Schweinsbraten, paniertes Hühnchen, Wild. Schwere Hausmannskost, die sich von der mediterranen Fischküche unterschied. Die slowenische Küche glich der österreichisch-kakanischen: mit Palatschinken, Zwetschgenknödel, Nußkuchen und Mohntorte. Dazu trank man säuerlich-herben Karstwein, der gute Laune machte.
Wir aßen selten allein. Vater lud Kollegen ein – oder wir nahmen Amelia mit, damit sie sich vom Kochen erholen konnte. Sie aß mit größtem Appetit, sprach munter dem Wein zu,

lachte herzhaft. Wenn an einem der Tische, zu vorgerückter Stunde, gesungen wurde, stimmte sie sofort ein. Singen war ihr Lebenselixier.

Lange, laue Abende, deren Ende ich kaum je erlebte. Irgendwann überkam mich Müdigkeit, mein Kopf sank auf Mutters oder Vaters Schoß, und ich schlief ein. Vater trug mich ins Auto, aus dem Auto ins Haus. Wenn ich wach wurde, fing ich zu weinen an. Das gehörte zum Ritual.

# XI

*Das Siestazimmer*

> In der Stille geschah alles gleichzeitig.
> Bilder hingen im Raum und konnten
> bis in die Unendlichkeit dauern.
> *Andrzej Stasiuk*

Hier war das Zentrum meiner Kindheit. Im Zimmer mit den heruntergelassenen Jalousien, zur Siestazeit. Ich bin allein, ich schlafe nicht. Liege ausgestreckt auf dem Bett, mit wachen Sinnen, aber zum Nichtstun verurteilt. Es heißt: still sein. Es heißt: ausruhen. Ich mag die Zäsur nicht, nicht diesen Dämmer am hellichten Tag. Doch die Regel duldet keinen Widerspruch. Ich bin schon still. Still. Dann geschieht es: je länger die Stille dauert, desto beredter ist sie. Ich höre Stimmfetzen, höre feines Blätterrascheln. Irgendwo in der Ferne jault ein Hund (obwohl auch die Tiere schlafen). Etwas knarrt. Drüben geht die WC-Spülung. Mein Ohr sintert die Geräusche und saugt sie ein. Und horcht angespannt weiter. *Viaggio*. Oder ungarisch *vigyázz* (paß auf). Wer spricht wo, mit wem, wozu? Je vager das Gehörte, desto gieriger spinne ich es fort. Murmle schon, Sätze, Dialoge. »Ich gehe fort.« »Gehst du auf Reisen?« »So könnte man sagen.« »Wohin?« »Nach Südamerika«. »Mit dem Schiff?« »Mit dem Schiff.« »Für lange?« »Ich glaube schon.« Schweigen. »Du bist mutig. Paß auf dich auf.« Im Handumdrehen ist der Abschied da. Von Abschieden verstehe ich etwas. Und habe doch geflunkert. Etwas erfunden, um in bekanntes Terrain vorzustoßen.

Manchmal freilich lockt das Unbekannte. Und ich phantasiere mir etwas zusammen. Wie Stella auf einem schwarzen Boot mit drei mal drei schwarzen Segeln von Piraten entführt wird. Wunderbarerweise tun sie ihr nichts an. Sie brät Fische, flickt Wäsche und bekommt dafür jeden Tag einen Sonnenuntergang geschenkt. Als die Piraten sie in ihr Heimatdorf zurückbringen, ist ihre Haut braun wie die eines Matrosen, und ihr rotblondes Haar glänzt wie Gold. Stella, unser Stern, begrüßen sie die glücklichen Eltern. Und die Piraten entblößen ihre blitzenden Zähne, winken und fahren hinaus aufs weite Meer.
Wachträumend erschuf ich mir eine Welt. Und vergaß darüber jede Zeit. Wie lange lag ich schon im abgedunkelten Zimmer? Das im übrigen so dunkel und tot nicht war. Schnell gewöhnten sich die Augen an den Dämmer, folgten dem Netz der Risse an der Decke oder den Lichthasen, die über den Fliesenboden huschten. Immer sickerte etwas Helligkeit durch die Jalousienritzen, bildete zitternde Streifen oder vibrierende Flecken. Ich konnte mich an dem Schauspiel nicht satt sehen. War das nicht ein Ziegenkopf, ein Eselsprofil? Das Schauen rief nach Deutungen, und plötzlich war das Zimmer belebt. Mit Tieren und anderen Wesen, schon hörte ich sie flüstern. Jedesmal von neuem erlebte ich die Verwandlung meiner Camera obscura in eine Wunderkammer, und mein Alleinsein als Glück. Sogar die weinroten Fliesen fingen zu sprechen an. Hatten sie lang genug erzählt, berührte ich sie mit den Fußsohlen. Ich glitt über ihre kühle Oberfläche, wobei ich die Lichtflecken umging. Der Boden als Spielbrett. Als Muster mit beweglichen Elementen.
Das Siestazimmer war mein Reich. In das die Wirklichkeit so gefiltert und gedämpft eindrang, daß meine Phantasie abheben konnte. Das eine bedingte das andere. Ohne Jalousien keine imaginären Reisen. Im Schutz ihrer Durchlässigkeit kam ich gleichsam zu mir selbst. Fand den Mut zu Höhenflügen und

labyrinthischen Irrwegen. Ja, manchmal drehten sich meine Gedanken auch im Kreis. Das hatte etwas Beengendes, selbst das Zimmer fing zu schrumpfen an. Ich mußte mich befreien, meinen Starrsinn überlisten. Oft half ein Liedvers, und die Gedanken segelten davon. Freie Fahrt im Kopfmeer.

Die Stunden zwischen zwei und vier waren mein Geheimnis. Mutter glaubte mich schlafend. Jedenfalls fragte sie nicht, wie ich die Zeit verbrachte. Wenn sie rief, räkelte ich mich und schüttelte meine Tagträume ab. Ich sagte ihr kein Wort.

Das Licht draußen blendete. Alles war grell und laut. Ich hatte mich so an die Nuancen der Dunkelheit, an die Abtönungen von Schatten und Licht gewöhnt, daß mir das Tageslicht aggressiv vorkam. Die Welt tat weh.

Mit der Zeit wurde das Siestazimmer zur Zuflucht. Zum Schutzraum. Umgeben von seiner porösen Membran fühlte ich mich sicher und frei. Hier buchstabierte ich meine Erfindungen, erlebte jähe Epiphanien.

Ich war ein Kind der Jalousien.

XII

*Stadtbilder*

Links eine Hausecke mit weißem Prellstein, einige Meter weiter eine Mauer mit barocker Anbetungsnische (Kruzifix). Dazwischen eine gepflasterte Gasse, die von einem Mann überquert wird. Der Mann trägt Hut, Schal, einen schwarzen Mantel, in der Linken einen Stock. Die rechte Hand, mit vorgestrecktem Daumen, zeichnet sich hell gegen den Mantel ab. Die rechte Schuhspitze glänzt. Über die Gasse spannen sich Telefondrähte. Via dei Capitelli, im einstigen Ghetto.

Giardino Pubblico. Eine riesige Platane streckt ihre knorrigen Baumarme aus. Roßkastanien, dschungelartiges Grün mit glänzenden Buchsbüschen. Über einen geharkten Sandweg geht ein Mann, die Hände auf dem Rücken verschränkt. Er geht locker und wirft neugierige Blicke auf die Parkbänke, wo sich Rentner und Mütter mit Kindern sonnen.
Der Mann ist nicht mein Vater.

Wahrscheinlicher, daß er zwischen den weißen Kolonnaden der Börse hervortritt. Im hellen Sommeranzug, die Mappe unterm Arm. Viele Menschen strömen aus dem Gebäude, setzen beim Hinausgehen die Sonnenbrille auf. Und zerstreuen sich schnell. Da ist er! Wir überqueren die Straße, nehmen an einem der langen Holztische bei Da Pepi Platz. Es ist laut und riecht nach Sauerkraut. Die Würste werden auf Kartontellern serviert. Es gibt auch gekochten Schinken mit Meerrettich oder Bollito misto. Das Lokal ist heiß vom dampfenden Essen und den menschlichen Ausdünstungen. Vater wischt sich mehrmals die Stirn. Er ist in Eile. Mutter und ich sind es nicht. Der Mann hinter der Theke, der lachend mit großen Messern hantiert, wünscht uns zum Abschied einen schönen Tag. In melodiösem Slowenisch.

Die serbische Kirche mit hellblauer Kuppel. Innen ist sie geräumig, der Blick geht hoch hinauf zum Pantokrator. Eine alte Frau macht sich vor der Ikonostase zu schaffen: nimmt die Kerzenstümpfe aus den Messinghaltern, bläst die halb abgebrannten Kerzen aus. Bekreuzigt sich dreimal vor der Muttergottes und küßt das Heiligenbild. Die Läufer sind rot, im Kirchenraum hängt Weihrauchgeruch.
Und die Stille scheint zu hallen.

Hinter dem Schalter sitzt ein bebrillter Mann mit Buckel. Das Kinn an der Brust, hantiert er spinnenartig: drückt mit angewinkeltem Arm schwere Stempel auf Kuverts. Seine Stimme ist hoch, wenn er den Betrag nennt. Mutter klaubt rasch Münzen aus ihrer Geldbörse. Es hat sich eine kleine Warteschlange gebildet. Stumm steht sie in der großen, reich verzierten Schalterhalle, die fast feierlich wirkt. Das Postgebäude ist gelb, gelb wie Marjetas Schule in Ljubljana. Und auf dem Platz davor plätschert ein Springbrunnen.

Die Treppen wollen kein Ende nehmen. Sie sind uneben und steil. Eine Frau mit zwei voll bepackten Einkaufstaschen bleibt stehen, macht ein paar Schritte, bleibt wieder stehen. Ungläubig schaut sie nach oben. Dann auf zwei Kinder, die ihr schreiend entgegenkommen. Und geht weiter. Links und rechts von der Treppe Bäume, die eine Allee bilden. Bis hinauf. Ihre Schatten marmorieren das Pflaster. Akazien? Und die Säulenstümpfe hinter dem Gitter der Villa? Plötzlich ist die Frau verschwunden, bevor sie das Plateau erreicht hat. Die Kirche San Giusto. Der Platz ist weit, das Rauschen der Stadt wie ferne Brandung. Im Innern der Kirche glüht das Gold des Apsismosaiks. Eine andere Sonne.

Sie trinken Schokolade oder Mocca: die graumelierten Damen an den Marmortischen des Caffè San Marco. Handtasche und Handschuhe haben sie neben sich, auf dem roten Plüschpolster, liegen. Die Brille neben dem Silbertablett. Rege Unterhaltung, ohne eine noch so winzige Pause. Die Hände reden mit. Dazwischen nippt eine vom Getränk oder pudert sich die Nase. Erhascht der Kellner einen Blick, ist er augenblicklich zur Stelle. Was darf's sein, Signora. Die Damen haben Zeit. Hinten stehen die Billardtische, ausgekleidet mit grünem Filz. Hier machen sich Männer zu schaffen. Das Klicken der Kugeln durchdringt den Geräuschteppich, übertönt das Damengeplauder. Klick-klick. Die Stöcke sind lang. Und die Masken, die das Kaffeehaus zieren, eine Aufforderung zum Allotria.

Wir stehen vor der hohen orientalischen Fassade der Synagoge. Es ist nicht früh und nicht spät. Ein bärtiger Mann mit steifem schwarzen Hut biegt um die Ecke und verschwindet. Sonst gibt es wenig Passanten. Wir stehen eine Weile. Dann geht Mutter zum Tor und versucht es zu öffnen. Das Tor ist verschlossen. Sie entdeckt eine Tür mit Klingel. Läutet. Nach geraumer Zeit erscheint ein junger Mann und fragt, was wir wollen. Wir wollen uns die Synagoge ansehen. Er schüttelt den Kopf. Erklärungen gibt er keine. Sein Nein ist nicht abweisend, aber bestimmt. Und Mutter beharrt nicht. Langsam schließt er die Tür, sie fällt fast lautlos ins Schloß. Wir machen kehrt.

Der rechteckige Park ist von einer niedrigen Mauer gesäumt. Der Park ist schattig und kühl. Am Fuß der Platanen, neben den geharkten Sandwegen, Bänke. Wer hier sitzt, schaut den Tauben zu, die mit wackelnden Köpfen (Kröpfen) nach Futter suchen. Oder verbirgt sein Gesicht hinter einer großen Zeitung. Ich mag nicht sitzen. Ich will auf der Mauer gehen, einen Fuß vor den andern setzen. Allein. Mutter streckt mir immer wieder die Hand entgegen, aber ich ergreife sie nicht. Links die Lorbeerbüsche, das wilde Grün der Piazza Hortis. Irgendwo ruft ein Blumenverkäufer. Ich gehe gleichmäßig, mit einem Gefühl des Triumphs.

Die Tram ist eine Zahnradbahn, sie fährt fast senkrecht hinauf nach Opicina. Zuerst ruckelt es ein wenig, dann kommt der Kitzel im Bauch. Zwischen riesigen Häusern geht es höher und höher, alles bleibt zurück, die Fassaden, der Lärm, der Betrieb der Stadt. Wie von unsichtbaren Händen gezogen steigt das Gefährt den steilen Hang hoch. Während ich auf die Schienen unter uns schaue, wird mir schwindlig. Augen zu und wieder auf. Oben angekommen, torkle ich aus der Bahn. Die ganze Bucht liegt unter uns, wie ein zum Lachen verzogener Mund. Und das Meer ist glastig, weiß.

# XIII

## *Onkel Misi*

Ein Verwandter war er nicht, sondern ein Arbeitskollege und Freund meines Vaters. Aber ich nannte ihn Onkel. Ich mochte ihn sehr. Misi, gebürtiger Ungar und englischer Staatsbürger, hatte im Zweiten Weltkrieg in Ägypten gegen die Truppen der Achsenmächte gekämpft und sich eine schwere Schulterverletzung zugezogen. Daß er Schmerzen litt, sah man ihm an. Feines Gesicht, blasser Teint, melancholische braune Augen. Misi war zurückhaltend, ja verschwiegen, ein scharfer Beobachter. Doch wenn er redete, brillierte er mit Witz, Ironie und Sarkasmus: Was für ein Todestag ist heute? Unvermittelt kam seine Verzweiflung zum Vorschein, sie lauerte hinter allem. (Sie lauerte so lange, bis er mit fünfzig in London Hand an sich legte.)
Wenn er mich auf seine Knie setzte, wurde er mild, wurde er selber zum Kind. Die Skepsis fiel von ihm ab, er lächelte und scherzte. Ich glaube, ich mochte das Kind an ihm.
Mit mir war er nicht das scheue Einzelkind gutbürgerlicher jüdischer Eltern, das schon früh an Asthma erkrankte, er war einfach Kind. Ein bißchen albern, ein bißchen leichtsinnig, oder schlimmstenfalls onkelhaft. Ich nahm ihm den Hut vom Kopf – er trug sommers und winters Hüte –, schaute ihn fest an. Aha, sagte er, ich soll schon wieder erzählen. Ich nickte.
Es war einmal ein Junge, der hatte Plattfüße und den Wunsch, Weltforscher zu werden. Er zeichnete Kontinente, Eisenbahnlinien, Straßen und Flüsse. Eines Tages zog er seine besten Hosen an und zog los. Er lief bergauf, bergab, bis in die Finsternis

hinein. Und als er sich müde im Gras ausstreckte, sah er plötzlich eine leuchtende Zunge, die ihn zu lecken begann. Träumte er? Nein, seine Wange war feucht. Wärme mich, sagte er, und das Tier schnaubte. Am Morgen fand er sich allein. Sein Magen knurrte. Er nahm die Tasche mit den selbstgezeichneten Karten und lief der Sonne entgegen. Sprang über Pfützen und lauschte den zirpenden Grillen. Als er einen Bahndamm erreichte, beschloß er, sich an die Schienen zu halten, die führten schnurstracks in die weite Welt. Der Zug brauste nicht heran, er kam keuchend und fauchend, ratternd und rasselnd. Der Junge sah seine pechschwarze Schnauze und hob zum Zeichen des Grußes die Hand. Da beugte sich sein Glück aus der Fahrerkabine: der verlorengeglaubte Vater! Mit einer flotten Eisenbahnermütze! Der Junge bestieg die Lokomotive, es war ihm egal, wohin er fuhr. Sein Blick ruhte fest auf dem Gesicht des Vaters, und wenn er kurz abglitt, sah er Flüsse und Ebenen, Berge und Seen, bis die Nacht hereinbrach. Jetzt leuchteten Tausende von Sternen, und es duftete nach Steppengras. Beim Rhythmus der Räder überkam den Jungen Müdigkeit. Pferde wieherten, Käuzchen riefen. Irgendwo blinkte eine Zunge. Und verschwand. Der Junge aber schlief, während ihn die Vater-Lokomotive in die weite Welt hinaustrug.

Misi legte zärtlich seine Hand auf meinen Kopf. Er erzählte mir Märchen, obwohl er weder an Märchen noch an Gott glaubte. Ich sah ihm seine Hingabe an, den Versuch, sich trotz allem zu überlisten. Mich machte er glücklich, sich selber nur zum Schein. Aber diesen Schein spielte er gern und gut.
Heute weiß ich, daß ihm nicht zu helfen war. Ob es an den Verschattungen der Kindheit lag oder an den Kriegsgreueln in der sonnenversengten ägyptischen Wüste, Misi hatte das Vertrauen ins Leben verloren, und sein Körper wurde ihm zur Last. Eine falsche Bewegung, und die rechte Schulter sprang

aus dem Gelenk, mußte unter Schmerzen wieder eingerenkt werden. Die Physis fragil, die Seele labil. Während der sprühende Geist sich in sich selbst verheddert. Für Misi war die Welt verrückt, sie hatte sich für immer kompromittiert. Einer solchen Welt konnte man, mit Iwan Karamasow, nur den Rücken kehren. Bis es soweit war, verfocht Misi, als eingefleischter Antifaschist, die linke Sache. An diesem Credo hielt er mit gleichsam kindlicher Unschuld fest. Und zwar ohne Mitglied einer Partei, und sei es der kommunistischen, zu werden. (Wohl aber als zeitweiliger Mitarbeiter des britischen Geheimdienstes.) Misi war Einzelgänger, moralisch integer und in seiner Einsamkeit unkorrumpierbar. Seine stille Erscheinung gebot Respekt. Freunde hatte er nur wenige, mein Vater gehörte dazu. Mich, das Kind, schloß er spontan ins Herz. Ich war ein wenig auch sein Kind, eigene Kinder kamen für ihn nicht in Frage.

Seine Frau, Clára, wirkte ruhig und ausgeglichen, hatte einen trockenen Humor und viel Sinn für Lebenspraktisches. Von ihrer Vergangenheit sprach sie kaum. Sie hatte Auschwitz und ein Arbeitslager überlebt; ihr erster Mann, ein Rabbiner, war in der Gaskammer umgekommen. Ein kluger Instinkt diktierte ihr, sich an die kleinen Dinge zu halten. An das Konkrete, Faßbare, Überschaubare. Ich erinnere mich, mit welcher Sorgfalt sie sich kleidete, wie bewußt sie einkaufte. Als mein Bruder zur Welt kam, verbrachte ich mehrere Tage bei Clára und Misi. Während Misi arbeitete, nahm mich Clára in den Mercato Coperto mit, die riesige Markthalle, wo sie mit den Obst- und Fischhändlern über Qualität und Preise verhandelte. Endlos, wie mir schien. Die toten Fische sahen mich glasig an. Ich studierte ihr Schuppenmuster, ihre offenen Mäuler, bis mir vom Geruch fast schlecht wurde. Clára verhandelte noch immer, über rote Krebse und schwarze Muscheln gebeugt, akkurat, fast pedantisch.

In meiner Gegenwart stritten sich Clára und Misi nie. Dennoch spürte ich ihre große Verschiedenheit. Misi war ein enttäuschter Idealist, Clára eine Pragmatikerin. Misi hatte Phantasie und Poesie, Clára für diese Eigenschaften nur ein Lächeln übrig. Misi sehnte sich im Innern danach, Kind zu sein, Clára war eine vernünftige Erwachsene. Auf diese Weise ergänzten sie sich, ohne ein Ganzes zu bilden. Zwei vom Schicksal zusammengeführte Überlebende, die Trost und Wärme in der Zigarette fanden. Beide rauchten in einem fort. Zeige- und Mittelfinger waren gelb, gelb auch die Fingernägel. Und Misis Mund schon ganz schief vom Stengel, an dem er saugte und nuckelte.

Das ungleiche Paar starb ungleich. Misi setzte seinem Leben – aus Verbitterung und Müdigkeit – mit Medikamenten ein Ende, Clára starb zwanzig Jahre später an Krebs. Bis zuletzt löste sie Kreuzworträtsel und las englische Kriminalromane. Sie hatte eine genuine Begabung, sich abzulenken. Selbst als BBC-Sprecherin stellte sie nur ihre Stimme zur Verfügung. Emotional hielt sie sich fern. Von allem, einschließlich sich selbst. Ihr zusammengespartes, vom Mund abgespartes Vermögen vermachte sie einer jüdischen Organisation.

# XIV

*Farben*

Die Glyzinienblüten waren lila, genauer zartlila, fast changierend zu Blau. In schäumenden Dolden sprossen sie aus dem knorrigen Stamm und hingen traubenförmig, lauter kleine Herzen. Violett wie Veranda.

Mutter trug Helles. Auf ihrem ärmellosen weißen Strandkleid waren Schiffe aufgedruckt, Segelboote, passend zum Meer. Der Bolero hatte das gleiche Muster. Ich liebte es, die Schiffe zu zählen. Die halben ließ ich weg.

Schon von weitem erkannte ich unser Haus an der Ochsenblutfarbe. Es war nicht rostrot, sondern dunkler, satter, eben ochsenblutfarben. Aber als weigerte sich die Wand, diese Farbe zu tragen, bröckelte der Putz. Bildete seltsame Landkarten mit hellen Flecken. Muromanten hätten ihre Freude daran gehabt.
Heute ist das Blutrot völlig weggebrochen. Fahlgrau steht das Haus am Hang, wie gehäutet.

Das Meer war blau und grün und türkis und grau und aschfarben und schwarz, aber auch weiß und rosa und rot und orange und golden und silbern. Ein Spiegel des Himmels und jeden Tag anders. Nämlich glatt oder gekräuselt oder gewellt oder aufgewühlt. Es verweigerte sich jeder Bestimmung. Ich lernte, seine Wandlungsfähigkeit, seine Unfaßbarkeit zu lieben.

Die Ikonostase von San Niccolò leuchtete aus dem Dunkel des Kirchenraums. Das warme Gold, die hellen Rottöne. Georg, der Drachentöter, ist in Rot gewandet und bohrt sein Schwert in den Rachen des Ungeheuers. Ein kraftvoller Akt, kraftvoll wie die Farbe Rot. Die meisten Heiligen stehen würdevoll und steif, mit olivfarbenen Gesichtern, vor goldenem Hintergrund. Sie sind ernst und entrückt. Gold ist Weihnacht, ist Weihrauch, ist die Fremdheit des Griechischen, das in näselndem Singsang durch den Raum schwebt. Gold ist das Erhabene, das die Muttergottes mit dem Jesusknaben umgibt und mich verstummen ließ.

Kalkweiß ragt er in die Höhe, ein Riesenfinger, der den Schiffen heimleuchtet: der Leuchtturm. Ich sah ihn vom gartenseitigen Fenster aus, von der Strandpromenade, von überall. Unser Wahrzeichen, sagte Mutter. Unser Wächter, fügte ich hinzu. Er beschützte nicht nur die Seefahrer, sondern auch die Daheimgebliebenen, er beschützte die ganze Stadt. Unser heller Turm, unser Friedensturm.

Sie hatte ein Tigerfell, sie jagte Mäuse und fauchte den Hahn an: Mizzi, die streunende Katze. Amelia rief sie so, Amelia, die ihr manchmal einen Bissen zuwarf. Mizzi gehörte nicht zu uns, nicht in unsern Garten, aber ich freute mich, wenn ich sie sah. Dann lockte ich sie mit ungarischen Koseworten heran – cicuska, micuska – und grub rasch meine Hand in ihr weiches Fell. Mit ihren Streifen und Tupfen war sie eine Schönheit. Ihre Augen funkelten gelb. Funkelten und verschwanden im Nu. Mizzi liebte die Freiheit.

Der fuchsiarote Badezimmerteppich. Hatten ihn die Amerikaner angeschafft? Flauschig, mit zerzausten Fransen. Meine nassen Füße hinterließen Abdrücke. Die Abdrücke wurden mit der Zeit größer. Ich wuchs. Dann war der Teppich weg. Kam nicht wieder zum Vorschein. Den dünnen beigen mochte ich nicht. Meine Füße wuchsen nun ohne mich.

# XV
## *Grenzen*

Wo waren sie nicht. Wollten wir ins Triestiner Umland, mußten wir von Zone A zu Zone B wechseln. Wollten wir weiter nach Ljubljana, gab es wieder eine Grenze. Überall Papiere vorweisen, Kontrollen. Vom Rücksitz unseres Autos aus, oft im Halbschlaf und in eine Decke gehüllt, sah ich Grenzbeamte, salutierende Soldaten. Schranken gingen zu und wieder auf. Manchmal wurde unanständig in Koffern gewühlt. Ich wickelte mich tiefer in meine Decke. Doch kaum war das seltsame Tun vorbei, schaute ich mich um: Was war jenseits der Grenze anders? Wuchsen die Bäume größer, hatten die Menschen ein freundlicheres Gesicht? Und verstand ich denn auch, was sie sagten?
Zwiespältig, diese Grenzen. Sie waren befremdlich, unheimlich, angsteinflößend, aber auch faszinierend. Ich erlebte sie als Orte der Spannung, die meine Neugier weckten. Zum einen bildeten sie Barrieren zwischen Vertrautem und Unvertrautem, die dazu herausforderten, den Vorhang zu lüften, durchs Zaunloch zu gucken, über die Schranke zu spähen. Zum anderen waren sie Übergänge, Reibungs- und Berührungspunkte. Ich ahnte ihr Geheimnis, spürte aber auch instinktiv ihre Relativität. Grenzen sind dazu da, überschritten zu werden.
Wir fuhren oft nach Ljubljana, um die Schwester meines Vaters zu besuchen. Hundertzwanzig Kilometer auf schlechten, kurvenreichen Straßen. Die Reise begann mit zwei Grenzübergängen. Und endete ebenso, meist nachts. Wohl deshalb hatte ich das Gefühl, sehr weit gereist zu sein. Wir überwanden

Hindernisse. Die Grenzen waren wie ein Wellenkamm, wo sich alles staute, intensivierte und überschlug. Auch die Zeit. Nach der Kulmination kam Entspannung, aber etwas hatte sich verändert.
Es gab menschenleere Gegenden. Karstgebiet, steinig und karg. An Tankstellen kann ich mich nicht erinnern. Nur an diese wilde, unberührte Natur. Nachts überfuhren wir einmal einen Hasen, Vater packte ihn in den Kofferraum und schenkte ihn einem Bauern.
Die Reisen gerieten mir durcheinander, es waren zu viele.
Noch sehe ich die Scheinwerfer, die sich durch die Dunkelheit tasteten. Keine weißen Wegrandmarkierungen, keine Mittelstreifen. Nur Dunkel und Schlaglöcher. Manchmal krachten wir hinein.
Auch Radwechsel hat es gegeben. Ungemütliche Halte im Niemandsland. Wenn nicht klar war, ob und wie wir weiterkommen würden. (Wer von uns dreien hatte Gottvertrauen?) Fahren war besser als stehenbleiben, diese Losung hatte ich rasch begriffen.
Eines Nachts, ich glaube auf dem Weg nach Zagreb, winkte am Wegrand ein Mann und zwang uns zum Halten. Ob wir nicht Flüchtige gesehen hätten. Flüchtige? Diebe hätten seinen Weinberg geplündert. Weit könnten sie nicht sein. Nein, es war uns niemand begegnet. Er trat zurück und ließ resigniert die Hände sinken.
Das Wort Diebe beschäftigte meine Phantasie noch tagelang. Auf einer einsamen Wegstrecke hatte es mich mitten aus der Nacht angesprungen, hatte mich aus dem Schlaf gerissen: Inbegriff des Bedrohlichen, das plötzlich auftauchen konnte, dort, hinter der nächsten Kurve.
Bis heute meide ich nächtliche Autofahrten. Fremdheit, multipliziert mit Nacht, macht mir Angst. Das Kind in mir registriert Gefahr.

Ich war ein Unterwegskind.
In der Zugluft des Fahrens entdeckte ich die Welt, und wie sie verweht.
Entdeckte das Jetzt, und wie es sich auflöst.
Ich fuhr weg, um anzukommen, und kam an, um wegzufahren.
Ich hatte einen Pelzhandschuh. Den hatte ich.
Vater und Mutter hatte ich.
Ein Kinderzimmer hatte ich nicht.
Aber drei Sprachen, drei Sprachen hatte ich.
Um überzusetzen, von hier nach dort.
Wenn der Grenzer böse blickte, steckte ich den Finger ins Haar.
Das Haar sah sich die Uniform an.
Die Uniform war überbelichtet.
So konnte es weitergehen. Und ging weiter.
Zwischen den Grenzen war wenig Spielraum.
Gerade genug, um einmal übermütig zu sein.
Ein kleines Mal.
Und ein Ferkel zu braten am Fluß.
Oder auf trockenen Radspuren himmelwärts zu rennen.
Dann bäumten sie sich wieder auf.
Und die Zeit zerrann in Gewöhnung.
Links der Abschied, rechts die Ankunft.
Auch andersherum.

# XVI
## *Helle Parenthese*

Jetzt erzähl bitte mal das andere. Das mit dem gebratenen Ferkel. Die Ausflüge konnten doch auch fröhlich sein.
Das stimmt. Wenn es Familienfeste gab. Ich glaube, Großonkel Hanzek hatte Geburtstag. Er lebte mit seiner Mutter, der Kaminfegerin Maria, in Ormož, als Junggeselle und leidenschaftlicher Angler. Entweder er hielt die Angelrute in der Hand oder ein Glas Weißwein. Verschmitzte Augen, gerötete Nase, immer zu Witzen aufgelegt, immer spöttisch. Ich mochte ihn. An jenem Frühsommertag ist es warm. Wir stehen an der trägen Drau, Hanzek angelt, auch mein Vater probiert sein Glück. Ich schaue ins Wasser, während die Männer verbissen schweigen. Der Fluß glitzert in der Sonne, weiß, silbern, hellblau. Ich weiß, daß er voller Fische ist. Plötzlich zappelt einer an Hanzeks Leine, kein legendärer Hecht, aber eine schöne Brasse. Und landet im Wasserkübel. Vier, fünf werden es an dem Morgen gewesen sein. Gerade genug als Vorspeise.
Vorspeise?
Der Hauptgang war das Ferkel. Hanzek hatte es von einem Bauern besorgt. Gebraten wurde es an einem Drehspieß über offenem Feuer, in der Nähe des Flusses. Stundenlang. Großvater und Großmutter waren aus Maribor angereist, auch Tanten und Großtanten. Als die Sonne schon tief stand, ging es ans Essen. Es dauerte bis in die Nacht.
Was war das Besondere?
Die ausgelassene Stimmung. Der würzige Rauchgeruch. Die knusprige Ferkelhaut. Ich trank zum ersten Mal Wein und

prostete allen auf slowenisch zu: *Na zdravje*. Was allerdings mehr wie *Na zdavuje* klang, da ich die vielen Konsonanten nicht richtig aussprechen konnte.

Glücksgefühl?

Ein Gefühl glücklicher Aufgehobenheit. Ich war die jüngste in der Runde. Man kümmerte sich um mich, ohne viel Aufhebens zu machen. Ich aß, trank, lachte, kitzelte Großvaters Glatze, bis er aufschrie. Wir waren viele. Wir waren eine Großfamilie.

Das hieß Geborgenheit?

Geborgenheit und Zusammengehörigkeit. Was sie mir bedeuteten, merkte ich immer erst hinterher. Wenn wir wieder zur Kleinfamilie schrumpften. Wenn ich allein im Siestazimmer lag.

Die Drau war hell?

Sie war hell, bis die Nacht kam. Vielleicht spiegelte sie den Mond. Daran kann ich mich nicht erinnern, nur an ihr leises Plätschern. Wenn wir für Augenblicke verstummten, hörten wir den Fluß, die Frösche und die Grillen. Dann fing Hanzek zu singen an. Und alle andern stimmten ein.

Der Familienchor?

So könnte man sagen.

Keine Dissonanzen?

Belassen wir es beim Glück. Oder was ich damals dafür hielt. Beim Ferkelpicknick.

Gab es auch andere Himmelsrichtungen?

Wir fuhren nach Grado. An diese endlos langen Sandstrände, die für Kinder das reinste Badeparadies waren. Ich baute Sandburgen, buk Sandkuchen, ließ mich bis zum Hals im Sand eingraben. Und rannte ins lauwarme, seichte Wasser. Unermüdlich. Bis die Hitze stechend wurde. Dann gingen wir in eine Trattoria in der Altstadt. Aßen Fisch. Ließen uns abkühlen. Noch kühler war es in der Kirche S. Eufemia, einer

frühchristlichen Basilika mit Mosaikfußboden und einer hellen Marmorapsis, mit Säulen und einem schlichten Altartisch. Das leuchtete mir ein. Ich wollte nicht weg.
Ungewöhnlich in diesem Alter.
Auch wenn das seltsam klingt: ich fühlte mich aufgehoben. Im chromatischen Weiß. In der sirrenden Stille. Irgendwo gurrten Tauben im Gebälk. Es war ein besonderer Ort.
Und dann zurück an den Strand?
Wir badeten bis spät. Die Reihen der Strandstühle lichteten sich. Die Familien trotteten müde durch den Sand, begleitet von kleinen Hunden, die noch einmal ihr Fell netzten. Und irgendwann kam der Moment, den Biagio Marin so beschrieb: »Verwaist / das hafenlose, uferlose / große Meer, / hart und nackt bleibt sein Kreis.«
Auch das war eine Verzauberung?
Ich könnte es nicht besser ausdrücken.
E Venezia?
Das nimmt kein Ende. Fängt auf jeder Brücke wieder neu an. Ich hole mir Plattfüße vom vielen Laufen. War wie besessen von den Kanälen und Spiegelbildern und Schiffen und Gondeln und Gassen und Gemälden. Mutter führte mich in die Frari und die Accademia, ich zerrte sie zu meinen Lieblingsbildern. Ich war sehr aufgeregt. Venedig war viel bewegter als Triest, viel theatralischer. Es weckte in mir Spiel- und Verwandlungsfreude. Auch Übermut. Neben den Löwen des Arsenals ließ ich mich ablichten. Am liebsten mochte ich die ägyptische Löwin mit dem melancholischen Blick.
Venedig in einem Tag?
Venedig immer wieder. Es gab eine Pension an der Riva degli Schiavoni, wo wir ein-, zweimal übernachteten. Vor uns die Lagune, blaßblau, mit tuckernden Schiffen. Unweit die Giardini mit wehenden Schaukeln. Und voll ovaler Lachen.
Masken?

Ich bekam eine Colombine mit rotgetupften Wangen, eine Larve aus einem der vielen Handwerksläden. So wie mein Sohn später einen großen Hut durch Venedig spazieren führte. Er spürte denselben Übermut. Mit acht dichtete er, was ich nie zustande brachte: »Venedig ist schön. / Venedig ist grau, / aber nicht blau. / Im Winter. / In Venedig gibt's keinen Stau / außer in Mestre. / Ach, Venedig. / Du Stadt des Wassers und des / Meeres, hier gibt's / nichts Schweres. / Die Gedanken fliegen, / und die Harlekins sich biegen / vor Lachen. / Hier gibt's keine / Trauer und keinen Streit, / hier biegen die Mäuler vor Grinsen sich breit. / Venedig ist ein Paradies. / Aber ja, hier gibt's auch Kies ...«

# XVII

*Schatten*

Soldaten, Straßenschluchten, abweisende k.u.k.-Bauten, Hafenbrachen, Ruinen, Bettler, Kriegsversehrte: mich streifte schon damals die Ahnung, daß Triest seine Schattenseiten hatte. Die Stadt am Meer lachte leicht scheppernd.
Aber für das Kind genügte, daß sie lachte.
Mit den Jahren, mit dem Wissen, entstand ein anderes Triest.
Ein widersprüchliches, dissonantes, unauflöslich verheddertes.
Überall stieß ich auf faschistische Architektur. Mussolinis Monumentalismus hatte sich hier protzig breitgemacht. Um auch politische Tribute zu fordern. In der Reisfabrik von San Sabba wurde im Herbst 1943 – unmittelbar nach Verlegung des »Einsatzkommandos Reinhard« aus Polen in den adriatischen Küstenraum – ein Konzentrationslager eingerichtet. Zuerst Gefängnis, dann »Polizeihaftlager«, dann KZ und Durchgangslager für den Weitertransport nach Auschwitz-Birkenau, gleichzeitig Depot für die beschlagnahmten jüdischen Besitztümer.
Der aus mehreren mehrstöckigen Ziegelbauten bestehende Gebäudekomplex wurde »adaptiert«, die ehemalige Fabrik-Trockenanlage in ein Krematorium umfunktioniert. Das unterschied die Risiera von andern während der deutschen Besatzungsherrschaft auf italienischem Gebiet errichteten Sammel- und Durchgangslagern und zeigte die Entschlossenheit, sie als Vernichtungslager zu nutzen. 1944 wurden hier slowenische, kroatische und italienische Partisanen, Antifaschisten und Geiseln verbrannt. Auch die Vernichtung von Juden ist be-

legt, obwohl diese mehrheitlich deportiert wurden: allein bis Herbst 1944 trafen zwanzig Transporte aus Triest in Auschwitz ein. Die Transporte umfaßten Insassen des Triestiner jüdischen Altersheims »Pia Casa Gentilomo e Ospizio Israelitico«, des Spitals »Regina Elena« und der psychiatrischen Klinik. Aber auch solche aus Krankenhäusern und Kliniken von Venedig, Padua, Udine und Fiume. Über ein Fünftel der jüdischen Gemeinde Triests kam in deutschen KZs um.
In der Risiera selbst wurden bis April 1945 zwischen 2000 und 5000 Inhaftierte liquidiert und anschließend verbrannt, in erster Linie slowenische und kroatische Partisanen bzw. Aktivisten der »Befreiungsfront«. Diese stellten auch den größten Anteil unter den Deportierten, die auf 7000 bis 20.000 geschätzt werden.
Die Reisfabrik ist längst eine Gedenkstätte. Anstelle des 1945 weggesprengten Krematoriums und des Schornsteins erinnern in den Boden eingelassene Stahlplatten und eine symbolische Pietà an die Greuel.

Als ich damals nach Triest kam, trennten mich nur fünf Jahre von diesen Ereignissen. Vater wußte davon, hatte slowenische Freunde verloren. Ich aber war klein, viel zu klein für die Wahrheit, mußte ihr später selber auf die Schliche kommen. Gänge führten mich in Triestiner Buchhandlungen, Antiquariate. Zum Schriftsteller Boris Pahor, der – als Soldat der slowenischen Volksbefreiungsarmee inhaftiert – nach Dachau, Bergen-Belsen und Natzweiler deportiert worden war, um eines Tages in das hoch über Triest gelegene Karstdorf Contovello zurückzukehren und dort zu schreiben, schreiben über das Gesehene und Erlebte.
Den alten Giorgio Voghera (*Nostra Signora Morte*, *Das Geheimnis*) erblickte ich einmal in der hintersten Ecke des Caffè San Marco, mit zwei distinguierten Damen. Er hatte den Krieg

überlebt. Auch sein jüdischer Kollege Ferruccio Fölkel hatte ihn überlebt, im Londoner Exil. 1949 kehrte er nach Triest zurück und zog wenige Jahre später nach Mailand. Er schrieb ein Buch über die Risiera di San Sabba, schrieb Gedichte, jüdische Märchen und die *Erzählung vom Jahr 5744*. Daraus spricht ein Heimweh-Triestiner, der mit seiner Stadt ziemlich hart ins Gericht geht: »Triest hat sich nie in den Spiegel geschaut, nie in seine Gesamtheit geblickt, sich nie offen ausgesprochen, außer um sich halblaut einen zusammengemischten und trotzdem unerklärten Zauber einzureden.« Von Maria Theresia bis zum Zweiten Weltkrieg reichen die historischen Aperçus, und immer legt Fölkel in seinem Triest-Kaddisch den Finger auf Wunden: »Bekannt ist die Mißgunst der frenetischen Triestiner Bourgeoisie, die sich das Recht anmaßte, die *s'ciavi* (Slawen) – so die Bezeichnung durch die herrschende politische und ökonomische Klasse bis 1945 – zu verachten. Was aber wäre gewesen, wie hätte sich Triest im neunzehnten Jahrhundert ohne Mithilfe der Lastenträger im Hafen, der Stellmacher, der Steinhauer in den Steinbrüchen von Aurisina, der Arbeiter der Gießerei von Servola und des Arsenals, der Bauern von Zaule oder San Giovanni, der Hausgehilfinnen entwickelt, die sich in den Handelshäusern abrackerten, in jenen postemporialen Wohnungen, die durch enorme, plötzlich angehäufte Reichtümer den Neurosen verfallen waren?«
Erst vor wenigen Jahren wurde in Triest eine slowenische Schule angezündet. Als wütete noch immer ein nationalfaschistischer Fremdenhaß, der den Slowenen den Garaus machen will.
Ja doch, es gab die anderen: Joyce, Svevo, Umberto Saba, den Freud-Schüler Edoardo Weiß, den Psychiatrie-Reformer Franco Basaglia, Bobi Bazlen und Giani Stuparich. Dennoch bleibt Triest verschattet, in eine Ambivalenz verstrickt, aus der sich keine Identität konstruieren läßt. Es sei denn, die Nicht-Iden-

tität wird zum Signum der Stadt. Rand, Grenze, Zwischenbereich, Passage.

Das wäre dann auch meine Geschichte mit Triest:

> Tauch retour ins Ende. So trist
> trieft Regen. Identität entflieht. Such-Taufe.
> Tief rostrot ist es: Selighaus tausendfältiger
> Träume, redimensioniert. Ichmal ewig. Schein-tot.
> Taue, Riesenschiffe, immer ein Strand touristenlos,
> Teer. Riecht insulär. Eingeborener Schlaf: Tage
> träg. Rest im Eimer. Schreibe: Taten
> trauern. Risiera-Insassen entstammten Sonder-Transport.
> Tod regierte in extenso. Sind Tafeln
> Trost (Reminiszenz)? Im Ernstfall tost
> Tangmeer. Risse: iß ein Stück Tuch.

# XVIII

## *Heimweh nach Jalousien*

Ich sage: Jalousien, und bin augenblicklich fort. Versetzt nach dort, in eine mittagsträge Straße. Die Sonne steht im Zenit, es ist backofenheiß, bis auf ein paar Strähnen Wind. Wer zu Fuß unterwegs ist, sucht den Schatten oder flieht in den Schutz der Häuser. Die Häuser ducken sich nach innen, atmen nur durch die Ritzen der Jalousien. Ich sehe diese hellgrauen (oder anders pastellfarbenen) Lamellen mit ihren beweglichen Teilen: die linke Hälfte heruntergelassen, die rechte hochgeklappt. Jedes Fenster blinzelt auf seine Weise, zeigt ein anderes Gesicht. Zeigt? Zum Sichtbaren gehört das Verborgene. Die Fenster-Physiognomie mit Jalousie ist ebenso geheimnisvoll wie erotisch. In ihrer diskreten Noblesse kitzelt sie die Phantasie.
E che silenzio!
Es ist die mittagsschwere Schlaf-Stille, die der Norden nicht kennt. Die Stille plötzlicher Erstarrung: die Gabel fällt aus der Hand, der Bissen aus dem Mund, die Glieder erschlaffen. Stunde des Pan.

Mir fehlen die Strandfelsen von Miramar. Die Akazienalleen. Das abendliche Freilichtkino mit der riesigen weißen Leinwand. Wir saßen im offenen Wagen und schauten uns unterm Sternenhimmel amerikanische Komödien oder Trickfilme an. Walt Disneys *Pinocchio* und *Fantasia*; womöglich *The big store* und *A night in Casablanca* der Marx Brothers oder *The woman of the year* mit Spencer Tracy und Katharine Hepburn. Ich erinnere die Leinwand, den Himmel, die würzige laue Luft, die angenehm kribbelnde Atmosphäre. Irgendwann schlief ich immer ein. Erwachte in Vaters Armen, der mich ins Haus trug.

Obwohl ich ein Erwachsenenleben lebte und keine gleichaltrigen Freunde hatte, war ich im Klima des Südens geborgen. In den Strand- und Corso- und Kino-Gemeinschaften, im Fluidum eines scheinbar unbeschwerten sozialen Umgangs. Die Gemüsehändler erzählten lange Geschichten, der Eisverkäufer scherzte, selbst Straßenpolizisten hatten ein Lächeln übrig. There was something swinging in the air, auch wenn die Stadt gewissermaßen im Ausnahmezustand war.
Der Norden stellte mich auf mich selbst. Schlagartig begriff ich, was Vereinzelung ist.
Und Kälte.

# XIX

## *Durch Schnee*

Im Januar 1951 brachen wir nach Zürich auf. Vater, Mutter, mein drei Monate alter Bruder, ich und unsere ganze Habe. Wir fuhren in einem Oldsmobile mit Sommerreifen. Ohne Ahnung, was uns im Norden erwarten würde.
Die erste Überraschung war der Schnee, Schneewände auf dem Gotthard-Paß. In einer Kurve schlitterten wir in eine solche Wand. Sie erwies sich als gnädig: brachte uns zum Stehen, drückte dem Wagen aber nicht einmal die Nase ein. Nach einigen Manövern konnte es weitergehen. Weiter, immer weiter, diese Melodie kannte ich schon. Nur über das Warum war ich mir im unklaren. Mich hatte auch keiner je gefragt. Vater, so erfuhr ich später, wollte in ein demokratisches Land. Wollte stabile Verhältnisse für sich und seine Familie. Und so fuhren wir durch den Schnee.
Ich glaube, ich staunte nicht nur über diese unwirsche Winterlandschaft, ich war erschrocken. Eine Wand ist eine Wand. Wir hatten Glück gehabt. Ein gutes Omen? Vater war von der Richtigkeit seines Entschlusses überzeugt, doch Garantien gab es keine. Wir zählten nicht zu den politischen Flüchtlingen, und so hing es von der Gunst der schweizerischen Behörden ab, ob sie uns eine Aufenthaltsbewilligung geben würden. Vater hatte Arbeitskontakte und seinen Glauben. Mehr nicht. Vater, der unser Boot durch alle Fährnisse lenkte.
Im Kind, das ich war, tobten widersprüchliche Gefühle. Zurück blieb das Meer, die Helle. Noch nie hatte ich solche Berge gesehen. Noch nie solche Mengen Schnee. Noch nie waren wir

so viele Kurven gefahren, auf und ab, und von neuem auf und ab, bis zum Erbrechen. Dazwischen hatte es eine Übernachtung gegeben, irgendwo. Dem Winzling von Bruder zuliebe, aber nicht nur.

Es war eine hindernisreiche, endlose Fahrt. Und ich wußte, daß alles anders werden würde.

In Zürich bezogen wir eine möblierte Mietwohnung, die zuletzt der chinesische Schriftsteller Lin Yutang bewohnt hatte. Im schwarzen Bücherschrank standen einige seiner englischen Werke, als Willkommensgruß. Drei Zimmer, Flur, Küche, Badezimmer, ein Balkon. Aber noch war das Bleiben ungewiß. Die Koffer standen herum, jederzeit bereit für den Aufbruch.

Vater schwieg und wartete. Das Warten dauerte Wochen. Dann begann er von London zu reden. Das hieß: packen und weiterziehen. Aber es kam anders. Plötzlich – offenbar im allerletzten möglichen Moment – tat sich eine Tür auf, und wir konnten bleiben. Ein Beamter der Fremdenpolizei hatte sich für uns verwendet.

Die Nachricht kam mit dem Frühling, rund ums Haus blühten die Forsythien.

Hier also. Weg mit den Koffern, hinaus ins Freie. Auf den Rasenflächen spielten Kinder. Hinterm Haus gab es eine Schaukel, die ich zu meinem Lieblingsplatz erkor. Aus der Höhe sah ich links den Wald. Er zog sich die Böschung hinab zum Tobel, wo der Wehrenbach fließt, und auf der andern Seite wieder hinauf. Buchen, Tannen, lichtes Dunkel. Eine Zeitlang hielt ich respektvoll Distanz, dann wagte ich mich in die Wildnis, die nach Harz und Moder roch. Immer raschelte etwas, und von ferne erklang das Rauschen des Bachs. Ich wurde das Gefühl nicht los, daß ich etwas Heimliches tat. Es waren meine ersten, frühen Schritte in die Selbständigkeit.

Im Wald oder am Waldrand spielte ich das Jetzt-Spiel. Ich rief

»jetzt«, lauschte dem Echo und wußte, »jetzt« ist vorbei. Kaum ausgesprochen, stürzt die Gegenwart in die Vergangenheit, als fiele sie rücklings ins Meer. Doch das Meer war weit, ich hielt mich ans Echo. Das Echo teilte die Zeit, der ich lauernd auf die Schliche zu kommen versuchte. An die Zukunft dachte ich nicht. »Jetzt«. Und wieder »jetzt«. Ich zählte die Sekunden oder meine Herzschläge. Bis mir schwindlig wurde. Dann klammerte ich mich an einen Strauch, riß Blätter ab, nur um Festigkeit zu gewinnen. Das Spiel wurde zur Obsession. Wirklich entkam ich ihm nur, wenn der Schlaf mich ins Vergessen spülte. Im Schlaf verschwanden die Zeit- und Grenzsperren. Keine Koffer standen herum, die an ein Weiter gemahnten. Ich fiel in ein weiches Etwas und ließ mich tragen. Der Schlaf war Geborgenheit, außerhalb von Raum und Zeit.

Das Kind schlief viel, obwohl der kleine Bruder es wiederholt weckte. Es wuchs im Schlaf, es verdaute, was der Tag ihm vorgesetzt hatte. Die Tage waren voll von Neuem. Hunderte von fremden Wörtern prallten an sein Ohr und forderten: Lern mich, versteh mich. Das Kind lernte Hochdeutsch und zugleich den Dialekt, den hier alle sprachen. Eine doppelte Anstrengung. Sagte der eine *schauen*, sagte der andere *luege*, so ging es in einem fort. Im Kopf kribbelte es. Das Kind gab sich alle Mühe, erntete aber viele Lacher. Die Nachbarskinder fanden es komisch. Fanden komisch, wie es radebrechte, daß es an kalten Tagen einen langen Lammfellmantel trug, daß es immer ein bißchen abseits stand. Einmal riefen sie: Deine Mutter hat rote Fingernägel, pfui! Ein andermal riefen sie: Du bist katholisch, pfui! Das Kind war beleidigt, zeigte es aber nicht. Die andern waren in der Übermacht und auf vertrautem Terrain, da blieb dem Neuling nur die Taktik des Abwartens. Sie hießen Vroneli, Meieli, Urseli. Und Ruedi, Päuli, Emil. Wie Kleeblätter hielten sie zusammen, obwohl sie sich manch-

mal auch stritten. Als das Kind Zugang zu ihren Spielen, zu ihren Buschhütten und Indianerzelten bekam, entstanden neue Konstellationen: die Mädchen bildeten ein vierblättriges Kleeblatt oder zerfielen in wechselnde Zweiergruppen.
Meieli war sanft, trug meist Blaues, ließ sich auf keine Äste hinaus; Urseli mit den Sommersprossen, den langen blonden Zöpfen und dem kurzen roten Mantel plusterte sich gerne auf, wollte den Ton angeben; Vroneli hatte Phantasie und aschblondes Haar, mit ihr ließ sich endlos schaukeln und träumen, einfach so. Das war dem Kind am liebsten. Es sei denn, sie spielten alle zusammen Indianer, Mädchen und Jungs.
Dann lagerten sie im Leintuchzelt, grell bemalt, die Jungs mit Federkopfschmuck und selbstgemachtem Pfeil und Bogen, die Mädchen in bunten Röcken. Statt Friedenspfeifen ragten Süßholzstengel aus den Mündern. Von Zeit zu Zeit gingen die Jungs auf Pirsch, während die Mädchen im Zelt ein Kräutergetränk brauten. Käfer wanderten über das ausgebreitete Tischtuch. Einmal schleppten die Jungs eine verwundete Katze herbei, ein andermal warfen sie eine tote Eidechse ins Zelt. Eklig, protestierten die Indianermädchen. Die Jungs triumphierten.
Wenn das Kind nach dem langen Sitzen im dämmrigen Zelt aufstand und hinausging, kam ihm die Welt verändert vor. Das Haus wirkte windschief und grau, die Wiese davor wie abrasiert. Nur der Wald hatte das Zeug zum Abenteuer: eine sattgrüne Staffel von Bäumen, über denen sich dicke Wolken ballten.
Wie siehst du denn aus, sagte Mutter. Das Kind griff sich an den Kopf. Es war eine unwillkürliche Geste, die im Norden zur Gewohnheit werden sollte. Als wollte sich das Kind vergewissern, wer es war. Und wo.

# XX

## *Der Schlitten, der Hang*

War das ein Sommer? Die Triester Strandkleider hingen im Schrank, unpassend für diese Breitengrade. Wurde es kurz warm, kam ein Gewitter und fegte die Wärme weg. Feuchtigkeit hing in der Luft, stieg dampfend aus dem Wald, bildete Wolken, die schütteten sich aus. Es regnete unverschämt häufig. Es regnete wie zum Trotz.
Mein kleiner Bruder hatte kurzes dunkles Haar, krumme Beinchen und ein anmutig scheues Lächeln. Auf dem Bauch liegend, hob er den Kopf neugierig in die Höhe und machte erste Krabbelbewegungen.
Dann kam Gerda, Kinderfrau und Haushaltshilfe. Sie stammte aus Deutschland. Zusammen mit ihr beobachtete ich, wie der Wald sich verfärbte und seinen Blätterschmuck fallen ließ. Täglich sammelte ich rote, gelbe, gescheckte Blätter, die ich zu Hause zu Mustern auslegte. Da lagen sie, bis sie welk und grau wurden. Und raschelnd und leicht. Ich blies sie vom Tisch.
Der Schnee kam über Nacht. Eine weiße Fracht. Er verwandelte alles: das Licht, die Geräusche, die Umgebung. Etwas Gleißendes war da, und viel Stille. Es schneite weiter. Staunend sah ich zu, wie die Flocken vom Himmel fielen und sich lautlos auf das Balkongeländer, die Büsche und Bäume legten. Schaute ich zu lange in den Flockenwirbel, wurde mir schwindlig, als wäre ich selber im Fallen begriffen. Schnee! Das ungarische Wort *hó* reimte auf *tó*, *ló*, *só*, *szó*, auf See, Pferd, Salz, Wort, aber mit alledem hatte der Schnee nichts zu schaffen, weich und leicht, wie er war. Ich wollte ihn schmecken. Bald schon

tollte ich ums Haus herum, mit ausgestreckter Zunge. Ließ die Flocken zergehen, stopfte mir eine ganze Handvoll Schnee in den Mund. Kalt war das, aber völlig fad. Wie gut hatte doch das Vanilleeis in Triest geschmeckt. Dann doch lieber Schneebälle formen.
Gerda hatte noch eine andere Idee. Sie hieß: Schlitten fahren. Das hatte ich nie ausprobiert. Ich wußte nicht einmal, wie ein Schlitten aussah. In Triest hatte es keine Schneewinter gegeben. Also gut. Also mit diesem hölzernen Ding, das sie irgendwo aufgetrieben hatte, auf einen stattlichen Hügel. Es war Nachmittag, ich trug meinen langen Lammfellmantel, dazu eine Wollmütze mit Troddel, und stapfte tapfer neben Gerda her. Der Hügel, so weiß ich heute, befand sich in der Nähe der Nervenheilanstalt »Burghölzli«. Was ich nicht weiß: wie oft Gerda und ich zusammen den Hügel hinabsausten, bevor sie mich allein auf den Schlitten setzte. Alles ging schnell, schneller als ein Jauchzer, der sich meiner Kehle entwinden wollte. Kälte, Fahrtwind, gleißende Helle, Schwindel – und alles wieder von vorn, nachdem wir den Hügel erklommen hatten. Ein kleiner Rausch.
Doch dann: allein. Ich sollte es allein versuchen. Sie gab mir keine Anweisungen, jedenfalls kann ich mich an keine erinnern. Fahr zu. Fahr nur. Und ich fuhr in vollem Tempo den Hügel hinunter. Die Beine hochgezogen, schnell, immer schneller. Zum Stillstand brachte mich ein Holzstoß. Aber da hatte ich schon das Bewußtsein verloren.
Aus der Schwärze holte mich ein Arzt. Schädelfissur, Hirnerschütterung. Der Bluterguß war so stark, daß mich Mutter nicht erkannte. Wochenlang hatte ich schwarze Ringe um die Augen.
Dann kamen die Kopfschmerzen. Kam die Blackbox der Migräne. Es tut so weh, daß nur noch der Totstellreflex hilft. Absolute Ruhe – oder ich zerspringe in tausend Stücke. Der

Angriff ist jäh, das wilde Tier tobt in mir. In mir. Ich kann es nicht abschütteln. Versuche es zu besänftigen mit äußerster Zahmheit. Liege da, atme flach. Ausgeliefert, allein. Schmerz und Übelkeit, Übelkeit und Schmerz. Dann schlucke ich etwas Bitteres, Saridon oder so ähnlich, das Gerda mir aufnötigt. Davon soll mir besser werden. Nach einer Weile überkommt mich Schlaf, ein unruhiger, traumloser Schlaf. Und als ich irgendwann erwache, fühle ich Benommenheit, aber der Schmerz ist weg. Das Kind schüttelt sich, geht mit zittrigen Knien in den Flur, um zu sagen: Da bin ich. Um sich dem Erstbesten an den Hals zu werfen, so dankbar ist es, daß die Qual vorbei ist. Man wundert sich über seinen Überschwang. Doch keiner außer ihm weiß um die schwarze Erfahrung. Jetzt möchte es ein Stück Brot und Zärtlichkeit. Nichts weiter.

Die Anfälle kehren wieder, in unregelmäßigen Abständen, aus heiterem oder unheiterem Himmel. Ein Druck legt sich auf den Kopf, ein Schleier auf die Augen, Müdigkeit flutscht durch den Körper, der sich kaum noch aufrecht hält. Alles geht schnell, attackenschnell, und ebenso schnell ist der Wunsch, im verdunkelten Zimmer dem Licht, den Geräuschen und Gerüchen zu entfliehen. Reize tun weh, alles ist Reiz, folglich tut alles weh. Was der Gesunde nicht einsehen mag. Ihm tut weh, daß er im Weg ist. So fühlt das Kind sich zu allem andern auch noch schuldig.
Ein Teufelskreis aus Rückzug, Verweigerung und dem Bedürfnis, genau jetzt verstanden zu werden. Während die Gesten, die Körpersprache nein sagen, will das Herz volle Unterstützung. Zuviel verlangt. Mutter wendet sich dem Bruder zu. Das Kind hat das Zimmer, den Schmerz und die Einsamkeit.

Wenn es tosend still ist, formen sich die Worte von allein: Schnee, Schlitten, Schmerz. Sie formen einen langen Zischlaut, unheimlich wie das Schnaufen der Lokomotiven in Ljubljana. Aus dem Zischlaut erwächst nichts Gutes. Er ist die Spucke des lieben Gottes. Hüte dich vor Schaum, Scherben, Schlägen, Scharlatanen. Nur den Schlaf, den Schlaf hüte fein.

# XXI
## *Puppe Sári, Puppe Lisi*

Sie war ein Wickelkind, mit großen blauen Augen und Lidern, die sich auf- und zuklappen ließen. Nur das linke Lid klemmte ein wenig, bis es nicht mehr zu bewegen war, weder vor noch zurück. Und so starrte Sári mit dem halben linken Auge unverwandt in die Welt, während das rechte mal wachte, mal schlief. Ein Schönheitsfehler, der Sári nicht anstand. Denn sie war vollkommen: ebenmäßiges Gesicht, volle Lippen, lange Wimpern, und ihr Babykörper hatte ideale Proportionen und Rundungen. Der Mechanismus war schuld, an den meine Kinderfinger nicht herankamen.

Trotzdem liebte ich Sári, liebte sie wie mein jüngeres Ebenbild. Ich kleidete sie an und wieder aus, Schicht für Schicht. Sie trug nur Weiß: Höschen und Hemdchen und gestrickte Söckchen und Jäckchen und ein Häubchen, und steckte so, mit allem angetan, in einem bestickten Wickelkissen. Ihre Schönheit faszinierte mich ebenso wie die Tatsache, daß sie mir ausgeliefert war. Kein Murren, kein Widerspruch, ich tat mit ihr, was ich wollte. Am liebsten zog ich sie aus. Das war schrecklich lustvoll. Mit Sári entdeckte ich den nackten Körper. Entdeckte ich meine eigene Nacktheit. Und verliebte mich in sie. Davon wußte niemand. Niemand durfte dabei sein, wenn ich mich an Sári zu schaffen machte. Niemand war Zeuge meiner inneren Erregung. Die Geburtsstunde der Sexualität gehörte mir. Ich verbinde sie bis heute mit dem Dämmer der Heimlichkeit und dem Unschuldsweiß von Sáris Kleidern. (Etwas wie *gedrehte Gischt.*)

Zärtlich faßte ich sie um die Taille, schüttelte sie leicht. Meine Fingerkuppen fuhren über ihren Hals, ihre Schultern, ihren Bauch, ihre Beine, und machten, daß sich die Gelenke bewegten. Sie hatte die Größe eines vier Wochen alten Babys. Ich drückte sie an Stirn, Mund, Brust. Meine kleine Heiligkeitsmaschine. Rosa Porzellan, und das Klicken der Lider. Die Kleidchen waren auf dem Boden ausgebreitet. Das Geschlecht ist kein Geschlecht. Aus dem leicht geöffneten Mund kommen keine Laute. Gegen die Puppenstummheit rede ich an. Zuerst leise, dann immer lauter. Ich rede für sie. An ihrer Statt. Es geht um Frieren, Wärmen, Wickeln, Bandagieren, um L-l-l-l-uft und einen K-k-k-k-uß. Um die Gletscherfarbe der Augen. Murmelaugen. Mütterlich bin ich nicht, nur wollüstig. Bin simultan sie und ich. Zirpe mit Zinnober-Zunge: Sárika, schlaf! Doch das ist nur eine halbe Sache, denn Sáris linkes Auge kennt keine Ruh. Ich wiege sie hin und her und auf und ab in meiner Zimmerecke. Wir gehen zu den Schafen, den Weidetieren, queren Blumenwiesen (Schlaf, Kindlein). Gefahren sind gebannt, wenn nur die Wand nicht wackelt. Wenn nur Mutter nicht eintritt. Dann wird sie mir zu schwer. Dann leg ich sie aufs Bett und meinen Schatten über sie.
Einstweilen.
Den Wunsch werd ich nicht los. Den Wunsch, in ihrem Wickelkissen zu stecken. Da schlüpf ich hinein und nicht wieder heraus. Hautnah, heißt das. Zwillingsnah. Ich bewege mein Zungenende sinnlos hin und her. Irgendwann liege ich neben ihr, Seite an Seite.
So schön haben wir miteinander geschlafen.

Lisi roch nach Mottenpulver. Oder nach Chlor. Sie roch. Ihr Körper war aus Stoff, ihre Haut aus rosa Filz. Sie hatte ein Stupsnäschen und blonde Zöpfe. Und immer trug sie ein gestricktes Wollkleid: rot mit weißen Borten. Lisi zog mich nicht

an, darum zog ich sie nie aus. Ihre gemalten Augen hielten keine Überraschungen bereit, die Filzhaut war da und dort löchrig. Am besten, Lisi saß angelehnt an ein Bettkissen und spielte Dekoration. Dazu war sie hübsch genug. Mein Zauberapfel war sie nicht. Ihre Harmlosigkeit ließ mich kalt. Lisi hieß nicht Liebe, nicht Leidenschaft, nicht Lust, sondern: braves Mädchen. Sie wird Kühe hüten, dachte ich, und strafte sie mit Schweigen. Oder spreizte ihre beweglichen Beine zum Spagat. Lisi verzog keine Miene.
Tu ich Lisi Unrecht? Sie hatte anmutige, gerötete Wangen und keine Erbsenzählermoral. Geduldig lauschte sie, wenn ich Sári beschwor. Geduldig ertrug sie das Waterloo meiner Migränen. Bescheidenheit ohne Schnüfflergeist. Sie gehörte zur zähen Sorte.

In einem schattigen Estrichwinkel sind sie noch immer vereint: Sári und Lisi, Lisi und Sári. Ausrangiert, nachdem sie den *geschlagenen Wald* verlassen hatten.

# XXII

## *Bruder ist krank*

Hinkte er? Eine Hüfte tat ihm weh, und eines Tages wollte er keine fünf Schritte mehr gehen. Da er weder weinerlich war noch zur Hysterie neigte, nahm man ihn ernst. Martin war drei, ein sanftes Kind mit olivfarbenem Teint, sehr still, sehr scheu, sehr unaufgeregt. Stundenlang legte er Klötzchen oder blätterte in Büchern, spielte mit seinen Stofftieren oder kritzelte aufs Papier. Er schrie nicht, forderte nicht, vergnügte sich mit sich selbst. Ich hielt ihn für restlos glücklich.
Dann kam jäh die Krankheit. Man brachte ihn zum Arzt, einem bekannten Pädiater, der in der Freizeit Musiker porträtierte. Doktor Dreyfus diagnostizierte die Hüftgelenkserkrankung Perthes, im Frühstadium. Das war ein Glück im Unglück, denn die Früherkennung erhöhte die Heilungschancen. Die Therapie bestand in striktem Liegen, wobei das erkrankte Bein eingeschient und durch eine Gewichtvorrichtung gedehnt wurde. Es galt um jeden Preis zu verhindern, daß das Bein infolge der Wachstumsstörung kürzer geriet. Ein langwieriger Prozeß. Meine Eltern wappneten sich mit Geduld. Martin selbst – zu klein, um längere Zeitspannen zu begreifen – gab sich der Situation umstandslos hin.
Ein Jahr lang hütete er das Bett. Nie hörte ich ihn klagen oder weinen. Seine scheinbar angeborene Zufriedenheit kam ihm zugute. Mit seinen Freunden, den Stofftieren, führte er ausgedehnte Gespräche, in einer Geheimsprache, die nur er verstand. Sie klang mehr japanisch als deutsch oder ungarisch. »Ossiki« hieß Getränk; er brauchte das Wort auch Mutter und

mir gegenüber, während er andere nur mit den Tieren teilte, die immer zahlreicher wurden. Laufend kamen neue hinzu: ein Nashorn, ein Elefant, ein Lama, ein Eichhörnchen. Der Zoo der Marke Steiff lagerte auf Kissen, Decke und Tisch, beaufsichtigt von Zwerg Pucki, dessen grinsendes Gesicht Fröhlichkeit verbreitete. Pucki hatte eine Kartoffelnase, schelmische braune Augen und einen silbrigen Vollbart. Auf dem Kopf trug er eine rote Zipfelmütze, um den Bauch eine blaue Schürze und an den Füßen Filzpantoffeln. Martin machte ihn zu seinem engsten Vertrauten und strapazierte ihn so lange, bis Puckis Gummigesicht rissig und klebrig wurde. Der Unansehnliche wurde durch Pucki II ersetzt, Pucki II schließlich durch Pucki III. Sie glichen einander aufs Haar, nur die Mützen und Schürzen wechselten die Farbe.
Neben Pucki und den Tieren gab es die Bücher. Alois Carigiets *Flurina* und *Schellenursli*, Brehms *Tierleben*, Wilhelm Buschs *Max und Moritz*. Martin schaute sich die Bilder an, Mutter las ihm vor. Sie las unermüdlich, mit restloser Hingabe. Als ob sie eine Schuld abtragen müßte. Als ob das Vorlesen den Heilungsprozeß beschleunigen könnte. Martin genoß es und lernte alles auswendig. Lächelnd leierte er Buschs vierhebige Trochäen herunter: »Max und Moritz, gar nicht träge, / Sägen heimlich mit der Säge, / Ritzeratze! voller Tücke, / In die Brücke eine Lücke. / Als nun diese Tat vorbei, / Hört man plötzlich ein Geschrei: ›He, heraus! du Ziegen-Böck! / Schneider, Schneider, / meck meck meck!!‹« Auch ich kannte sie alle: die Witwe Bolte, Herrn Lämpel, Onkel Fritze, den Bauer Mecke, das böse Ende der bösen Buben. Und immer wieder war die Geschichte komisch, Martin hatte seinen Spaß daran.
Ich beobachtete meinen Bruder, wie er sich in seiner Lage zurechtfand. Ich bewunderte seine Geduld, seine Heiterkeit. Und ich war neidisch, weil Mutter ihre ganze Zeit ihm widme-

te. Manchmal fragte ich sie, ob sie ihn lieber habe als mich. Sie winkte ab: ich müsse doch verstehen, daß er sie brauche, ich sei doch ein kluges Mädchen. Dann saß ich auf der Bettkante und schämte mich. Natürlich wollte ich klug sein, aber mein Herz protestierte. Im Innern fühlte ich mich klein, hilflos, vernachlässigt, überfordert. Ahnte das niemand?
Bald war ich zu stolz, um mir eine Blöße zu geben. Und spielte, spielte die Tapfere, die ich nicht war. Das Kind in mir weinte.

Martin wußte von nichts. Er verdiente Rücksicht, was konnte er schon dafür. Ich war älter und, bis auf meine Kopfschmerzen, gesund. Man erwartete von mir Anpassung. Ich paßte mich an.

Ich paßte mich äußerlich an. Mein Bruder und ich teilten dasselbe Zimmer. Während seiner Krankheit atmeten wir die gleiche Luft, wachten übereinander wie zwei Schutzengel. Ich bekam alles mit, was mit ihm geschah. Umgekehrt wußte auch er eine Menge über mich. So viel Nähe war zu eng. Aber es gab kein Ausweichen, kein zweites Zimmer.
Ich träumte mich nach innen, in schneckenartige Labyrinthe, bis an den Tränenpunkt. Dort war es weit und still.
Das Träumen gelang mir zwanglos, fast in jeder Lage. Auch wenn Doktor Dreyfus mit Martin scherzte, während er ihn mit raschen Strichen porträtierte. Kein Besuch, keine Untersuchung, ohne daß der Arzt den kleinen Patienten zum Lachen gebracht und aufs Papier gebannt hätte. Das gehörte zum eilig-uneiligen Ritual des Doktors. Ich schaute zu und verlor mich in Gedanken, ließ mich zeichnen, und war weit weg.

Das Kind wußte nichts von Abgrenzung. Und tat doch genau dies: zog eine imaginäre Linie durch das Zimmer, durch den Kopf. Um sich vor dem Bewölkungsaufzug zu schützen. Das

Leben hatte sich mit Martins Krankheit bewölkt. Etwas lastete auf der Familie. Einer lag, und die, die standen und gingen, fühlten sich unwohl.
*Verbuckelte Welt*, niedergedrückte, abgeflachte Welt.
Draußen tobte zum Beispiel der Frühling, aber im Zimmer war die Luft dünn und schwer zum Atmen. Während der Bruder seinen Zoo sortierte, warf das Kind verstohlene Blicke auf die *Schiene*, auf das eingeschiente dünne Beinchen, das nicht grünen wollte. Zählen hatte keinen Sinn. Der Doktor, der nie von Mißbildung sprach, sondern nur mißbilligend von Zeitgeiz, ließ das Ende offen.
Bis dann.
Die Zeit dehnte sich wie ein Gummizug. Nachts drückte das Kind das Kissen ins Gesicht, um nichts zu sehen. Nichts. Und um von niemandem gesehen zu werden. Es war jetzt hinter dem Echoraum.

Zwölf Monate, dreizehn? Als der Moment kam, konnte Martin nicht stehen. Die Muskulatur war so schwach, daß sie ihn nicht halten konnte. An Krücken lernte er gehen, Tag für Tag. In orthopädischen Spezialschuhen, mit schütterem Lächeln. Es war anstrengend, es tat weh. Manchmal fiel er erschöpft aufs Bett und schlief sofort ein.
Schonfrist, hörte das Kind, und: Rücksicht nehmen.
Aber es ging von Tag zu Tag besser. Er ging von Tag zu Tag besser. Aus dem Bettlager verschwand ein Teil der Tiere auf die Kommode. Spielsachen türmten sich auf dem Teppich.
Martin ging langsam, dann immer schneller. Wie durch ein Wunder hinkte er nicht. Doktor Dreyfus sagte, er sei geheilt.
Das Kind wünschte sich eine geheilte Familie.

# XXIII

## *Verlassenheitstaufe*

So weit zurück
sprießen die Wurzeln
der Bruder der Teddy die alleinen Nächte
das Herz macht einen Dreisprung
und weiter?
*mother is not available right now*
Ich öffne fransige Türen
hinter den Türen eine riesige Bühne
dort spielt ein Kind
spielt was?
Schaukelpferd, Springseil etc.
Nur zu
sagt die Stimme aus dem Off
nur zu
*einfach sublimieren*

# XXIV

## *Ich lese, also bin ich*

Wie ein Zelt ist das Bett, ist der Fliederbusch, ist der Tisch, wenn ich mich unter ihm hinkauere, um die Buchstabenreihen zu entziffern. Der Sinn, der dabei herausspringt, macht mich ganz aufgeregt. Unter meinen Augen entsteht eine Welt. Da sitze ich, splitterdünn, und fliege in einem Ballon. Begegne einer Lilli, einem Hasen namens Orlando und einer Fee, die kochen kann. Zur Abwechslung einem Räuber, der es auf Schatztruhen abgesehen hat. Die Geschichte geht so: Der Räuber, der noch kein Räuber, sondern nur ein Raufbold ist, sehnt sich nach einer Gefährtin, aber da er wild und häßlich aussieht, findet er keine. Da denkt sich der Räuber: Vielleicht ist mir ein Mädchen gewogen, wenn ich sie nur ordentlich verwöhne, mit Schmuck und Leckereien und anderen schönen Dingen. Ein Schatz muß her, ein Schatz und sofort. Und er beschließt, über Land zu reiten, in möglichst vielen Herbergen abzusteigen und sich ordentlich umzuhören. Immer erfährt man etwas, was von Nutzen sein könnte. Und in der Tat: an einem sturmgepeitschten Herbstabend, in der einsamen Herberge zum Alten Fasan, erlauscht er ein Gespräch. Zwei Burschen erzählen von einer greisen Witwe, die ein riesiges Vermögen horte. Lebt am Waldrand ganz allein, nur Schafe weiden in der Nähe. So ein Hutzelweib, weiß der Deibel, wozu sie die Reichtümer braucht. Gehört, gehandelt. Schon am nächsten Tag macht der Räuber das Haus ausfindig und beobachtet von seinem sicheren Waldversteck aus, was sich tut. Kein Hundegebell, die Schafe sind weit, ein Hirte nicht zu sehen. Die Alte hat Hühner und Katzen, die füttert sie morgens und abends. Nachts ist es still und dunkel wie im Mutterbauch. Mit gut Glück wird er sich ans Haus heranschleichen, durch die Hintertür eindringen und – so der Mond hilft – nach dem Schatz suchen. Die Mondsichel leuchtet schwach, und die Hintertür gibt dem Druck seines schweren Körpers nach. Jetzt leise, tapp-tapp-tapp, aus dem Vorraum in die Stube. Alle Möbel abtasten, unter Kissen und Polster langen, vorsichtig. Eine Truhe gibt es nicht. Unter dem schäbigen Sofa nur Spinnweben. In einem Wandschrank stapelt sich Wäsche, doch von Geldscheinen keine Spur. Jetzt zieht es den Räuber in die Küche, sein Magen knurrt. Er findet Brot und Schmalz und einen Krug Milch. Und wie er sich gütlich tut, fällt sein Blick auf die halb geöffnete Speisekammer. Mal nachschauen, was die Alte da hortet. Die Kammer ist duster und mit Waren so vollgestopft, daß der Räuber stolpert. Fluchend sucht er Halt am Gebälk, bevor etwas dumpf zu Boden fällt. Schreckensminuten verstreichen, aber im Haus regt sich nichts. Da tastet er sich mit den Fingern vor, greift in Töpfe und Gläser. Bis er, zuhinterst an der Wand, einen umgedrehten Krug entdeckt. Er hebt ihn hoch und ertastet ein Säckchen aus Stoff. Und im Stoff – Münzen. Heilige Maria, ich hab's! Das Säckchen rasch unter die Weste gestopft und hinaus. Aber da stößt er mit dem Ellbogen an einen Gegenstand, der krachend zu Boden fällt. Zu spät. Schon kommt die Alte herangeschlurft: »Wer da?« Er starrt sie im Dunkel an und rührt sich nicht von der Stelle. Ein Tolpatsch bin ich, denkt er. Und: die Alte ist furchtlos. »Was suchst du?« faucht sie ihn an. »Ich brauche Geld, Mütterchen, und weiß nicht, woher es nehmen.« »Aha«, sagt sie, »du Bengel.« Sagt es mit kräftiger Stimme, doch ohne Bosheit. Und hält schon eine Funzel in der Hand. »Wozu brauchst du Geld, antworte?« Und er: »Für mein Mädchen, Mütterchen. Ich bin so allein.« Diese Sprache versteht sie. »Und hast keinen Beruf, du Taugenichts?« Zerknirscht schüttelt er den Kopf. »Dann gib mal her, was du geklaut hast, damit ich dich ordentlich versohle.« Er will nicht, will es um keinen Preis hergeben. Aber die Hand fährt von alleine unter die Weste und läßt das Säckchen fallen. »Ein Räuber bist du«, sagt die Alte. »Doch will ich dich deines Handwerks entwöhnen. Hier nimm ...« Und greift sich schon unters Hemd und zieht einen großen Geldschein hervor. »Damit du Ruhe hast und Ruhe gibst, Halunke.« Dann fügt sie schmunzelnd hinzu: »So vergilt man Schlechtes mit Gutem. Hast du kapiert?« Er steht wie versteinert. Und fühlt sich so schwach, als hätte er Prügel gekriegt. »Bedanken kannst du dich später«, sagt die Alte. »Jetzt geh.« Er lallt etwas, verneigt sich schief und poltert durch die Hintertür ins Freie. Der Mond hat eine spöttische Sichelmiene aufgesetzt, gleich wird er hinter den Bäumen verschwinden. Im Wald verlieren sich auch die Spuren des Räubers. Doch sprach sich herum, daß er rechtschaffen wurde, sich bei einem Schmied verdingte und eine wunderschöne Braut fand, feiner als fein. Die er nach Herzenslust verwöhnte.

Das Lesen ist ein Abenteuer. Ich wähle das Buch aus, bestimme, wann, wo, wie schnell und wie oft ich es lese. Es gehört mir, ich streichle seinen Einband, fahre über seine rauhen oder feinen Seiten, studiere die Illustrationen. Aber das Äußere allein macht es nicht aus, das Buch ist viel mehr: ein Wunderding der Verwandlung, eine Schatztruhe voller Geschichten, eine aus Buchstaben entsprungene Welt. Im Nu zaubert es mir etwas hin, von dem ich keine Ahnung hatte, das alle meine Vorstellungen und Phantasien übersteigt. Und bringt auch das Kunststück fertig, mich an etwas zu erinnern, als wäre ich gemeint. Aha, genau, kenn ich doch!
Lesend entdecke ich mich selbst. Lesend entdecke ich das Andere: ferne Zeiten und ferne Kontinente, fremde Men-

schen und fremde Sitten, Tiere, Fabelwesen, Ungeheuer und Himmelsgeschöpfe. Dschinne und Rumpelstilzchen und Höckerwolken und Piratenschiffe und Libanonzedern und Wunderlampen und Hexenbesen und altgewordene Könige. Und Wasserschlünde und Blumenküsse und Indianerhäuptlinge und sprechende Gänse und fliegende Hunde und Schwefelholzmädchen und Toreros, mit allen Begleitumständen.

Ich konnte nicht genug bekommen. Ich war verloren an diese Parallelwelt. Kaum nahm ich ein Buch zur Hand, verblaßte die Umgebung, der Alltag. Lesend nahm ich gesteigert wahr: kräftiger die Farben, intensiver die Gerüche und Geschmäcker. Und dieses leichte Herzflattern, Bauchkribbeln. Liegend: *an enchantment.*
Bruder brabbelt vor sich hin, Mutter ruft, ich höre nichts, ich will nichts hören. Mein Lesezelt ist dicht, mögen die Kanonen pfeifen.

Schon vor der Einschulung war ich hungrig nach Lektüre. Mutter hatte mir lang genug vorgelesen, jetzt war ich dran. In einer neuen Sprache: Deutsch. Ich lernte sie gierig, durch die Bücher. Übersprang, was ich nicht auf Anhieb verstand, ganz im Sog der Geschichten. Nach und nach füllten sich die Lücken, mein Wortschatz wurde größer und größer. Bald hatte ich meine Schulkameraden überflügelt, die weniger lasen und sich fest im Schwyzerdütsch eingerichtet hatten. Den Dialekt sprach ich auch, doch aus Zweckmäßigkeit. Er drang nicht in mich ein. Selbstgespräche führte ich auf Hochdeutsch, in der Sprache der Bücher.
Das bedeutete Abgrenzung. Von Zuhause, wo das Ungarische die Familiensprache blieb, von der Umgebung, die Dialekt sprach. Mein Innenleben hatte einen anderen Zungenschlag. Diesen pflegte und hegte ich wie etwas kostbares Eigenes.

Nach drei Sprachen, die ich zuvor erlernt hatte, war diese vierte Fluchtpunkt und Refugium. Hier wollte ich mich niederlassen, hier baute ich mir mein Haus. Solide sollte es sein.
Das hinderte nicht, daß manche Gefühle in ungarische Wörter schlüpften. Daß ich mit Tieren und Kleinkindern spontan ungarisch sprach. Zärtlichkeit ging mir so leichter über die Lippen. Für immer behielt ich die Märchen-Diminutive im Ohr. »Jaj, cicuskám-micuskám, mit csináljak?« Die Verzweiflung des armen Mädchens klingt deutsch annähernd so: »Ach, Kätzchen-Miezchen, was soll ich tun?« Aber eben nur annähernd. Mit Affekten weiß das Ungarische viel spielerischer umzugehen.

Jetzt ist Köpfchen gefragt. Das Schulkind ist kein Kleinkind mehr. Aus den Büchern lernt es mehr, als der Alltag bereithält. Es saugt fremde Erfahrungen auf und macht sie sich zu eigen. Manchmal schwindelt ihm vor dem Siebenmeilenstiefel-Lauf, als überholte es sich dauernd selbst. Mutter weiß schon lange nicht mehr, was in ihrem Kind vorgeht. Das Kind ist stolz darauf.
In stillen Zeltstunden kritzelt es Sätze aufs Papier. Eigene Sätze.
»Urgroßmutter hat einen spitzen Kopf und ein bärtiges Kinn. Sie fegt Kamine. Das möchte ich nicht. Ich möchte auch keine Prinzessin sein. Prinzessinnen sind unglücklich. Ich möchte am Meer leben und den Schiffen zusehen.«

# XXV
## *Fassung. Fassade*

Wenn ich lese, bin ich woanders. Wenn ich schreibe, bin ich woanders. Bin ich ich oder längst Teil einer andern Geschichte?
Wenn ich las, entzog ich mich vorgeschriebenen Rollen. Ich war nicht die besorgte Schwester, nicht die gehorsame Tochter, nicht die angepaßte kleine Ausländerin, nicht die versöhnliche Freundin, nicht die ehrgeizige Schülerin, nicht das Kind mit Musterverhalten. Ich hatte viele Gestalten und Vorlieben und Familien und Betätigungsfelder, ich lebte in Petersburg und Bagdad und Lappland und Schanghai, ich wechselte die Leben schwebend oder wie im Galopp. Ich hatte die Wahl, aber die Qual des wirklichen Lebens hatte ich nicht.
Das wirkliche Leben war eng. Oder wir ließen es uns eng machen. Emigranten, Ausländer, das haftete an uns. Ich stand auf dem schmalen Balkon und sah den gegenüberliegenden Block. Statt des Meers diesen gelbbraunen Block, rechts die dunkle Wand des Walds. Ein begrenzter Horizont. In dieser Begrenzung herrschte pedantische Ordnung. Der Rasen säuberlich gemäht, die Teppichstangen blank, Vorschriften regelten das Schließen des Haustors, die Reinigung des Plattenwegs, die Nachtruhe (ab zehn Uhr abends war »Lärm«, das heißt auch Musik, verboten). Meine Eltern hielten sich strikte daran, als müßten sie ihre Schweiz-Eignung beweisen. Hielten drohend die Finger an die Lippen, um uns Kinder zum Schweigen zu bringen. Hier war nicht Triest mit seinen lauen Nächten, die

zum Ausschwärmen lockten. Hier blieb, nach zehn, nur das Ausschwärmen ins Buch, als stummes Kopfabenteuer.
Auch Mutter las. Und Vater las Zeitung.
Hatten wir Nachbarn? Wie hießen sie? Ging unser Kontakt über ein bloßes »Grüezi« im specksteinfarbenen Treppenhaus hinaus? Wir waren die »Fremden«, streng beobachtet und skeptisch gemustert. An einen lockeren Umgang war nicht zu denken, noch nicht.
Dennoch glaube ich, daß sich meine Eltern einen Tort antaten mit ihrer ängstlichen Überanpassung. Vor allem Mutter neigte zur Angst. Aus dem Reservoir ihrer Kleinstadt-Jugend holte sie Benimmregel um Benimmregel hervor. Die Frage hieß immer: Was gehört sich? Und: Was denken sie über uns? Sie, das waren die andern, die, die bestimmten und richteten. Mutter fügte sich schweigend dieser Macht, der Macht einer Mehrheit, der sie als Einzelne nichts entgegenzusetzen wagte.
Schon damals, mit sieben, sträubte ich mich gegen diese Nachgiebigkeit. Nein, auffallen wollte ich nicht. Wollte mich in der Schule wegen eines exotischen Lammfellmantels nicht verspotten lassen, trug lieber einen brav geknöpften Stoffmantel wie die anderen Mädchen auch. Aber das waren Äußerlichkeiten, oder fast. Mit Angst hatte das nichts zu tun.
Frage mich keiner, warum sich etwas gehört oder nicht gehört. Warum ich zur Tanzschule muß, zum Klavierunterricht etcetera. Sind das kleinbürgerliche Comme-il-fauts? Routinen der Spießigkeit? Warum besteht Mutter immer auf Gegeneinladungen, auch wenn sie die Leute nicht mag? Und was wird da geredet, geheuchelt? Ich spürte in mir den Spielverderber, der mit einem falschen Satz die Jeux entlarvt, die brüchige Freundlichkeitskonstruktion zertrümmert, den Eklat provoziert. Aber ich hielt mich zurück, aus Rücksicht. Wir waren fremd, wir gehörten nicht wirklich dazu. Ich wollte niemanden bloßstel-

len. Auch Mutter nicht, die es zu ihrem höchsten Ziel machte, Fassung zu bewahren, den äußeren Schein zu retten.
Fassung. Fassade. Das gehörte zusammen. Und das war mir zutiefst suspekt.
Meine Bücherwelten logen nicht. Ebensowenig log ich, wenn ich in ihnen Zuflucht suchte. Machte ich jemandem etwas vor? Verheimlichte ich, daß ich glücklich war? Ich war abwesend, und das war gut so. Ich entzog mich, und das hatte seine guten Gründe. In meinem Versteck konnte es mir egal sein, was *sie* von mir dachten.
Was dachte meine Umgebung, wenn mich die Migräne packte? Ich war so hilflos und ausgesetzt, daß alle Regeln der Welt sich in Nichts auflösten. Ich war ein Häufchen Elend. Unangepaßter konnte man nicht sein. Unfreiwilliger unangepaßt.
Damit hatte ich zu leben. Wie mit den freiwilligen Entscheidungen auch. Als ich in der Lage war, sie bewußt zu treffen, sagte ich zu meinem Fremdsein »ja«. Lieber fremd als Fassung und Fassade. Denn fremd ist vieles.

# XXVI

*Musica*

L. sagt: Ist Erinnerung nicht konditioniert?
P. sagt: Und plötzlich dieser Abwärtsdrang. Wie ein Fisch mit nackten Füßen.
A. sagt: Das Jungsein kann mir gestohlen bleiben. It was truly cruel.
D. sagt: Was geht mich damals an?

Ist damals damals? Ist heute heute? Die Zeit ist keine Fadenspule. Am Schnürchen aufgereiht ist nichts. Meine Erinnerung gleicht einer treibenden Eisscholle, die aufragt, untertaucht, bis sie allmählich, sehr allmählich, weniger wird.
Gegen die Auflösung ist nichts einzuwenden.
Noch aber buckelt sich dies und das. Hat Kontur. Hat Gewicht.

Das Klavier war gemietet, Nußbaumholz. Jeder Tastendruck ein Ton. Vater hatte Cello gespielt, Mutter Klavier. Also hatte sie sich durchgesetzt. Es »gehörte sich so«. Lieber hätte ich Saiten gestrichen, mir die Töne erarbeitet, mit weit ausholender Geste. Das Klavier reizte zum Klimpern. Da, schon ein Akkord.
Mit den Akkorden punktete ich vor mir selbst. Sie gerieten oft eindrücklich schön. Improvisiert, und schon ein bißchen großartig. Auch bei meinem Bruder konnte ich Eindruck schinden.
Dann kam die Schule der Ernüchterung, der Klavierunterricht

mit Notenlernen, Fingerübungen etcetera. Gründlich und ungarisch mit Béla Bartóks *Mikrokosmos*, Band 1. »Sechs Melodien all'unisono«, »Noten mit Punkt«, »Tonwiederholung«, »Synkopierung«, »Parallelbewegung«, »Spiegelung«, »Lagenwechsel«, »Frage und Antwort«, »Gegenbewegung«, »Nachahmung und Umkehrung«, »Kanon in der Oktave«, »Tanz im Kanon«, »Dorische Tonart«, »Phrygische Tonart«, »Freier Kanon«, »Pastorale«, »Choral«. Das Ohr wurde zu größter Wachsamkeit erzogen, und die Finger zur Selbständigkeit. Und ich lernte, anhand der Musik, elementare Denkfiguren.
Manchmal klappte ich unwirsch den Klavierdeckel zu: Genug. Legte den Kopf aufs Holz, um mich auszuruhen. Klavier üben war nicht Lesen, nicht Schreiben, es produzierte einen anderen Sinn. Es war Zucht (Training), und das Resultat ließ oft lange auf sich warten. Doch irgendwo lag die Versprechung des Gelingens: das komplette Stück als Glück. Ja, am Ende stand das Glück, nicht eine mühsam entzifferte Bedeutung. Musik hatte die Eigenschaft, in einem bestimmten Moment plötzlich einzuleuchten. Schon früh wußte ich, daß das jeden Aufwand lohnte.
Aber ich übte unsystematisch, verlor mich in »Lieblingsstellen«, die ich begeistert repetierte. Bis Bachs *Klavierbüchlein für Anna Magdalena* mir die Unart austrieb. Aus dem Buchstabieren der Noten wurden Bewegungsabläufe. Die Bewegung trug mich, gesetzmäßig und stark. Kein Sträuben, kein Ausscheren: Bach. Von Bach kam ich nie mehr los, als gehörte er zu meinem Lebenspuls.
Ich war ein Ohrenkind. Musik lenkte mich sofort von allem anderen ab. Kaum ging zu Hause das Radio, konnte ich mich auf nichts mehr konzentrieren, trommelte nur mit den Füßen den Takt. Kaum ertönten aus Lautsprecherboxen Melodien, blieb ich Mutter jede Antwort schuldig. Was für andere Hintergrundbeschallung war, geriet für mich unwillkürlich in den

Vordergrund. Ich hörte zu – und schwieg. Das tat ich unabhängig davon, ob mir die Musik gefiel oder nicht. Manchmal ärgerte sie mich auch, dennoch konnte ich ihr den Zugriff nicht verwehren. Sie kroch in mein Ohr, und kroch tiefer und tiefer. Sie wieder loszuwerden, kostete einige Mühe. Besonders die Ohrwürmer blieben hartnäckig. Da half nur, laut gegen sie anzusingen.

Ich sang viel. Am liebsten sang ich, wenn keiner mir zuhörte. Was in Triest noch anders gewesen war. Dort hatte ich keine Scheu, in der Straßenbahn auf jemanden zuzugehen und ihm ein Liedchen vorzusingen. Mein Repertoire bestand aus ungarischen und slowenischen Liedern. Ich erinnere mich an »Debrecenbe kéne menni«, »Az a szép, az a szép« und »Moj očka ma konjička dva«. Einmal nahm mich Mutter ins Telegraphenamt mit und ließ mich in einer hölzernen Kabine in einen silbernen Trichter singen. Das Resultat war eine winzig kleine Platte, die meine freudigen Singkünste festhielt.

Später sang ich für mich. Auf dem Schulweg, auf der Schaukel, auf der nachmittäglichen Wiese. Sang nicht bekannte Lieder, sondern improvisierte Eigenes, meist in Moll. Liedtexte konnte ich mir ohnehin schwer merken. Dann lieber selber erfinden und summen. Summen war gut, pfeifen ging nicht. (Das konnte mein Bruder, der nicht singen wollte.)

Im Grunde sang es aus mir, als wollte sich etwas Ausdruck verschaffen. So sang Amelia, im Überschwang. Während Misi keinen Ton hervorbrachte.

Heute singe ich im Auto, allein. Singe beim zügigen Gehen russische Soldatenlieder, die kein Ende nehmen, weil das Ende der Anfang ist. Also wieder von vorn, und weiter, weiter. Durch die Ebene, die Steppen. »Poljuschko-polje ...« Und kein Ankommen, bitte.

Bei Bartók stieß ich auf ungarische, slowakische, rumänische Volkslieder. Er sammelte das Liedergut und bearbeitete

es unter anderem für Klavier. Ich spielte seine Bauern- und Wiegenlieder. Und irgendwann, viel später, hielt ich nach den Originalen Ausschau. Hörte heisere Stimmen auf krächzenden Schallplatten. Hörte Kreischen und Jammern und Lallen aus zahnlosen Greisenmündern. Das klang wehmütig und hatte doch Kraft. Weil die Melodien vom Rhythmus geerdet waren.
Bartók-Rhythmen (klopfend, punktiert, ekstatisch). Bachs Kantilenen und schwebende Bewegungsabläufe. Meine Erkundungen gingen von B zu B, in kleinen, stetigen Schritten (Fingerschritten).

Was heißt musikalisch? Mein Ohr war wach. Ich sang rein. Ich konnte mir Töne merken. Sie lösten körperliche Empfindungen aus, wie die Rhythmen. Schon in Triest hatte ich mich zur Strandmusik im Takt gewiegt.
Hören, hören, hören. Und akustisch nachahmen. Behandelte ich nicht auch die Worte wie Musik? Ich muß acht gewesen sein, als wir nach Frankreich in Urlaub fuhren. Dort hörte ich zum ersten Mal das nasale Französisch, dessen Eleganz es mir sofort antat. Es vergingen keine zehn Tage, als ich anfing, Französisch zu imitieren: Laute, Intonation, la belle musique. Was ich hervorbrachte, bedeutete zwar nichts, hatte aber einen täuschend ähnlichen Klang. Vor allem im sicheren Schutz unseres Studebakers parlierte ich à la française, zum Vergnügen meiner Eltern, die das witzig fanden.
Mehr Klang als Sinn.
Noch heute nähere ich mich fremden Sprachen mit dem Ohr an. Gerade weil ich nichts verstehe, wird mir ihre Klanglichkeit plastisch: das Kehlige des Arabischen, die an Altgriechisch gemahnende Sonorität des Litauischen. Luk Percevals flämischer *Onkel Wanja* hat mir das Stück wie neu erschlossen, hat es heutiger und gestischer gemacht. Und derber auch.

Öhrchen, Öhrchen, nimm es genau, aber übertreibe nicht.
Und das Ohr: I don't care.

# XXVII

## *Küssen*

Werni ist blond, hat lachende blaue Augen und eine feste Stimme. Im Schulzimmer sitzen wir getrennt, aber in den Pausen stecken wir die Köpfe zusammen. Er neckt mich, ich lasse mich necken. Das ist ein Spiel. Ein anderes als Himmel und Hölle, wo wir einbeinig herumhüpfen. Werni möchte etwas aus mir herauskitzeln, ein kleines Geständnis, eine bestimmte Geste. Über Bücher reden wir nicht. Bücher interessieren ihn nicht. Mit dem Ball trifft er genau – und mich. Hallo, heißt das, antworte. Werni ist stark, er will es mir beweisen. Und ich? Spekuliere auf den schulfreien Mittwochnachmittag. Laß uns auf Indianertour gehen. Dazu gehört etwas Verkleidung und der obligate Wald.
Noch sind wir nicht zu zweit, auch andere wollen mit auf die Pirsch. Unser gefiederter Haufen gibt sich gefährlich und brät später Würstchen am Spieß. Aber Werni und ich, wir blinzeln uns vielsagend zu. Als ich auf einem nassen Stein ausrutsche, hilft er mir hoch.
Ich zähle die Berührungen. Ich zähle sie unbewußt. Die schnelle mit dem Ellbogen, die flüchtige an der Schulter. Auch wenn mich sein Körper nur streift, verspüre ich einen Frisson, und mir wird ganz heiß. Dann fange ich an, die Tage zu zählen bis zum nächsten Mittwochnachmittag. Das tue ich bewußt und voller Ungeduld. Wir wollen uns zu zweit treffen.
Was ich zu Hause erzählte, ich weiß es nicht mehr. Werni wartet auf der Straße. Wir schlendern aus meinem Revier in seines. Zum ersten Mal gehe ich seinen Schulweg, in umge-

kehrter Richtung. Wir überqueren die befahrene Forchstraße, biegen in kleinere Straßen ein. Und weiter, in den Burghölzliwald. Hier war ich noch nie. Mein Wald, der Indianerwald, liegt hinter Haus und Schule, rund um das Wehrenbachtobel. Dieser andere Wald ist mir fremd und unvertraut. Als ahnte er meine Beklommenheit, ergreift Werni meine Hand. Schweigend gehen wir auf einem schmalen Pfad. Wie weit noch? Kein Bach, kein Wasserrauschen, dieser Wald ist seltsam still. Bis auf die Vögel. Werni? Ohne ein Wort zieht er mich sanft ins Dickicht. Legt seine Arme um meinen Hals. Da stehen wir, Gesicht an Gesicht, und sehen uns an. Mir ist heiß und kalt, mir ist freudig und angstvoll zumute. Aber dann geht es ganz schnell. Wir küssen uns auf den Mund. Und können mit Küssen nicht mehr aufhören.
Das ist süß und ziehend und verwirrend und. Schleunig Atem holen und weiter. Das ist eine überschwengliche Sprache. Eine Narrensache.
Irgendwann reiben wir uns die Augen, als wären wir aus einem Traum aufgewacht. Irgendwann.
Und kehren auf dem Waldweg zurück. Hoffentlich hat uns niemand gesehen. Jetzt verbindet uns ein Geheimnis. Das Geheimnis zweier verliebter Zweitklässler. Unsere Backen sind rot, unser Puls geht schnell. Werni, der Wortungewandte, sagt, ich sei seine Prinzessin. Also ist er mein Prinz. Aber ich sage es nicht, klammere mich nur an seine Hand und träume vom nächsten Kuß.
In der Schule heißt es: Du hast einen Schatz. Ich erröte so sehr, daß alles Leugnen nichts hilft. Werni ist sanfter, neckt mich nicht mehr. Wie Ertappte suchen wir stille Winkel, um uns auszusprechen und das nächste Stelldichein zu verabreden. Die Sehnsucht ist stark. Die Neugier nicht minder.
Ich bin abgelenkt. Werni kreuzt meine Lektüren und geistert durch meine Nachtträume. Unter einem violett glänzenden

Himmel küssen wir uns am Badestrand. Sein Mund riecht nach frischem Brot, und ich rufe: Drück mich ganz inwendig! Alles ist luftlos, schwerelos, eine Art Schweben. Bis der Wecker dem Glück ein Ende bereitet.
Wir wurschteln uns durch den Schulalltag, mit Ausflüchten, Lügen, mit Kopfweh und Mattigkeit. Das Geheimnis ermüdet. Unser zweisamer Planet driftet ins Abseits, heraus aus dem Klassenverband und seinen Zwängen. Aber nein, das darf nicht sein. Es gibt Augen und Finger, die auf Ordnung pochen: Wohin soll das führen?
Ich möchte meine Melancholie in der Bettmulde vergraben. Oder noch lieber auf Wernis Schulter. Bevor sein Bild in mir auseinanderfällt. Sein warmer Mund. Warum läßt man uns nicht gewähren?
Die Küsse werden zu gestohlenen Küssen. Und heimlich breitet sich Trauer aus. Sunnyboy Werni spielt den Tröster, aber wie lange noch. Im Burghölzliwald begegnen uns Verrückte aus dem nahegelegenen Irrenhaus. Sie grinsen komisch, mit gebleckten Zähnen. Ich sage: Laß uns gehen, mir ist unheimlich. Und irgendwann sag ich: Lassen wir das.
Der Schmerz, der sich in mir ausbreitet, ist riesig und heiß. Er kommt in Wellen und droht mich zu verschlingen. Gewachsen ist ihm nur die zornige Migräne. Ich frage Werni: Und du? Er lacht verlegen, weil er's nicht sagen kann. Ich frage: Kann man das Küssen verlernen? Nein, sagt er. Und nochmals: nein.

# XXVIII

## *Der Atlas*

Mit der Linken drehe ich an meinem kleinen Globus, mit der Rechten blättere ich in *Westermanns Weltatlas*. Die weitesten Reisen lege ich im Zimmer zurück, wenn das Auge dem Finger folgt, der Wüsten und Meerengen und Gebirgszüge überwindet, der braungrüne Kontinente und tiefblaue Ozeane durchmißt. Meine Freude gilt den Formen, den Regenbogenfarben, den flimmernden Linien, diesem schwindelerregenden Pointillismus, der Afrika oder Australien heißt. Sieht wie ein Trichter aus, eine Zipfelmütze, ein Herz, geädert, gefurcht, oder ein Rucksack. Rosa und beige und braun und hell- bis dunkelgrün. Je nachdem ob ich mich ins Beige oder ins Dunkelgrüne vertiefe, bin ich in einer Wüsten- oder Tropenverfassung. Während das Rindenartig-Tiefbraune die Luft dünn werden läßt: alpin-himalayisch. Die Blauzonen sind riesige Versprechen mit unendlichen Gründen, deren bloßer Anblick maritim stimmt. So genügen Schraffuren und Farbtöne, um Landschaften zu evozieren und Phantasien in Gang zu setzen. Ich schaue gebannt auf Linien: sehe Sonnenblitze, taumelnde Segel, Gletschereis. Schätze Distanzen ab, bevor sich Namen ins Bewußtsein schieben: Sibirien, Feuerland, Polynesien. Von diesen Namen werde ich nie genug bekommen, ich sammle sie wie klingende Münzen. Kapstadt und Kairo und Hongkong und Wladiwostok und Sydney und Lima und Manila und Athen. Am besten merke ich mir Städte am Meer, als wären sie durch ihre Lage bevorzugt und auf besondere Weise miteinander verbunden. Mein Finger fährt übers Blau wie ein

rasendes Schiff: von Kalkutta nach Aden. Das gleicht einem Traumschub, dem meine Einbildungskraft hinterherhinkt.
Es gibt Tage, da sammle ich Flußnamen: Nil, Ganges, Dnjepr, Jenissej, Mississippi, Euphrat, Tigris, Mekong, Yangtse, Amazonas, Donau, Rhein, Po, Lena. Manchmal sind es Bergriesen: Kilimandscharo, Nanga Parbat, Rakaposhi, Mount Everest, Batuca, Cerro Bonete, Monte Rosa, Mont Blanc. Ländernamen lerne ich wie Gedichte auswendig, schließlich will ich Weltforscherin werden, nichts weniger als das. Der Radius verläuft so: von meinem Eigennamen zur Straße zur Stadt zum Land zum Kontinent (Europa) und – sprunghaft – zur Welt.
Ich bin ungebrochen neugierig und – zumindest in Gesellschaft meines Atlanten – entdeckungsfroh. Was mir an Wagemut fehlt, macht die Phantasie wett. Auf Flügeln trägt sie mich in entlegenste Gegenden. Ich sitze da, über dem Buch, und die Kopfreise beginnt. A-zo-ren. Ein Inselhäufchen im riesigen Meer. Wer hat es entdeckt? Wie lebt es sich dort, umgeben von all dem Wasser? Sind die Einwohner farbig? Welche Sprache sprechen sie? Hat Azoren mit Azur zu tun? Während das Ohr kombiniert, sieht das innere Auge einen Film, rasch und grün und mit Vulkanen und feurigen Eingeborenen. Ich sitze im Nachthemd, sie dort aber ackern, fassen sich schreiend um die Hüften, essen geviertelte Blumen. Spitäler sehe ich keine. Soll Hilfe aus der Luft kommen? Wenn ich zu lange nachdenke, erfaßt mich ein Schwindel der Verlorenheit, und schnell suche ich mit dem Finger nach dem nächsten Festland, um das Inselgefühl loszuwerden. Lieber stelle ich mir Inseln als Zwischenstationen vor, auf einem Hüpfritt von hier nach dort. Setz den Fuß drauf, erhole dich und reiß aus.
Es gibt Meere ohne Inseln. Das Schwarze. Das Kaspische. Seltsam kleine Meere, die mir bis auf ihre Namen wenig Eindruck machen. Doch staune ich über die Nähe der Berge: das rindige, schrundige Braun grenzt fast unmittelbar ans Blau.

Da muß ich mir Weiden vorstellen und Schafe und Schluchten und Felsen und Geröll ohne Ende, und Bergzacken mit Schnee, der auch im Sommer nicht schmilzt. Wässerchen eilen ins Tal. Über Stock und Stein. Hinunter zum Meer.
Das Meer ist smaragden, tintenblau, himmelblau. Im Atlas changiert es je nach Tiefe von weißlich bis stahlblau, bildet Wolken, Blasen, übersät mit winzigen Zahlen. Sie zeigen die Tiefe an, die Tiefe des Meers. Ich sehe, daß Meere so tief sein können wie Berge hoch: über 8000 Meter. Und wieder ergreift mich Schwindel.
Schlaf schon, sagt Martin.
Aber ich kann mich nicht losreißen.
Mein Auge tanzt über die physikalische Weltkarte. Unten das Gletschereis der Antarktis, dessen Schollen einen zottigen Saum bilden, weiß im Blau. Oben das arktische Eis und die Spitze von Grönland. Abgeplattet dieses Bild, und Europa ein Klacks, sogar farblich unentschieden, während Afrika wüstenbeige prangt, mit tiefgrüner Mitte. Die Entfernungen will ich mir nicht vorstellen müssen. Ein Zentimeter, sagt die Karte, entspricht 750 Kilometern. Zahlen sind abstrakt, sie lassen mich kalt. Die Schweiz ist kleiner als meine Fingerkuppe.
Darüber läßt sich einschlafen. Um im Schlaf von Schiffsreisen und Wüstenritten zu träumen und einem riesigen Sternenhimmel. Mit Orion und Viertelmond.

Auch heute noch beuge ich mich mit derselben Faszination über Atlanten, Straßenkarten, Stadtpläne. Aus den grünen Schraffuren der Pripjetsümpfe, den blauen Bändern von Dnjestr und Bug ersteht mir eine Landschaft vor der Landschaft, mit eigenen Koordinaten, Formen, Farben. Gehörtes klingt mythisch hinein (*Urheimat der Slaven* etc.), und Ortsnamen wie Halytsch, Brody oder Drohobycz beginnen zu erzählen, als genügte ihre bloße Nennung. Was ich dann wirklich (*wirklich*) sehe, ist eine Art Déjà-vu: die Birkenwälder, die struppigen Flußufer, das galizische Hügelland. Farbige Bauernkaten, umgeben von Gemüsegärten und Gänseteichen. Zwiebelkuppelige Kirchen mit angrenzendem Friedhof. Neu sind die Gerüche. Und immer überraschend der Mensch in der Landschaft.

Ein solcher Mensch bin ich selbst. Ausgesetzt im Moment der Reise, in diesem stotternden Expreßzug Moskau-Czernowitz (*Moskwa-Tschernowzy*). Ja, ich sitze auf abgewetzten Kunstledersitzen, wische mit einem Papiertaschentuch den tagealten Staub von der Rücklehne. Der Zug ruckelt, bleibt stehen, kommt wieder in Fahrt. Tee wird angeboten (nicht aus dem Samowar), die Fenster sind schmutztrübe und das WC ein unangenehm zugiger Ort. Draußen zieht die imaginierte Landschaft vorbei. Aber mit Bäuerinnen im Feld, die eigenhändig ackern. Weit und breit keine Landwirtschaftsmaschinen. Zeit kommt ins Spiel, sie kippt hin und her, vor und zurück. Diese Zeitreise hat mir der Atlas nicht vermittelt. Und nicht den ätzenden Geruch nach Kartoffelfeuern.

Angekommen in Czernowitz, ertönt aus den Lautsprechern des prunkvollen kakanischen Bahnhofsgebäudes russische Marschmusik, wie in tiefsten sowjetischen Zeiten. Kulisse und Geist in krassem Widerspruch. Vom Ghetto ganz zu schweigen. Die abschüssigen Straßen schauen leer.

Aufgerissenes Pflaster, das Gehen fällt schwer.

Reisen, das sagt mir mein Atlas nicht, tut weh. Reisen ist eine physische und – wie in Czernowitz – eine seelische Strapaz. Weil die steingewordene Geschichte und die Gegenwart, weil imaginierte Vergangenheit und triste Realität aufeinanderprallen. Dazwischen (*dazwischen*) klafft nichts.

Beim Lesen von Landkarten bleibt die Zeit außen vor. Ich lese ein Modell, lese Strukturen, aussagekräftig in ihrer Verdichtung. Eindringlich in ihrer Zeichenhaftigkeit. Vor aller

(physischen) Exploration nehme ich es mit dieser Essenz auf. Mit Raumausbreitung im Planquadrat. Mit dem zarten Pointillismus des Atlas.
Den Weg unter die Füße nehmen, ist etwas anderes.
Aber innig, innig ist die Zwiesprache mit dem Buch, im Reich der *expanded minds*. Einfach unersetzlich.

## XXIX

*Vorfreude*

Vater legt die Zeitung aufs Knie, hebt den Blick und sagt: Im Sommer fahren wir nach Grado, ans Meer.
Ich bin außer mir: Wann genau?
Im Juli, sagt Vater.
Und wie?
Wie meinst du? fragt Vater.
Mit dem Auto, ich weiß. Aber welche Strecke?
Vater lacht. Er kennt meine Geographiebesessenheit. Den Weg besprechen wir zusammen, sagt er. Und du liest die Karte.
Ich warte nicht lange, hole meinen Atlas hervor und probe mit dem Finger Wege. Dies, das, je komplizierter, desto besser. Weil fünf Pässe besser sind als einer, geht es nach Südtirol, und von dort alpin ins Friaul, und weiter meerwärts. Dolomiten, lese ich nebenbei, wer hat mir von den Dolomiten erzählt. Immer dieses Versprechen im Wort.
Die Fünf-Pässe-Route bleibt nur kurz mein Geheimnis. Vater soll wissen, was ich weiß. Also lege ich ihm eines Mittags den Atlas aufs Knie: Hier, und dann so und so und so und nach Udine und einfach weiter, das geht ganz schnell. Schnell nicht, sagt er lachend, aber so fahren wir. Da hast du dir was Schönes ausgedacht.
Ich bin außer mir vor Vorfreude. Es ist ein närrischer Zustand, übermütig. Die Gedanken sind schon nicht mehr hier, aber dort sind sie auch nicht. Wie umherirrende Billardkugeln wechseln sie die Richtung. Ich muß oft zwinkern, muß mich am Kopf fassen, damit er nicht davonfliegt.

Empfindliches Nervenkostüm, sorgt sich Mutter. Immer willst du alles auf die Spitze treiben, über die Spitze hinaus.
Schon liegt das Heft bereit und der Stift und der kleine braune Rucksack. Und die Badehose und der weiße Sonnenhut. Später lege ich die roten Sandalen dazu. Eigentlich bin ich schon reisefertig. Eigentlich ist eigentlich, aber nicht wirklich wirklich. Denn es dauert noch. An einem schulfreien Mittwochnachmittag fahren Mutter und ich mit der Elf zu Gassmann. Ich brauche etwas Praktisches zum Anziehen, für die Reise. Es ist ein matrosenartiges Hemd, aber nicht weiß-blau, sondern dunkelrot und kariert, dazu eine passende Dreiviertelhose, die bis zur Wadenmitte reicht. Der Einkauf geht schnell, weil ich weiß, was mir gefällt. Und Mutter überzeugen kann. Wir streiten uns selten, und wenn, dann nur kurz. Ich schäme mich im Laden, will nicht, daß wir uns ungarisch anbellen. Das Schimpfwort »zigeunerisch« habe ich im Ohr. Es steht für Geschrei und Gestikulieren, für unbeherrschte Manieren. Das Hemd hat im Brustausschnitt Ösen, durch die ein gelbes Band geführt ist. So läßt sich der Kragen höher oder tiefer schließen.
Jetzt bin ich wirklich reisebereit. Zähle die Stunden, fiebrig, mit einer Ungeduld, die sich gebärdet wie ein junges Pferd. Und was, wenn ich mir den Kopf einschlage? Diese Frage stelle ich mir nicht, egal, nur vorwärts, nur schneller, nur. Bis zum Abreisetag habe ich mich so verausgabt, daß ich erschöpft ins Auto sinke und schon nach einer halben Stunde schlafe. Dumm ist das, unverzeihlich.

# XXX

## *Notate, Listen*

Das Auto ist die beste Wiege. Vom Hintersitz aus beobachten, wie die Landschaft vorbeigleitet, -fliegt, beim brummenden Motorgeräusch in träge Wachheit verfallen. Was ich sehe, geht mich nichts an, tut nicht weh, da – und schon wieder weg. Bis die Konturen verschwimmen, die Augenlider schwer und schwerer werden. Die Wirklichkeit wischt vorbei und zieht, genauso unfaßbar, in mein Schlafinneres. Von einer Sekunde auf die andere fällt der Kopf zur Seite oder vornüber. Der geschaukelte Körper verdämmert.
Jedesmal diese Bescherung.
Már megint alszik a gyerek, sagt Mutter, das Kind schläft schon wieder. Ich höre es durch die Ritzen des Bewußtseins, als fernes Geflüster. Oder bilde mir nur ein, daß ich es höre. Hauptsache, die anderen sind da und wach. Und.
Anders als das Wegdämmern ist das Erwachen jäh. Wir stehen, die Tanksäule ist gelb und stinkt. Stehen ist das Schlimmste, vorbei der Schaukelzauber. Die Dinge kommen nah. Aufdringlich drücken sie an die Autoscheibe.
Schlafkind. Vater sagt nicht: Schlafmütze. Ich recke mich. Hab ich nicht versprochen, Lotse zu sein? Die Karte liegt neben mir, die Karte. Wo sind wir?
Orientierungsschwindel, bis Vaters Finger den Punkt ausfindig macht. Hier. Und ab jetzt wachbleiben.
Ich tue mein Bestes. Um mich wachzuhalten, lese ich alle Ortstafeln, lese Reklamen, die Namen von Hotels, Restaurants, Läden, Garagen. Bis mir Einhalt geboten wird. Die Orts-

tafeln sollen genügen. Wir sind schon im Rätoromanischen. Alvaschein, Cunter, Savognin, Tinizong, Rona, Sur, Bivio. Und drüben, über den felsigen Hängen des Julier (Übelkeit, leichte Serpentinen-Übelkeit), Champfèr, Celerina, Samedan, Bever, La Punt, Madulain, Zuoz, S-Chanf, Chinuos-chel, Brail, Zernez. Während draußen der Inn, der junge Inn rauscht, reicht mir Mutter ein dickes Sandwich, gegen den Hunger, gegen die Müdigkeit. Vom Unterengadin drehen wir ab, zum Ofenpaß. Warum Ofen? Wir sehen nur Lärchen und diese uralten Arven, winderprobt. Von Arvenstuben hab ich schon gehört. Ofenpaß oder Paß del Fuorn, 2149 Meter. Und dann Tschierv, Fuldera, Valchava, Santa Maria, Müstair. Die Namen sind wie eine Karawane, sie tragen mich fort. Warum aussteigen, warum hier? Das romanische Frauenkloster von Müstair ist grau und groß, die Holzkreuze des Nonnenfriedhofs stehen in seinem Schatten. Mein Notizheft habe ich im Auto gelassen, als wäre es für Italien bestimmt. Italien ist gleich da, gleich hinter Müstair, das Flüßchen Rom weist den Weg. Ja. Und dann heißen die Ortschaften Tubre / Taufers, Glorenza / Glurns, Sluderno / Schluderns, immer zweisprachig. Wir sind in Südtirol. Und plötzlich bin ich wach, so wach wie schon lange nicht mehr. Nehme mein Notizheft und schreibe jeden Namen auf. Jeden Ortsnamen. Ich kann es nicht lassen. Bitte Vater, zu verlangsamen, damit ich die Namen richtig lesen kann. Diese fremden Namen. Er lacht.
Spondigna, Silandrio, Naturno, Merano. Halt. In Merano / Meran übernachten wir, umgeben von Bergen, Reben, ersten Palmen. Irgendwo fließt ein Flüßchen, der Abend ist warm, und meine Aufregung schon südlich. Ich möchte alle umarmen. Wir sind unterwegs zum Meer.
Doch die Reise zieht sich hin, am nächsten Tag, am übernächsten. Warum habe ich die gebirgigste aller Routen gewählt? Von Bolzano / Bozen nach Nova Levante, nach Canazei,

durchs Dolomitenland, bis Cortina d'Ampezzo. Die Berge sind filigran und hellgrau, und abends rosa. Ich schreibe Namen auf, Namen: Latemar, Rosengarten, Vaiolet-Türme, Sella-Gruppe, Marmolada. Und: Pordoijoch, Falzarego-Paß. Es kurvt sich und kurvt sich und macht Angst. Vater sagt: imposant, ich denke: Angst. Ich schreibe das Wort nicht auf, denn es gehört nicht zu den Namenlisten, dieser Karawane Richtung Meer.
Cortina? Alle wollen hinauf, mit Seilbahnen zu Aussichtspunkten. Aber uns reichen die Pässe, wir legen uns ins Hotelbett und schlafen schaukelnd.
Und dann, dann geht es in die Ebene. Pieve di Cadore. Ich schreibe: der Geburtsort Tizians. Tizian ist ein Maler, sagt Mutter. In Venedig hab ich dir seine Bilder gezeigt. Ich schreibe: Tolmezzo. Ich schreibe: Gemona di Friuli. Dann: Udine. Aussteigen. Mittagessen. Es ist heiß, aber ich will alles sehen: den Uhrturm, und Herkules, und das Kastell, und den Dom, und den Platz mit den Arkaden. Man treibt mich zur Eile, ich lasse nicht locker, ich frage, ich will alles wissen. Was ist das, wer ist das. Man findet mich lästig und will mir den Mund mit Pasta stopfen. Jetzt iß! Loggia di Lionello, schreibe ich auf, und daß wir in der Hauptstadt des Friaul sind. Dann gibt es ein Eis, das Tiepolo heißt.
Und weiter. Die Ebene ist grün, mit wenigen Ortschaften. Palmanova, Cervignano. Immer nach Süden, immer meerwärts. Plötzlich riecht es nach Salzwasser, und Zypressen säumen die Straße. Wir sind in Aquileia.
Hier scheint die Zeit still zu stehen. Es duftet betäubend. Auf uralten Steinen gehen wir zur Basilika. Heiliger Weg, sagt Mutter. Via Sacra. Ich knie mich hin, notiere. Notiere: Tiberius, Augustus. Mein Notizbuch liegt auf einem schimmernden römischen Stein. Mein Kopf berührt fast den Boden. Von jetzt an schreibe ich am liebsten so.

Auf dem Foto im Album sieht man eine Zypressenallee, und vorne das vornübergebeugte Kind mit Griffel und konzentriertem Gesichtsausdruck.
Es sammelt Namen.

Ich schaue und halte fest. Ich lege Erinnerungsfährten, konstruiere Gedächtnisinventare. Namen, Namen, Orte, Daten. Die Aufzählung klingt wie ein Märchen. Oder wie ein Gebet? Heilige Maria, bitte für uns / Heilige Gottesgebärerin / Heilige Jungfrau der Jungfrauen / Heiliger Michael / Heiliger Gabriel / Heiliger Raphael / Alle heiligen Engel und Erzengel, bittet für uns / Alle heiligen Chöre der seligen Geister / Heiliger Johannes der Täufer, bitte für uns / Heiliger Joseph / Alle heiligen Patriarchen und Propheten, bittet für uns / Heiliger Petrus, bitte für uns / Heiliger Paulus / Heiliger Andreas / Heiliger Jakobus / Heiliger Johannes / Heiliger Thomas / Heiliger Philippus / Heiliger Bartholomäus / Heiliger Matthäus / Heiliger Simon / Heiliger Thaddäus / Heiliger Matthias / Heiliger Barnabas / Heiliger Lukas / Heiliger Markus / Alle heiligen Apostel und Evangelisten, bittet für uns / Alle heiligen Jünger des Herrn / Alle heiligen Unschuldigen Kinder undsoweiter. Das habe ich im Ohr. Die Liste beruhigt. Die Liste buchstabiert die Welt.

Meine Listen haben nie aufgehört. Und heute frage ich mich, warum sie mich so hartnäckig begleiten, ein Leben lang. Was sind sie: Nachweis, Hinweis, Ausweis, Ordner, Orientierungshilfe, Speicher, Inventar, Résumé, Halt? Sie halten zusammen, was sonst disparat auseinanderstiebt. Und sie sind Memorials, auch das. Vielleicht arrogant in ihrem Kampf gegen die Vergänglichkeit, vielleicht aber, umgekehrt, bescheiden. Festhalten ist besser als vergessen. Hier, sieh, lies.
Bei Oskar Pastior (dessen Name nicht nur in einem Geburts-

register, sondern – 1944 – auch auf einer Deportationsliste stand) lese ich: »Die Namen haben keinen Augenblick. Sie reihen sich, sie sind sich beigeordnet, sie laufen höchstens auf die ›Parataxe‹ des Geschehens hinaus, würden Luther-Linguisten sagen, aber Namen laufen nicht, sie sind ... In den Registern finde ich mich noch unversehrt, also parataktisch, beigeordnet vor. Die Chancen, ohne Unter- bzw. Überordnung in dieser Sprache, die es ja gibt, auszukommen, sind zwar gering, aber, solange es Personenlisten gibt, irgendwo offen.«
Listen und Listen. Meine Kindheitslitaneien sind unschuldig, sie werten nicht, sie fügen sich zu einem Inventar privater Neugier, indem sie Schritte markieren, Spuren, auf dem Papier.
Erst viel später entdecke ich die Beziehung von Name und Verhängnis, Nomen und Omen. Die Listen werden zu Totenlisten.

Am 14. Oktober 2006 stehe ich im Herzen des ehemaligen Warschauer Ghettos, in der Ulica Miła 18, und notiere die Namen: Mordechaj Anielewicz, Frauke Berman, Icchak Blaustein, Melach Błones, Nesia Cukier, Józef Faß, Efraim Fondaminski, Emus Frojnd, Zeew Wortman, Sara Zagiel, Rachelka Zylberberg. (»Sie ruhen am Ort ihres Todes, zum Zeichen, daß die ganze Erde ihr Grab ist.«) Wenige Schritte von hier, am sogenannten »Umschlagplatz«, wo die Ghettojuden »sortiert«, verladen und in die KZs deportiert wurden, ist die Namenliste so lang, daß man sich auf die Vornamen beschränkt hat. Ein Kaddisch in Stein. Aba, Abel, Abigail, Abitel, Abner, Abraham, Abrasza, Absalom, Achiezer, Achimelech, Achitaw, Ada, Adam, Adela, Adolfajdla, Ajzyk, Ahiba, Aleksander, Boruch, Brajna, Brajndel, Bronia, Bronisław, Cadok, Cedakiasz, Celina, Cemach, Chaggit, Chaim, Chaja, Chana, Chanen, Chasia, Chawa, Chawiwa, Chizkiasz, Curi, Cwi, Cyna, Cypora, Cyrla, Cywia, Dina, Doba, Dora, Dorota, Dow, Dwosia, Eliab, Elia-

hu, Eliakim, Eliasz, Eliow, Eliezer, Elimelech, Eliszura, Eliza, Elka, Elkana, Elnaten, Emanuel, Fajga, Fajwel, Felicja, Feliks, Filip, Fiszel, Fadel, Frajda, Froim, Fruma, Fryderyk, Hadasa, Hagara, Halina, Hanna, Hela, Helena, Henoch, Henia, Henryk, Hersz, Hesa, Heszel, Hirsz, Hudla, Jadzia, Jair, Jakir, Jakow, Jakubjan, Jankiel, Janusz, Jechezkiel, Jechiel, Jedida, Jefet, Jehoshua, Jehuda, Jekutiel. Ich breche ab. Der letzte Name ist Zanna.
Kein Mensch hat mich beim Aufschreiben beobachtet.

Doch, Grabinschriften notierte ich schon als Kind. Namen auf Denkmälern, an Hauswänden, in Museen und Kirchen. Aber keine solchen Listen. Ich stand nicht in Triests »Reisfabrik«, lief nicht über Berlins »Stolpersteine«. Ich wußte nur: respektiere die Namen. Indem ich sie aufschrieb, glaubte ich sie einem neuen Zusammenhang zuzuführen. Wie Danilo Kiš, der in seinem Roman *Die Dachkammer* seinen jungen Helden eine Liste seiner Mitbewohner erstellen läßt, als warteten diese »auf die Gnade, in eine Form gebracht zu werden«: Radev Katarina, Hausmeisterin, geb. 1899; Flaker Anton, Maschinenschlosser, geb. 1907; Flaker Marija, Hausfrau, geb. 1911; Flaker Marija, Studentin, geb. 1932; Flaker Ivan, Schüler, geb. 1939; Katić Stevan, Fahrdienstleiter, geb. 1910; Katić Anica, Hausfrau, geb. 1915; Poparić Djuro, Weichensteller, geb. 1928; Poparić Stana, Büroangestellte, geb. 1913; Poparić Liljana, Schülerin, geb. 1945; Poparić Mašinka, Schülerin, geb. 1947; Poparić Jadranka, Kind, geb. 1954; Poparić Jadranko, Kind, geb. 1954 usw. Bei Kiš ist diese frühe Litanei der Beginn einer langen Reihe von Aufzählungen, die unter dem Motto stehen: »Jeder Mensch ist ein Stern für sich« und in die Vision einer »Enzyklopädie der Toten« münden, wo jedes Menschenleben »mit der Gesamtheit seiner ephemeren Ereignisse« aufgezeichnet ist.

Die Liste, das Register als Po*ethik*.

In Warschau lag seltsame Stille über dem ehemaligen Ghettoviertel. Kaum Menschen in den Straßen, auf den Grünflächen. Nur dieser feine Nieselregen, der die Birken netzte und schimmern ließ. Und ein paar streunende Hunde. Ein kleiner Touristenbus stand in der Ulica Zamenhofa, aber seine Insassen waren nicht zu sehen. Die blonde Amerikanerin, die am Kiosk Broschüren und Ansichtskarten kaufte, tourte alleine herum. Ich ging langsam durch den Krasiński-Park Richtung Altstadt und aß bei »Pod Samsonem« G'fillte Fisch.

In Aquileia aber schwammen die Fische auf dem Mosaikfußboden der Basilika, fröhlich zwischen Wellen und Seeungeheuern, während die Menschen mit dem Schutz ihres Glaubens in Nachen übers Meer trieben. Komisch war das, irgendwie rührend. Ich kniete mich mehrmals hin, um die Szenen genauer betrachten zu können. Bis Vater zum Aufbruch rief.
Grado, stand wenig später in meinem Notizheft. Grado, und: angekommen. Die Sonne stand tief.

# XXXI
## *Sand*

Er war heiß, er war so fein, daß er unter die Nägel kroch und in jedes Kleidungsstück. Unter den Füßen gab er nach, ein bewegliches Etwas, bildete Mulden und Hügelchen, winzige Dünen und Rinnsale. Rieselnder, hellbeiger Sand. Sanduhr-Sand. Wenn Meerwasser über ihn leckte, wurde er gelb und geriffelt. Weiße Muscheln kamen zum Vorschein, mit gezackten Rändern, und Fäden von Seegras bildeten eine Schrift.
Ich lief über den nassen Sand und beobachtete, wie das Wasser meine Spuren verwischte. Eine eben noch scharfe Kontur wurde weich, immer weicher, bis sie verschwamm. Oder ich grub meine Füße in den Sand und sah zu, wie das Wasser meine Knöchel umspülte. Dabei wurde mir regelmäßig schwindlig, ich fühlte mich schwanken. Und wirklich: es zog mir den Sand unter den Sohlen weg, sachte. Ich suchte nach Stand.
Und das Ganze von vorn. Und keine Langeweile.
Der Sand war unwiderstehlich. Der Sand war unberechenbar. Er bildete den Saum zum Meer, er setzte sich darin fort. Wasser, Sand, Wind. Wind, Sand, Wasser. Der Rest, das waren Kinderspiele. Plastikeimer, Plastikschaufeln, Sandburgen, Sandkekse. Wir knieten stundenlang und bauten und buken. Bis die Flut alles zunichte machte. Und das Ganze von vorn. Im Hintergrund ertönte »O sole mio«, Eisverkäufer bahnten sich ihren Weg zwischen Liegestühlen, Umkleidekabinen, Schlauchbooten und Schwimmringen. Von zehn bis fünf war der Strand ein Zirkus, dicht bevölkert und zum Umfallen laut. Wer nur konnte, lag in der Sonne oder unterm Sonnenschirm.

Ich mochte nicht liegen. Ich streifte herum oder kauerte neben einer Sandburg oder lief ins seichte Wasser. Ruhig wurde ich erst nach fünf, wenn der Strand sich langsam leerte. Da konnte ich still sitzen und das dunkler werdende Meer betrachten. Oder ich machte mich auf Muschelsuche, tutta sola. Blauweiß gestreiftes Trikot, ein weißes Dreieckstuch um den Kopf gebunden. Der Sand war eine Fundgrube. Aber aufgepaßt, er enthielt auch viel Spitzes. Ich setzte meine Schritte behutsam, um blutende Füße zu vermeiden. In meinem Plastikbeutel lagen rosa gerippte Muscheln, braunweiß getupfte Schneckenhäuser, makellose Exemplare. Und die Sonne stand tief.
Der rote Sonnenball damals in Miramar. Die rote Sonne in Grado. Dort war es felsig gewesen, hier erstreckte sich Sand. Und das Wasser war näher, noch näher. Ich wollte mich von dieser Szenerie nicht mehr trennen. Sollen alle gehen, den knirschenden Sand in ihren Sandalen, Schuhen. Ich bleibe. Bis das Meer dunkelblau ist und der Rest der Sonne aufgebraucht.
Aber sie ließen mich nicht. Im Troß ging es zur Pension. Um unter der Dusche Salz und Sonnenöl und Sand von der Haut zu waschen und danach in einer Trattoria Pasta und Fisch zu essen. Das Meer verdämmerte ohne mich. Der Sand wurde kühl, der Strand öde.
War ich neun, oder schon zehn? Es gab mehrere Grado-Ferien. Auch jene, als sich die Schreckensnachricht verbreitete, die großartige Andrea Doria sei untergegangen. Das ganze Städtchen sprach nur noch von dieser Katastrophe, und das allesfressende Meer wurde mit Mißtrauen beäugt. Obwohl es glatt dalag wie eine Folie.
Bademeer, fast ungezaust. Lagunenzahm, mit kleinen, mit winzigen Wellenkämmen. Der Atlantik, der die Andrea Doria verschluckt hatte, gebärdete sich anders.
Nachts war das Meer nur durch seinen Geruch präsent. Ich

hörte es nicht. Während die Stimmen in den Gassen widerhallten und Lachen wie Schluchzen klang.
Der Jalousienzauber, auch hier, in diesem gefliesten Gradesker Pensionszimmer. Zur Siestazeit, an besonders heißen Tagen. An Hundstagen gab es Strandverbot, Strandpause, und kein Pardon. Ich schlich mich manchmal davon, in den frühchristlichen Dom, der mit seinen Marmorsäulen und Fußbodenmosaiken feierlich und kühl war und fast menschenleer. Das kleine Notizheft hatte ich dabei. Servus XPI Laurentius Diaconus votum solvit. Darüber, im Rund, zwei weiße Tauben. Und überall Ornamente, Wasserwellen, Rhomben und Blumen. Und Schriftzeichen ohne Ende. Es roch nach Moder und Weihrauch. Ich bekreuzigte mich mit Weihwasser, Kühle schlug mir entgegen. Sie kam wie ein Luftzug aus dem langgestreckten Kirchenschiff, sie strich über den Boden, sie umhüllte mich. Es war gut, hier zu sein. Es war gut, allein zu sein. Behutsam ging ich über Schriftquadrate, über Vögel und Pflanzen, den Blick zu Boden gerichtet, wie wenn ich Muscheln im Sand suchte. Lies die Welt, sagten meine Füße, sagten meine Augen. Tastend streifte ich durch den Dom, fragend. Ich verstand fast nichts und hätte doch gern gewußt, was die Inschriften erzählten. Aber etwas in mir wußte es besser. Es gab das Unten, und es gab das Oben. Ich dachte: Himmel, Gott, Weite. Ich fühlte mich frei.

P.: Geht es um Leere?
Vielleicht.
P.: Um Einsamkeit?
Vielleicht.
P.: Um Radikalität?
Vielleicht.
P.: Um Askese?
Vielleicht.

P.: Um das Absolute?
Vielleicht.
P.: Um Heiligkeit?
Vielleicht.
P.: Die Wüste ist ein göttlicher zerstäubter Spiegel.
Wer sagt das?
P.: Edmond Jabès. Und Camus sagt: Die Unschuld braucht den Sand und die Steine. Und der Mensch hat verlernt, in ihrer Mitte zu leben.
Es gibt auch Stadtwüsten, aber lassen wir das.
P.: Die Wüste als Topos oder als Abenteuer?
Als Zustand.
P.: Und Sinai, Gobi, Taklamakan und so weiter?
Den Sinai kenne ich.
P.: Und?
Unbeschreiblich. Es war eine Reise nach innen.
P.: Es hieß, danach hast du zwei Jahre gehustet wie eine Blöde.
Chronische Bronchitis vom Wüstensand, von der Trockenheit und den frostigen Nächten.
P.: Also doch ein Abenteuer.
Auch das.
P.: Könnte Grado ein Anfang gewesen sein?
Fährten liegen immer herum.
P.: Von den Märchenkalifen zu den Apokryphen zu …
Einfach Sand wie Land.

# XXXII

*Sand wie Land*

Im Norden fand ich ihn wieder, Jahrzehnte später. In den Kiefernwäldern Brandenburgs. In den Parks von Berlin, und nicht nur in den Parks. Sand quillt hier überall hervor, zwischen granitenen Gehsteigplatten, Büschen. Und jede Baustelle besteht aus Sandgruben und Sandbergen. Die Stadt ist auf Sand gebaut. Das könnte alles Mögliche erklären: Schieflagen zum Beispiel. Oder Befestigungsmanien. Den Ehrgeiz, dem unsicheren Terrain metropolitane Größe abzutrotzen. Ein wenig Scheitern liegt in der Luft. Und immer knirscht es unter den Sohlen. Schüttle ich meinen Nomadenteppich aus, fällt ein feiner Sandregen in den Hof.
Linienstraße, Mitte. Beim Gehen kommt mir der Gedanke, daß hier alles nach Provisorium aussieht. Nach Umbau des Umbaus, was man auch Sand im Getriebe nennen könnte. Gut, läuft nicht alles rund. Gut, sind die Bruchstellen sichtbar, die alten Wunden. Am Rand des Gehsteigs sprießt Unkraut aus dem Sand. Da und dort bildet es kleine Sträucher, die gelblich blühen. Sehr natürlich. Das hat mit Verwahrlosung nichts zu tun. Die Blumen lächeln vor tristen Plattenbauten. Sie wuchern üppig am Rand einer Baugrube, die ausgehoben und stehengelassen wurde. Sandig, umzäunt. Auch Baugruben verdienen Ruhe, aber diese hier ruht schon zu lange. Jetzt steht ein kleines Blockhaus an ihrem Rand, frisch gezimmert aus hellen, duftenden Stämmen. Am Zaun steckt ein Zettel, darauf die Mitteilung, hier finde Theater für Kinder statt. Dann und dann und dann. Und schon gibt es eine Tür im Zaun

und einen Pfad, der zur Hütte führt. So wird das *terrain vague* genutzt.

Vage Terrains florieren in diesem Osten. Hinter dem Tacheles erstreckt sich, zwischen riesigen, vollgesprayten Brandmauern, eine Brache als Biotop. Ich schaue durch den mit Zetteln bespickten Zaun. Der Blick wandert über Erd- und Sandhügel zur goldglänzenden Synagogenkuppel drüben in der Oranienburgerstraße. Hier das Unbebaute, wild Wuchernde, dort die farbige Häuserzeile, überragt von Himmel und Gold.

Endlich sind auch die Füße am andern Ende angekommen, in einem quadratischen Hof hinter der Synagoge, in dessen Mitte ein Kastanienbaum steht. Aufrecht, mit angekränkelten Blättern, umgeben von einem sandigen Rondell. Hier stehen im Kreis kuriose Stuhlwesen aus Metall. Mit ihren überlangen Rückenlehnen gleichen sie Thronen für seltsame Gäste. Aber ich habe noch nie jemanden darauf sitzen sehen. Die Plätze bleiben leer, während der saure Regen sein Werk verrichtet. Und die Nacht diese stumme Versammlung angähnt.

Gehen, gehen, über Stein und Sand, in Spree- oder Mauer-Nähe, wo diese noch Reste zeigt. Plötzlich hinein in eine aufgerissene Fläche, da war mal was, und was es war.

Und die ganze Ackerstraße entlang (ohne Acker), zum versehrten Koppenplatz (wo ein Bronzetisch an Nelly Sachs und die Judenverfolgung erinnert), und rechts in die Linienstraße, zur litauischen Fotogalerie. Die Dünen der Kurischen Nehrung werfen spitze, saharische Schatten. Wie hellbeige Wellen türmen sie sich auf und fallen senkrecht ab. Eine Landschaft des ersten Schöpfungstags. Und der losgelassenen Winde.

Es war ein sommerlich warmer Apriltag, als ich mit Rolandas eine der Dünen hinter Nida bestieg. Der Fischerort lag bunt in der Sonne, das Haff blaute vor sich hin. Rundherum Sand, feinster Sand, aus dem kleine Sträucher ragten. Wir benutzten einen Pfad, der sich verzweigte, und erneut verzweigte. In alle Richtungen liefen Fußspuren. Rolandas wies nach oben und stapfte voran. Jacken und Pullover hatten wir ausgezogen, die Sonnenbrille aufgesetzt. Heiß. Und von der Höhe des Kamms aus ein wüstenartiger Anblick, vor allem westwärts. Naturschutzzone, Wandern untersagt. Dahinter, sagte Rolandas, ist die russische Grenze. Und wenn du immer geradeaus fährst, kommst du nach Kaliningrad.

Das Wort Grenze paßte nicht zu dieser Urlandschaft. Weder Wind noch Vögel interessierten sich dafür.

An ihrer schmalsten Stelle ist die Kurische Nehrung nur ein paar hundert Meter breit. Sand, Kiefern. Auf der einen Seite das Haff, auf der andern die offene See. Nach den Dünen steuerten wir aufs Meer zu. Der Weg verlief lange durch Wald, zwischen hohen Kiefern und zierlichen Birken. Rolandas erzählte von seiner verworrenen Liebe zu einer Litauerin, die – mit einem Griechen verheiratet – auf Zypern lebte. Zypriotka, nannte er sie. Ein bildschönes Luder. War sie mit ihm, wollte sie bleiben, war sie mit dem anderen, kam sie nicht los. Zerrüttete Ehe, die beiden Töchter im Clinch. Die ältere hielt zum Vater, die jüngere zur Mutter. Was tun? Rolandas sah mich ratsuchend an. Er habe in seinem Haus, das vor Büchern aus den Nähten platze, Raum für die Frau und die kleine Tochter geschaffen, habe ein Kinderzimmer mit Spielzeug, Pelztieren usw. eingerichtet. Schon zig-mal habe ihm die Zypriotka versichert, daß sie zu ihm ziehe, basta mit dem Macho-Griechen, aber jedesmal sei ihr etwas dazwischengekommen. Absage im letzten Moment, Terminverschiebung.

Ich bin ein romantischer Depp, sagte Rolandas, und seine Verzweiflung war nicht gespielt.

Wir stiegen eine steile Holztreppe zum Strand hinunter. Weißer Sand, soweit das Auge reichte. Dahinter das blaue Band des Meers. Kakaja krasota. Er nickte.

Der Strand war menschenleer, bis auf eine nicht mehr junge Frau, die sich im Badekleid sonnte. Ihre nackten Arme und Beine hatten etwas Sorgloses. Verlegen sah ich an mir herunter: Ich trug schwarze Strümpfe und schwarze Hosen und massives Schuhwerk, als hätte der gestrige Regen nicht längst aufgehört.

Wir schwitzten. Das Wasser schwappte übern Sand. Wir gingen. Wir schwitzten. Wir verfluchten die leidenschaftliche Liebe, die kopflos macht. Rolandas hielt nicht zurück: das Pech verfolge ihn schon lange. Vor der Zypriotka gab es eine Polin, davor eine Russin, davor. Nun ja. Und alles im Sand verlaufen.

Bist du ein Muttersohn? fragte ich beiläufig. Er zuckte zusammen, wie ertappt.

Mama war Schauspielerin gewesen. Mama rief täglich bis zu fünfmal an. Geschieden, wiederverheiratet, wohnte ein paar Straßen weiter, also um die Ecke. Also eben, kompliziert. Ich nickte.

Das Blau des Meeres ging in das hellere des Himmels über. Oder fast. Ein hauchdünner Strich: der Horizont.

Wir gingen lange. Irgendwann kehrten wir um. Laß uns dichten, sagte ich. Mit verteilten Rollen. – Und worüber? – Über Sand wie Land.

Er sagte: Einverstanden. Und: Die Rollen heißen: Der Osteuropäer und Die Westeuropäerin.

Einverstanden.

Der Osteuropäer: Die Kuren sind übrigens ausgestorben.

Die Westeuropäerin: Erzähl mir von den Spuren der Geschichte.

Der Osteuropäer: 1939 Hitlers Angriff. Memelland als Kampfplatz dem Reich einverleibt. 1944 marschiert die Rote Armee ein, schickt das Volk nach Sibirien.

Die Westeuropäerin: Immer dieses Vokabular des Untergangs.

Der Osteuropäer: Nehrung ist verwandt mit dem englischen narrow.
Die Westeuropäerin: Ja, ja. Schmale Landzunge.
Der Osteuropäer: Gebügelt, leergeräumt, die Vordünen, die Dünen, die Flächen, die Kämme, die Flanken. Abdruck gelöscht. Nur dieses Licht. Vogellicht.
Die Westeuropäerin: Man müßte eine Menge verwehter Wörter sammeln.
Der Osteuropäer: Kuren. Tugend. Ruhe. Stube … Luftheimat.
Die Westeuropäerin: Fest ist nichts.
Der Osteuropäer: Jeden Tag streck ich meinen Arm aus. Jeden Tag mach ich die gleiche Bewegung anders. Ich sage: Mein Arm, das bin ich. So bin ich jetzt, in diesem Moment. Und dann –
Die Westeuropäerin: Und dann bist du ein anderer. Versteht sich doch, nach all den Zwangsjacken.
Der Osteuropäer: Ich lebe in einem amphibischen Land.
Die Westeuropäerin: Voll heller Fossilien.
Der Osteuropäer: Der Strandhafer ist wie Schamhaar.
Die Westeuropäerin: Oh! Und der Sand?
Der Osteuropäer: Wanderdünen, Treibsand, gerifteltes Gelb und rauchende Ränder. Schutt, Vogelspuren, Salzkraut. Sandtrichter. Sandmulden, soweit das Auge reicht. Und Wind. Keine Routen. Wind.
Die Westeuropäerin: Eher libysch als litauisch.
Der Osteuropäer: Eine Braut läßt sich hier einfach sinken.
Die Westeuropäerin: Dann ist ja gut. Ein Hoch auf die kollektive Melancholie!

Wir hatten uns in etwas hineingedichtet. Rolandas knurrte ironisch: Famose Osmose! Dann wurden wir still. Genug geredet.

Im Wald lag schon Schatten. Vögel huschten durchs Gezweig. Der Weg zog sich lange hin. Wir erreichten Nida von der Anhöhe her, bogen in den Waldfriedhof ein. Schiefe Holzkreuze ragten aus dem Hang. Hier waren Moos und Sand beisammen.
Kurische Gräber, sagte Rolandas.
Ich nickte.

(Rolandas war ein besonderer Mensch. In seinem Bücherhaus in Palanga hatte er Joseph Brodsky beherbergt, kurz bevor dieser gezwungen wurde, sein Land zu verlassen. Der Leningrader fuhr in die sowjetische Republik Litauen, an diese Sandküste, die weit vom politischen Geschütz war, und zeitlos. Hier entstand, 1971, der Verszyklus »Litauisches Divertimento«, mit dem Gedicht »Palanga«: »Des Himmels Gesicht schauen darf / nur die See. Der Wanderer senkt seinen Blick, / in die Dünen geduckt, zum Wein, den er nippt, / wie ein König ohne sein Reich und die Harfe. // Das Haus ist verwüstet, die Herden geraubt. / Den Sohn hat ein Hirt in der Höhle versteckt. / Und vor ihm liegt nun: das Ende der Welt. / Übers Wasser zu wandeln, fehlt ihm der Glaube.«)

# XXXIII
## *Seltsam*

Es konnte mir überall passieren: in einer der Altstadtgassen von Grado oder in einer Zürcher Straßenbahn. Plötzlich fuhr die Frage in mich: Warum bin ich gerade von *diesen* Leuten umgeben? Von diesem rothaarigen Mann mit den katzengrünen Augen, der einen viel zu großen Hut trägt; von dieser gebückten alten Frau, deren Kinn zittert, als hätte sie Schüttelfrost; von diesen Zwillingsmädchen, die in Kleidung und Mimik nicht zu unterscheiden sind; von diesem Betrunkenen, der mit seinem Sicheldaumen in der Luft fuchtelt; von dieser Nonne, die alterslos nach innen blickt; von dieser Blondine mit dem aufreizenden Blusenausschnitt; von diesem schreienden Kleinkind mit hochrotem Kopf; von dem schweigenden Paar, das nur zu seinem winzigen Hund spricht. Warum diese Begegnung, diese momentane Konstellation, diese kurze Schicksalsgemeinschaft?
Ich fragte, während ich mich wunderte. Zur Verwunderung gehörte ein Gefühl des Fremdseins, als wäre ich selber nicht ganz Teil der Situation.
Schon auf dem Molo audace in Triest, schon auf der Strandpromenade von Barcola ergriff mich dieses Gefühl. Ich ging energisch neben meiner Mutter, das Strandtuch in der Linken, den Korkgürtel in der Rechten, sah interessiert auf die amerikanischen Soldaten. Hatte ich Angst? Kaum. Aber ich sah sehr genau hin. Und beobachtete mich beim Hinsehen.
Mißtrauen?
Eher begriff ich das Leben als eine Art Spielanordnung. Wobei

ich mich nicht nur als eine Spielfigur unter anderen sah, also passiv und höherer Willkür ausgeliefert, sondern als imaginären Regisseur. Tramfahrgästen dichtete ich schon früh Schicksale an, als handelte es sich um Romanfiguren. Ich versetzte sie in eine Möglichkeitsform, die mir Deutungsfreiheit erlaubte. So entriß ich sie dem Zufall oder dem, was ich dafür hielt.
Ich war neun und fuhr mit der Elf zum Religionsunterricht, in die Antoniuskirche. Vier Haltestellen, das genügte für Beobachtungen aller Art. Hier ein junges turtelndes Paar, dort ein Mann mit verstörtem Blick und grimassierendem Gesicht. Neben ihm eine Frau, die ihr fleischiges Kinn vorreckte und mit dem Kopf, von dem das schwarze Haar in Büscheln abstand, wackelte. Sonderlinge gab es in der Elf viele; sie kamen aus der Nervenheilanstalt Burghölzli, manchmal in Gruppen, manchmal alleine. Der »Ausgang« schien sie nicht besonders glücklich zu machen. Sie starrten vor sich hin, geistesabwesend, verängstigt. Ich wagte es nicht, sie länger anzuschauen. Und hoffte jedesmal, ihr Anblick bliebe mir erspart.
Es fiel mir schwer, mich auf die biblischen Geschichten zu konzentrieren. Sie verebbten zu einem Singsang, während die Gesichter der Irren durch meinen Kopf flackerten, fratzenhaft. Der Spuk verließ mich erst in der Kirche. Ruhig sah der Gottessohn, umgeben von seinen Aposteln und Heiligen, aus dem Apsisrund auf mich herab, die Hand zum Segen erhoben. Also war die Welt doch in Ordnung. Mit allen Irren, die frei herumliefen.
Nur diese Dunkelheit! Der Religionsunterricht endete um sechs, da war es im Winter schon stockfinster. Frierend stand ich an der Straßenbahnhaltestelle und wollte heim, nur heim, ohne Gesichter, ohne Geschichten.
Es gab auch andere klamme Passagiere, aber sie interessierten mich nicht. Heimkehrende wie ich, mit eingezogenen Köpfen. Sie schnieften oder niesten. Und verbreiteten Müdigkeit.

Irgendwann kam der Frühling, und am Weißen Sonntag die Erste Kommunion. Ich trug das schneeweiße Kleid einer Braut Christi, im Haar einen weißen Kranz und um den Hals ein goldenes Kettchen mit Kreuz. Den ganzen Gottesdienst lang hielt ich eine Kerze in der Hand und achtete sorgsam darauf, daß kein Wachs auf mein luftiges Kleid tropfte. Waren wir zwanzig, oder mehr? Links die Mädchen, rechts die Jungen. Der Vikar gab immer wieder Anweisungen und sang mit sonorer Stimme. Wir taten es ihm nach. Im feierlichsten Moment legte uns der Priester eine hauchdünne Oblate auf die Zunge. Der »Leib Christi« war geschmacklos und zerging so schnell im Mund, daß die Warnung »ja nicht zerbeißen!« uns umsonst geschreckt hatte.
Ich wußte nicht, wie ich mich fühlen sollte. Etwas Heiliges war geschehen, aber so jäh, daß ich es nicht begriff. Die langen Vorbereitungen (zu denen auch die Beichte gehörte) hatten mich zwar gründlich eingestimmt und in helle Vorfreude versetzt, aber das Ereignis selbst schnurrte seltsam zusammen. Kaum da, war es schon vorbei, wie ein rasch abgespulter Film.
Zur Besinnung kam ich erst danach. Zuhause, in meinem nun überflüssig gewordenen Kleid, mit der abgebrannten Kerze. Mutter fotografierte mich lächelnd, aber im Herzen war ich traurig. Als hätte mich das Glück geküßt – und gleich verlassen.
Was war das nur? Diese Nähe von Seligkeit und Ernüchterung, von Himmelhochjauchzend und Zutodebetrübt? Hatten mich meine Erwartungen irregeführt? War das Paradies immer woanders?
Ich wollte es nicht wissen. Wollte nur immer hoffen, mich freuen, mich begeistern, wollte außer mich geraten, wie ein unvernünftiges Kind.
In dieser einen Sache blieb ich unbelehrbar.

An die Erste Kommunion erinnerten der Rest einer Osterkerze und ein Rosenkranz, den ich manchmal abends durch die Hände gleiten ließ. Die kleinen Perlen fühlten sich zuerst kühl an, wurden dann aber plötzlich warm. Ich betete ein »Gegrüßet seist du, Maria«, wie es uns der Vikar beigebracht hatte, und betete ein zweites. Das wirkte beruhigend. Beten ist Sühne tun, hieß es im Beichtunterricht. Sühne wofür? Für meine Sünden.
Ich kannte die Zehn Gebote. Ich lernte, was Schuld ist. Aber mein Gefühl sprach sich frei. Wollte nur ungern mittun. Beim Wort Unkeuschheit empfand ich Abscheu, nicht aber, wenn ich nachts unter der Bettdecke an mir herumfingerte. Bis Vater mich einmal in erhitztem, verschwitztem Zustand ertappte und mit dem Zeigefinger drohte. Ich zuckte zusammen. Dann kam die Scham. Danach das Schuldgefühl. Lust wurde zu etwas Verbotenem. Aber auch umgekehrt: dem Verbotenen haftete etwas Lustvolles an. Eine schöne Verwicklung. Dieses Spiel mit dem Feuer und den Gewissensbissen.
Ich lernte die Heimlichkeit. Lernte sie gründlich, bis zur Unergründlichkeit. Nur im dunklen Beichtstuhl gab ich Bruchstücke des Verheimlichten preis. Sagte Sätze, als sagte sie eine andere, flüsternd, vor schützendem Gitter. Und betete anschließend zehn Vaterunser und fünf »Gegrüßet seist du, Maria«. Selbsterforschung war das. Aber Reue?
Mich beruhigte, daß der Allmächtige dort oben alles wußte, vor ihm brauchte ich mich nicht zu verstellen. Und seinen Zeigefinger fürchtete ich nicht. Nur sein Wille war rätselhaft. Was taten die Irren in der Straßenbahn? Was tat ich mit den Irren in der Straßenbahn? Warum mußten wir Triest und das Meer verlassen? Warum sprang mich die Migräne an wie ein wildes Tier? Und meldete sich mein Kitzler mit einem Kitzeln?

# XXXIV

## *Umzug*

Vater sagt: Wir können hier nicht bleiben. Wir ziehen um.
Wohin?
Auf den Zürichberg. In eine Wohnung, die wir selber einrichten.
Das bedeutet Abschied vom schwarzen Bücherschrank, in dem Lin Yutangs und Dostojewskijs Werke stehen.
Aber die Bücher, die nehmen wir mit?
Vater nickt. Trotzdem greife ich mir einen Lin Yutang, um mir später nichts vorwerfen zu müssen.
*Konfuzius wußte, daß seine Jünger unzufrieden waren in ihren Herzen, und so ließ er den Tselo zu sich hineinkommen und stellte ihm die Frage: »Die Alten haben gesagt: Weder Tiger noch Rhinozeros wandern in der Wüste! Glaubst du, daß meine Lehre falsch ist? Und weshalb bin ich zu diesem allem gekommen?« Darauf antwortete Tselo: »Vielleicht ist dein Charakter nicht gütig und nicht groß genug und deshalb sind wir unfähig, der Leute Vertrauen zu gewinnen.«*
Konfuzius, so lese ich weiter, berät sich mit vielen, dann geht er hinaus in den Regen.
*Konfuzius sang im Regen, und wer kann dem Zauber eines Menschen widerstehen, der im Regen singt? So ging er mit seinen Jüngern dahin durch die Wüste, und er kam an das Ende seiner Gedanken und wußte nicht, wo er sich nächstens hinwenden sollte, und sie waren gleich einer Gesellschaft von Bettlern und Vagabunden, ›weder Tiger noch Rhinozeros‹, weder Fisch noch Fleisch, und nicht einmal gute rote Heringe. Und trotzdem war er fröhlich und hegte in seiner Seele keinen Zorn.*

Ich lese stehend, lange, wie um mich zu beruhigen. Denn viele Gedanken schießen durch meinen Kopf. Daß der Abschied naht: von Werni, von Urseli, Meieli, Vroneli, von Frau Homberger, der Lehrerin, vom Wehrenbach und der Schaukel und. Von jetzt an wird es keine Indianerzelte mehr geben, kein Tobel, keinen Burghölzliwald. Sondern was? Das Neue lockt und ängstigt zugleich.
Ich überfliege meine Siebensachen. Ich will sie eigenhändig verpacken, damit nichts verlorengeht. Vor allem nicht die Hefte, in die ich meine Geschichten schreibe. Es gibt Dinge, die hüte ich sorgsam. Wo werden sie ihren Platz finden? In einem Zimmer für mich allein. Aber nein, das soll nicht sein, noch immer nicht. Ich muß teilen, auch am neuen Ort.

Der neue Ort heißt Ackermannstraße 6. Ein kleineres Mehrfamilienhaus, eines von vier identischen, die gestaffelt die ansteigende Straße säumen. Khakifarben, zwischen den Häusern Grünflächen. Gegenüber Villen mit üppigen Gärten. Jemand sagt: Eine feine Gegend.
Die Straße ist nicht durchgehend, sie mündet in einen Platz zum Wenden. Von dort führt ein Fußweg zur katholischen St. Martinskirche, die, turmlos, ganz unscheinbar wirkt. Auf dem Nachbarareal das große Gebäude der Meteorologischen Anstalt, bestückt mit Antennen und Meßgeräten für die Wetterschmiede.
Also hier. Eine Vierzimmerwohnung mit Balkon, 2. Stock. Unter uns steht auf dem Namenschild: Kurzmeyer. Deutsche, wie sich herausstellt. Er schon im Rentenalter, sie wesentlich jünger. Ein kinderloses Paar. Das heißt, daß wir ruhig sein müssen.
In der Nr. 6 sind mein Bruder und ich die einzigen Kinder.
Weiter oben, in der Nr. 8, wohnen die drei Riklins. Mit ihnen turnen wir im Birnbaum herum. Und auf der Villenseite, in

der Nr. 5, gibt es Ruth, Vera, Roni und Alex. Vera wächst mir rasch ans Herz. Vera, mit der ich auf dem Wendeplatz Rollschuh fahre und nach der Schule leidenschaftlich Monopoly spiele.
Unsere Möbel stammen von der Firma Hotz, Nußbaum, Sofa und Stühle dezent gepolstert. Das Klavier paßt gut in die neue Umgebung. Und die Bücherwand bietet Raum, viel Raum. Man könnte sagen, wir sind schmuck eingerichtet. Zum ersten Mal ein wenig seßhaft geworden.
Ich habe nicht nur ein Bett, sondern einen eigenen Schreibtisch und eine hübsche kleine Kommode. Auf die Kommode lege ich Muscheln und Steinchen aus meiner Grado-Sammlung. Während Puppe Sári bequem am Kopfende des Bettes lehnt. Meine Lieblingsbücher stapeln sich auf dem Nachtkästchen, das drei Schubladen hat für winzige Geheimnisse.
Weil Martin noch klein ist, taucht immer wieder eine Berta auf, eine strenge Kinderfrau, die herrliche Fritten brät, in deren Gegenwart ich mich aber so fremd fühle, daß ich ausreiße. Ich setze mich unter den Birnbaum und starre trotzig vor mich hin. Oder ich klingle bei Vera, wo es schon wieder nach Frischgebackenem riecht, als kämen gleich Gäste zu einem der vielen jüdischen Feste. Veras Reich zieht mich unwiderstehlich an: das große, weitläufige Haus, die freundliche Geschäftigkeit seiner Bewohner, dieses Kommen und Gehen und Grüßen und Rufen in allen möglichen Sprachen, Schalom und Bonjour, und die Ordnung in diesem Haus, das Schabbat-Ritual, überhaupt alle Rituale, begleitet von Gesang, und der lange, weißgedeckte Tisch, wo ich zum ersten Mal Mazze und G'fillten Fisch und polnischen Borschtsch esse. Warum gehöre ich nicht zu euch, sage ich zu Vera, und sie sagt: Du kannst kommen, wann du willst. So lerne ich Pessach kennen und das Laubhüttenfest und Chanukka, ich nehme alles begierig auf, und sie lassen es zu. Lassen es zu, daß ich mich schön mache

wie sie. Vera und ich tragen beide eine schneeweiße Bluse und einen dunkelblauen Rock und sehen fast wie Schwestern aus. Vera ist etwas größer als ich, und ihr schwarzes Haar ist kräftiger als meines. Aber wen kümmert das. Vera sagt: Wir sind seelenverwandt. Darum stecken wir bei jeder Gelegenheit zusammen. Nicht in der Schule – sie geht in die Parallelklasse –, aber in der Freizeit. Unsere Lieblingsbeschäftigung: Monopoly und das Geographie-Spiel. Wir würfeln uns um den ganzen Erdball, wer die schnellsten Verbindungen findet, gewinnt. Am beliebtesten sind die langen Seestrecken, mit einer Eins schaffst du's von Dakar nach Montevideo. Über das Spielbrett gebeugt, sind wir perfekte Profireisende. Die Städtenamen schießen uns nur so aus dem Mund.
Mit Vera ist mir nie eng.

Und nicht mit Professor Heim, dem Geologen aus der Nr. 10. Ein älterer, weißhaariger Herr, dem ich einmal auf der Straße begegne und der mich spontan zu sich einlädt. Ich bin ebenso verlegen wie neugierig. Doch die Neugier überwiegt. Was mich erwartet, ist die Wohnung eines Gelehrten: voller Folianten und Atlanten und Vitrinen (mit Versteinerungen) und Lupen und Mikroskopen und Büchern, Büchern. Ich betrachte Gesteinsproben in leuchtenden Farben, berühre Fossilien und lasse mir von den Erdzeitaltern erzählen. Die Zeiträume machen schwindlig. Und der Blick sucht Halt. Bei den Meerschnecken, bei den sprühend blauen Augen des Professors. Frag ruhig, unterbricht er seinen Redefluß. Aber ich bin gebannt. Schon berichtet er von Grabungen, Ausgrabungen, von mineralogischen, paläontologischen Funden. Und zeigt hier auf ein halbverkohltes Hölzchen, dort auf Quarze, Halbmetalle, funkelnde Klümpchen, säuberlich sortiert.
Nach einem Besuch in der Nr. 10 genügt es, die Augen zu schließen, und ich sehe Lehmfelder, Landzungen, Stege, sehe

Gruben, in denen etwas glänzt und flimmert, sehe das Untergeschoß der Welt.

Zuhause hört die Enge sofort auf, wenn Berta verschwindet und Gäste kommen. Es sind Bekannte meiner Eltern, Ungarn, Jugoslawen. Menschen mit temperamentvollen Gesten, die laut debattieren. Sie bringen Leben in das stille Haus. Ich darf mich kurz zeigen, darf ein wenig länger aufbleiben. Es gibt mit Käse überbackene Schinkensandwichs, Paprikasalami, Speck, dazu Wein und Zwetschgenschnaps. Und zuletzt Mohnkuchen. Ich nasche von allem, aber unauffällig. An den Gesprächen beteilige ich mich nicht. Schon die ungarische Anrede bringt mich in Verlegenheit, dieses Küß-die-Hand, und wie noch aus der attraktivsten Frau eine Tante wird. »Küß die Hand, Tante Zsófi«, das bringe ich nicht über die Lippen, nicht bei dieser dreißigjährigen Schönheit, und Duzen geht nicht. Also höre ich zu. Es werden Witze erzählt, Titos Name fällt immer wieder, und Namen, die ich nicht kenne. Geprostet wird auf die Anwesenden, laut: *Egészségére!* oder *Na zdravje!* Und noch im Bett höre ich die fröhlichen Stimmen, das Lachen. Bis der Schlaf mich fortträgt.

Die meisten Gäste kommen, als Vater im jugoslawischen Konsulat arbeitet. Da gibt es gesellschaftliche Verpflichtungen. Mutter ist nicht immer begeistert, sie klagt über Belastung. Lieber würde sie ins Kino gehen als die lächelnde Gastgeberin spielen. Die jedesmal erschöpft ins Bett sinkt. Und diese koketten Brankas, Ivankas ... Aber was soll's. Das Problem erledigt sich eines Tages von selbst, als Vater den Posten verläßt. Dann wird es sehr still bei uns.
Vater arbeitet zu Hause. Den ganzen lieben Tag sitzt er an seinem Schreibtisch und wälzt Bücher. Das heißt Selbststudium. Es geht um Betriebswissenschaft, höre ich. Vater, der gelernte

Chemieingenieur, will umsatteln. Ich frage nicht, warum. Ich weiß nur, daß ich ihn nicht stören darf.

Aber das Klavierüben ist unvermeidlich. Bevor ich den Wecker stelle – fünfzehn Minuten, nicht mehr – klopfe ich an seine Tür. Spiel nur, sagt er, und winkt ab. Ich spiele leise, gehemmt, und krampfhaft bemüht, nicht daneben zu greifen. Denn bei jedem falschen Ton ruft er: Paß auf, falsch! Sein musikalisches Ohr ist streng. Er leidet. Ich leide erst recht.

Es wird Jahre dauern, bis ich mich freispiele. Mit Schwung in die Tasten greife. Ohne Blick auf die Uhr.

# XXXV
## *Herr S.*

Mein Lehrer heißt Herr S. Er hat einen weichen Händedruck, sinnliche Lippen und weißes Haar, trägt eine Metallbrille und einen dunkelgrauen Kittel. Wir sind seine letzte Klasse, dann geht er in Pension.
Mit den Jungs ist Herr S. strenger. Die Mädchen behandelt er sanft. Und für mich hat er immer ein Lächeln übrig. Vielleicht weil ich die Beste in Deutsch bin und Deutsch das Lieblingsfach von Herrn S. ist. Auch Lehrer haben Lieblingsfächer. Und Lieblingsschüler haben sie auch.
Was immer ich bin, ich bin glücklich. Melde mich freiwillig zum Vorlesen, zum Nacherzählen. Hebels *Schatzkästlein* ist dran. Und der Pausenhof sonnig, nur am hintersten Ende verschattet von einer riesigen Föhre.
Vom Klassenzimmer geht der Blick auf die verschneiten Berge. Man braucht nur den Kopf nach links zu drehen, dann sieht man ein Zipfelchen See und darüber die Gipfel, eine ganze Kette. Oft starren wir durchs Fenster, in halbkindlicher Trance. Oder beobachten ein Staubkorn, eine Mücke, beim Tanz durch eine schräge Lichtbahn. Der Zauber ist vorbei, sobald Herr S. die Stores herunterläßt. Jetzt tastet sich der Blick bescheiden zum Nachbarn. Blaue Hefte, für die wenigsten ein Ausbund an Lust.
Zu meiner Linken sitzt die quirlige Eliane, zu meiner Rechten die stille Angela, ein blonder Engel mit brasilianischen Vorfahren. Wir sind ein Trio, dem Herr S. gerne den Rücken tät-

schelt. Wobei er am längsten bei mir verweilt. Ich spüre seine weiche Hand warm und wärmer werden. Manchmal arbeitet sie sich zaghaft zu meiner kleinen Brust vor.

Turnen mag ich nicht. Im Klettern bin ich affenschnell, sonst aber mäßig, mäßig. Sogar Purzelbäume machen mir Angst. Und die harten Lederbälle, die meinen ohnehin schmerzenden Kopf verletzen könnten. Herr S. zeigt Verständnis. Oft sitze ich auf der Holzbank und schaue zu. Ich komme mir nutzlos vor. Ich schäme mich ein wenig. Während die anderen ihr Letztes geben, Hans, Max, Leo, Eva, Eliane, Regine, Angela, Alex, Dodo. Beim Völkerball und überhaupt. Die Minutenzeiger der Wanduhr rücken nur langsam voran. Ich höre meinen Puls schlagen. Ich verfolge eine Fliege im Raum. Ich denke an die mongolische Prinzessin des Märchens »Mondausfall« und bin die letzte, als alle in den Umkleideraum stürzen.

Der Bibelunterricht stillt mein Fernweh ähnlich wie das Geographiespiel. Rotes Meer, Totes Meer, See Genesareth, Wüste Sinai, Wüste Negev, Jericho, Jerusalem, Bethlehem, die Namen sind so verlockend wie die Könige, Hirten, Propheten, Engel, die das heilige Land zum heiligen machen. Zum unheilig-heiligen, weil Kriege und Wunder sich die Hand reichen. Kain erschlug Abel, und seither erschlugen sie sich ohne Unterlaß. Und Herodes ließ gleich alle Erstgeborenen umbringen, damit Jesus von Nazareth nicht zum Heiland würde. Als er es trotzdem wurde, schlugen sie ihn ans Kreuz.
Meine Gedanken schweifen. Von Wüstenbeduinen zu bärtigen Schriftgelehrten, durch den Garten Gethsemane. Und wie konnte sich das Rote Meer teilen? *Moses streckte seine Hand über das Meer. Der Herr trieb mit einem starken Ostwind das Meer hinweg. Das Meer machte er trocken, und die Wasser wurden gespalten. Die Kinder Israels aber schritten inmitten des*

*Meeres auf trockenem Boden hindurch.* Während die Ägypter mit ihrer ganzen Heeresmacht ertranken.
Gott ist gewaltig. Gott ist zornig. Gott ist gerecht. Gott ist gelb. Warum gelb? Ich weiß es nicht. Etwas in mir murmelt: Gott ist gelb.
Ich stelle ihn mir möglichst gar nicht vor. Aber das fällt schwer. So wie es mir schwer fällt, die Frage zu unterdrücken, wer Gott erschaffen habe.
Was war davor? Vor dem Anfang? Beim Wort Nichts überkommt mich schwarzer Schwindel. Und ich schließe die Augen.
Hier versagt mein Denken.
Hier versagt die Sprache. An die ich mich doch klammere in jeder Not.


Die Not heißt eines Tages Tod. Das Telegramm kommt aus Ormož, von Onkel Hanzek: Unsere liebe Maria ist gestern entschlafen.
Meine Urgroßmutter, die tapfere Kaminfegerin, ist tot.
Vater sagt: Es war Lungenkrebs. Der Ruß hat sie ruiniert.
Wieder überkommt mich schwarzer Schwindel, und die Worte, die sonst so hilfreichen, lassen mich im Stich. Etwas würgt und brennt, im Hals, in der Brust, ein wirres Wetterleuchten des Körpers. Dann weine ich.
Nie mehr, schluchzt es in mir. Du wirst sie nie mehr wiedersehen.
Das Unfaßbare und das Unabänderliche verschmelzen in der Negation. Nein, nie, Nichts.
Hier gibt es kein Weiter.


Als Herr S. vierzehn Tage später »Ein wichtiges Erlebnis« zum Aufsatzthema macht, löst sich meine Zunge. Ich schreibe über meinen »ersten Tod«. Nicht über das Sterben von Urgroßmut-

ter, nicht über ihre Beerdigung, beides geschah ohne mich. Ich schreibe über meine Erinnerungen an sie, und welche Gefühle ihr Tod in mir hervorrief. Über dieses plötzliche »Nie mehr«, das wie ein Fallbeil niederging und die Welt in ein Vorher und Nachher spaltete. Ich schreibe über die Erschütterung der Ohnmacht, zum ersten Mal schreibe ich so. Daß ich nicht weiß, daß etwas in mir kreist und kreist, um eine Leere vielleicht. Daß ich traurig bin, wo ich lieber zornig wäre. Aber zornig auf wen.
Ich schreibe acht Seiten. Die Bestnote sechs ist ein seltsamer Trost.

# XXXVI

## Dostojewskij

Ich frage nicht, ich greife mir das Buch aus dem Regal. Dostojewskij, *Schuld und Sühne*. Die Gesamtausgabe ist mitgezogen, von der Balgriststraße an die Ackermannstraße. Zum Glück. Denn der Russe hat mich schon lange gelockt. Ein Klassiker, das weiß ich. Aber nicht für Kinder. Was soll's.

*Anfang Juli, an einem außergewöhnlich heißen Tage, verließ ein junger Mann gegen Abend seine Dachstube, die er in einem Hause der S.schen Querstraße als Untermieter bewohnte, trat auf die Straße hinaus und ging langsam, wie unentschlossen, in der Richtung zur Kukuschkin-Brücke.*

*Eine Begegnung mit seiner Wirtin auf der Treppe war ihm glücklicherweise erspart geblieben. Sein Stübchen lag unmittelbar unter dem Dach des hohen fünfstöckigen Hauses und glich eher einer Handkammer oder einer Art Schrank als einem Wohnraum. Seine Wirtin aber, von der er diese Kammer mit Mittagessen und Bedienung gemietet hatte, wohnte eine Treppe tiefer in einer separaten Wohnung, und jedesmal, wenn er auf die Straße hinausging, mußte er unvermeidlicherweise an der Küche der Wirtin vorbeigehen, deren Tür fast immer sperrangelweit offenstand. Und jedesmal hatte der junge Mann im Vorbeigehen eine gleichsam schmerzliche und feige Empfindung, deren er sich schämte und zu der er die Stirn runzelte. Er war bei der Wirtin stark verschuldet und fürchtete sich, ihr zu begegnen.*

Der junge Mann ist Student, heißt Rodion Raskolnikow und plant etwas Ungewöhnliches. Mitten in der Sommerhitze, im Armenviertel von Petersburg, zwischen Heumarkt und

Gribojedow-Kanal. Die Häuser haben hier tiefe Hinterhöfe, und die Treppenhäuser sind dunkel und schmal. Das Ziel, das Raskolnikow von seiner Haustür trennt, ist genau siebenhundertunddreißig Schritte entfernt. Er kennt den Weg. Wohin? Zur alten Wucherin.

Und schon vibriert alles vor Nervosität und fiebriger Erregung. Ich vergesse mein Zürcher Bett, steige mit Raskolnikow zitternd die Treppe hoch.

*Die Alte stand schweigend vor ihm und blickte ihn fragend an. Es war eine kleine, dürre alte Frau von etwa sechzig Jahren, mit stechenden und bösen kleinen Augen, einer kleinen, spitzen Nase und ohne Kopfbedeckung. Ihr hellblondes, leicht ergrautes Haar war mit Öl eingefettet. Um den dünnen langen Hals, der einem Hühnerbein glich, war ein Flanellappen gewickelt, und über die Schultern hing, trotz der Hitze, ein abgetragenes und gelb gewordenes Pelzjäckchen.*

Raskolnikow verpfändet die Uhr seines Vaters, nur um wiederkommen zu können. Die Alte und deren Wohnung hat er inzwischen gründlich studiert. Wie zur Probe. Der Ernstfall steht noch aus.

Der Ernstfall heißt Mord. Mord nicht aus Geldgier, sondern aus Hochmut. Weil die Alte eine »dreckige Laus« ist, eine elende Blutsaugerin.

Aber bis dahin spielt sich noch anderes ab: Raskolnikow begegnet dem Säufer Marmeladow und seiner zerrütteten Familie, bekommt einen rührenden Brief von seiner besorgten Mutter und erlebt, wie ein Bauer sein Pferdchen zu Tode peitscht. Das alles wühlt ihn auf, und er will seiner »verfluchten Idee« abschwören. Aber die Idee sitzt zu tief.

Auf Seite 108 schreitet er zur Tat und läßt das Beil auf ihren Scheitel niedersausen.

Einmal, dann ein zweites und drittes Mal. Tot. Und wo sind die Schätze? Die Schlüssel passen nicht, und als sie endlich

passen, steht die Schwester der Toten im Raum, Lisaweta. Erschrocken und zahm wie ein Opferlamm. Das Beil trifft auch ihren Scheitel. Raskolnikow wird, ungewollt, zum Doppelmörder.
Durch ein Wunder gelingt es ihm, das Haus unauffällig zu verlassen. Dann glaubt er, den Verstand zu verlieren.
Schüttelfrost, Mißtrauen, Angst. Jedes Klopfen bedeutet Bedrohung. Und wenn er sich verrät? Und wenn ihn ein elender Kleiderfetzen verrät? Der Wahnsinn sitzt im Gewissen. Und der Körper, der verrückt spielt, legt Spuren aus.
Während der geraubte Geldbeutel hinter einem Stein verschwindet.
Nach wochenlanger Krankheit wendet sich das Blatt. Raskolnikow bekommt Geld von seiner Mutter. Damit bezahlt er seine Schulden bei der Zimmerwirtin und kleidet sich neu ein. Doch der Gedanke an Flucht ist ihm fern. Im Gegenteil, er streut Verdachtsmomente. Es beginnt das Spiel mit dem eigenen Verrat. Ein raffiniertes, fast höhnisches Verwirrspiel, das keine Dreistigkeit meidet, um die Schlinge um den eigenen Hals zu legen.
Daneben geschieht dies: Der Zufall macht Raskolnikow zum Zeugen, wie Säufer Marmeladow von einer Kutsche überfahren wird und kurz darauf in seiner Wohnung stirbt. Hier lernt er Marmeladows Tochter aus erster Ehe kennen, die achtzehnjährige Sonja, die sich prostituiert, um die vielköpfige Familie ernähren zu können. Ein unscheinbares Mädchen mit blauen Augen und erschrockenem Gesicht, lächerlich aufgeputzt. Aber die Güte selbst. Raskolnikow spürt plötzlich »mächtigen Lebenswillen« in sich aufsteigen. Und er weiß, daß er wiederkommen wird. Zu diesen Unglücklichen.
Kaum ist Sonja da, spüre ich Rührung und Ruhe. Rundherum herrscht die reinste Hysterie, aber Sonja wird es richten. Vögelchen Sonja.

Die anderen Frauen? Sonjas Stiefmutter ist tuberkulosekrank und verzweifelt. Raskolnikows Mutter liebend besorgt, aber ohne Einfluß auf ihn. Und auch Schwester Dunja, praktisch und ehrlich, kommt an ihren Bruder nicht heran.
Raskolnikow fiebert wieder, phantasiert. Begibt sich freiwillig zum Untersuchungsrichter Porfirij, um anzumelden, daß er bei der ermordeten Alten mehrmals Gegenstände verpfändet hat. Das Spiel mit dem Feuer beginnt. Das Katz- und Maus-Spiel.
Zwischendurch eilt Raskolnikow zu Sonja. Wie ein Schlafwandler, wie ein Getriebener. Er stellt sie bloß, dann küßt er ihr die Füße. Und verlangt, daß sie ihm aus dem Evangelium die Szene von der Erweckung des Lazarus vorliest. Sie tut es, schüchtern und leicht widerwillig. Dann Stille.
*Der Lichtstumpf im schiefen Leuchter begann auszugehen und beleuchtete trübe in diesem armseligen Zimmer den Mörder und die Dirne, die sich über dem Lesen des Ewigen Buches so sonderbar zusammengefunden hatten.*
In die Stille hinein sagt Raskolnikow: *Auch du bist hinübergeschritten ... Du hast Hand an dich gelegt, du hast ein Leben vernichtet ... dein Leben (das ist einerlei!) ... Wir müssen zusammengehen, ein und denselben Weg!*
Der Weg bedeutet, mit allem brechen und »das Leid auf sich nehmen«.
Sonja versteht nicht. Sie werde bald verstehen, sagt Raskolnikow. Schon morgen werde er ihr gestehen, wer die Alte und ihre Schwester umgebracht hat.
Das Geständnis ist kein Geständnis und doch unmißverständlich. »Unglücklicher!« schluchzt Sonja. »Ich werde dir folgen, ich werde dir überallhin folgen! Auch ins Zuchthaus werde ich mit dir gehen!« Aber wie konnte das nur geschehen? Mitleid und Entsetzen kämpfen in Sonja, Hohn und Verzweiflung in Raskolnikow. Kein Raubmord, wehrt er ab, ich wollte ein

Napoleon werden. Und redet von Macht und Recht und dem Mut zur Übertretung.

Es ist ein bohrendes Denken. Das sich ins Innere hineinschraubt wie in einen tiefen Tunnel. Zum Wahnsinnigwerden. Sonja weint, und springt plötzlich auf. (Alles geschieht plötzlich, plötzlich.) *Geh sofort, unverzüglich, stell dich auf einen Kreuzweg, knie nieder und küsse zuerst die Erde, die du entweiht hast, und dann verneige dich vor der ganzen Welt, in allen vier Richtungen, und sage vor allen Menschen laut: ›Ich habe getötet!‹ Dann wird Gott dir wieder Leben geben.*

Noch will er nicht, was sie will. Die Verfolger reizen ihn zum Kampf. Aber das Kreuz aus Zypressenholz nimmt er an. Und denkt: Vielleicht ist es in Sibirien tatsächlich besser.

Bald stellt sich heraus, daß einer hinter der Wand mitgehört hat.

Swidrigajlow. Durchtrieben, aber mit einem Babygesicht. Soll die eigene Frau vergiftet haben. Und liebt Dunja, Raskolnikows Schwester, die von allem weiß. Jetzt hat er Mittel in der Hand, sie zu erpressen. Warum aber hat er sich mit einem halben Kind verlobt? Ja, er hat eine Verlobte, drüben auf der Wassiljewskij-Insel. Auch in seinen Fieberträumen erscheinen ihm Kinder, in seltsam anzüglicher Aufmachung, oder tot. Ist er ein Kinderverführer, ein Kinderschänder? Und dann dieser Großmut: Als Sonjas Stiefmutter stirbt, rückt er eine große Summe heraus, um die drei kleinen Waisen in einem guten Heim unterzubringen und Sonja von ihrem erniedrigenden Gelderwerb zu befreien. Ein Gentleman. Der kläglich endet. Nach einer letzten, dramatischen Begegnung mit Dunja jagt er sich eine Kugel durch den Kopf.

Der Zeuge ist weg, aber Raskolnikow weiß, daß man alles über ihn weiß. Untersuchungsrichter Porfirij fordert ihn auf, sein Verbrechen zu gestehen. Das erleichtere die Sache. Raskolnikow weigert sich.

Erst nach einem Besuch bei Sonja entschließt er sich zum letzten Schritt. Wobei er nicht zu Porfirij, sondern aufs Polizeirevier geht. Einmal noch kehrt er feige um. Doch als er Sonja vor dem Polizeirevier stehen sieht, gibt es kein Zurück.
*Raskolnikow ließ sich auf den Stuhl nieder, wandte die Augen aber nicht ab vom Gesicht des äußerst unangenehm überraschten Ilja Petrowitsch. Beide blickten eine Minute lang einander an und warteten. Wasser wurde gebracht.*
*›Ich war es, der damals die alte Beamtenwitwe ... und ihre Schwester Lisaweta ... mit dem Beil erschlagen ... und beraubt hat.‹*
*Ilja Petrowitsch öffnete den Mund. Von allen Seiten kam man herbei.*
*Raskolnikow wiederholte seine Aussage.*
Endlich. Das Geständnis ist wie eine Erlösung. Länger hätte ich die Spannung nicht ausgehalten. Und Gerechtigkeit muß sein.
Das Urteil fällt milde aus: acht Jahre Zwangsarbeit in Sibirien. Engel Sonja fährt mit. Schnitt. Alles Weitere steht im Epilog.
*Sibirien. Am Ufer eines breiten, öden Flusses liegt eine Stadt, in der Stadt befindet sich eine Festung, in der Festung ein Gefängnis. In diesem Gefängnis weilt schon an die neun Monate der Zwangsarbeiter der zweiten Kategorie Rodion Raskolnikow. Seit dem Tage seines Verbrechens sind fast anderthalb Jahre vergangen.*
*Das Verfahren gegen ihn verlief ohne besondere Schwierigkeiten. Der Verbrecher hielt seine Aussage bestimmt, genau und klar aufrecht, ohne die Sache zu verwirren, ohne etwas zu eigenen Gunsten zu beschönigen, ohne die Tatsachen zu verzerren, ohne die geringste Einzelheit zu verschweigen.*
Doch Raskolnikow ist krank.
*Er war schon seit langem krank; aber nicht die Schrecken des Zuchthauslebens, nicht die physische Arbeit, nicht die Nahrung, noch der rasierte Schädel, noch die jämmerliche Kleidung hatten*

*ihn gebrochen. – Oh! Was kümmerten ihn all diese Qualen und Martern! Im Gegenteil, er war sogar froh über die Arbeit – wenn er sich physisch abgeplagt hatte, erwarb er dadurch wenigstens einige Stunden ruhigen Schlafes. Und was bedeutete ihm das Essen – diese fleischlose Kohlsuppe mit Schwaben? Als Student, zur Zeit seines früheren Lebens, hatte er oft auch das nicht mal gehabt. Seine Kleidung war warm und seiner Lebensweise angemessen. Die Ketten fühlte er fast gar nicht mehr. Sollte er sich etwa seines rasierten Kopfes und seiner zweifarbig zusammengesetzten Arrestantenjoppe schämen? Aber vor wem denn? Etwa vor Sonja?*

Ja, er schämt sich. Aber krank ist er vor »verwundetem Stolz«. Sein »erbittertes und verstocktes Gewissen« will keine Schuld anerkennen, »außer einem einfachen Fehlschlag, der jedem passieren kann«. Reue? Nein, Raskolnikow bereut nichts. Wenn er bloß bereuen könnte! Etwas in ihm klammert sich an die alte Idee, zu Höherem berufen zu sein.

Die Mitsträflinge hassen ihn. Hassen diesen Wortkargen, Hochmütigen, Gottlosen. Während sie »Mütterchen Sonja« lieben und verehren.

Eines Tages, um Ostern herum, wird es Raskolnikow leichter. Die Krankheit verläßt ihn. Und zum ersten Mal spürt er, daß er Sonja liebt.

*Aber hier fängt schon eine neue Geschichte an, die Geschichte der allmählichen Erneuerung eines Menschen, die Geschichte seiner allmählichen Verwandlung, des allmählichen Überganges aus einer Welt in eine andere, der Bekanntschaft mit einer neuen, von ihm bisher völlig ungeahnten Wirklichkeit.*

*Das könnte das Thema zu einer neuen Erzählung abgeben. Unsere jetzige aber ist hier zu Ende.*

Ich hadere. Daß Dostojewskij gerade hier und jetzt aufhört. Daß ich so wenig über das Happy-End erfahre. Nach diesem wahnwitzigen Labyrinth des Schreckens, in dem ich bis zur

Erschöpfung herumgeirrt bin. (Gestohlener Schlaf, unfroher Gang zur Schule.)
Aber ich weiß plötzlich Dinge, die unerhört sind. Am unerhörtesten ist die menschliche Seele. Ein einziger Abgrund. Voller Fieberträume und Widersprüche und Ideale. Gerade die Ideale sind gefährlich. Vor allem wenn einer Theorien bäckt wie Raskolnikow, dieser Kopfmensch. Sonja denkt mit dem Herzen, und sie ist demütig. In Raskolnikow und Sonja begegnen sich Hochmut und Demut, Eigenliebe und Menschenliebe, die an Gottesliebe grenzt.
Dostojewskij gibt Sonja recht. Sonja wird zu meiner Kopfmusik: eine helle Stimme, wenn ich die Augen schließe. Tu, tu's jetzt, sagt sie, zögere nicht. Was ich tun soll? Mit dem Bruder spielen. Angela helfen, weil sie die Aufgaben nicht versteht. Tausend Kleinigkeiten. Auf die Kleinigkeiten kommt es an. Sagt sie. Und hüllt sich in ihr grünes Tuch.

Sind Sie interessiert?

☐ Bitte senden Sie mir regelmäßig Informationen über Neuerscheinungen in Ihrem Verlag:

e-mail-Adresse: ..................

☐ Weil meine eigentlich bestens sortierte Buchhandlung folgende Droschl-Titel nicht lagernd hat, bestelle ich hiermit:

..................
..................
..................

Name ..................

Adresse ..................

..................

e-mail-Adresse: ..................

Literaturverlag Droschl A-8043 Graz Stenggstraße 33 Tel: 0316/32-64-04 info@droschl.com www.droschl.com

An den
Literaturverlag Droschl
Stenggstraße 33

A-8043 Graz

# XXXVII

## *Zwischen Hund und Wolf*

> Ich weiß nicht was ich bin
> Ich bin nicht was ich weiß:
> Ein ding und nit ein ding:
> Ein stuepffchin und ein kreiß.
> *Angelus Silesius*

Nicht nur beim Rollschuhfahren (im Kreis, im Kreis, im Kreis) fährt es in mich: Wer bin ich? Es ist wie ein Stich. Ich dreh mich und dreh mich. Auf diesem grauen Wendeplatz. Ich. Hier. Heute. Jetzt.
Oben wird das Wetter gemacht. Nein, der Wetterbericht. Die Herren in der Meteorologischen Anstalt haben den großen Überblick. Überblicken Europa, den halben Planeten. Das möchte ich auch. So weltläufig sein.
Beim Geographiespiel gebe ich mir den Anschein. Ruckzuck von hier nach dort, Wladiwostok – Vancouver ein Katzensprung. Wenn ich tapferer wäre, möchte ich »Weltforscherin« werden. Möchte in die Sand- und Stein- und Eiswüsten und über die Meere. Wie Thor Heyerdahl, Heinrich Harrer, Robert F. Scott, diese Abenteurer. Deren Bücher ich verschlinge. Es ist ein Ziehen in mir. Ein unstillbarer Drang nach Weite. Entdeckungsdrang. Eroberungsdrang. Neugier.
Das ist ehrlich. So ehrlich wie meine Angst.
Reise ich nicht am liebsten in meinen vier Wänden? Geborgen hinter Jalousien?

Ich. Ein Stäubchen. Ein Pünktchen. »Unkartographiert« (wie Professor Heim sagen würde).
Diese Kleinheit versetzt mir einen Stich. Es gibt keinen Zweifel. Ich drehe mich im Kreis. Und weiß nicht, wozu das gut ist.

Aber da gibt es noch etwas. Es heißt Innenwelt. Ich bin klein, ich bin ein Winzling auf der Weltkarte, aber meine Innenwelt ist groß. Ein Kontinent für sich. So hat es mir der Russe beigebracht, Dostojewskij. Unter Schwindelgefühlen. Und ich weiß, daß meiner Entdeckungslust keine Grenzen gesetzt sind.
Von diesem Kurswechsel erzähle ich niemandem. Er ist heimlich, fast so heimlich wie meine Träume, die ich jetzt mit Sorgfalt zu entziffern versuche. Vera lacht nur über dieses »geträumte Zeugs«. Rasende Rentiere? Einstürzende Türme? Na und? Für Innenreisen hat sie nichts übrig. Mit Vera spiele ich Monopoly, würfle mich um die Welt, dann überläßt sie mich mir selbst.

Am gefährlichsten ist die Stunde zwischen Hund und Wolf. Wenn der Dämmer die Konturen verwischt. Und nicht mehr klar ist, wo ich anfange und wo ich aufhöre. Schnell ins Haus, zum Buch. Aber diese Flucht ist trügerisch. Ich muß mich aushalten. Mich. Im Zwielicht. Mit diesem blöden Reißen in der Brust.
Warum sitze ich noch immer auf der Schaukel. Oder drehe meine Runden. Als Letzte, allein. Als ob Zurückbleiben ein Vorzug wäre.
Sie rufen schon.
Ich bleibe.
Bleibe. Es wird Nacht.

Dann sag nicht, daß es nicht wehgetan hat.
Sag ich nicht. Der Schauder war kalt.
Frage Frage Fragegrind, fertig ist das einsam Kind.
Wäre Nichtfragen besser?
Besser? Du hast doch keine Wahl.
Sagt das der Hund oder der Wolf?
Frag ruhig weiter.
Also keine.

Bei Einbruch des Abends stand ich, Jahrzehnte später, in Chora und sah hinab auf das verlöschende Meer. Das Kloster war zur Ruhe gekommen, die Touristen hatten sich getrollt. Ein Ball rollte über die Gasse. Kindergeschrei, und aus. Die Stille hatte etwas Salziges.
Von der Sonne war nur ein rötlicher Widerschein geblieben. Der langsam in Violett überging. Als der Wolf nahte, färbte sich das Violett schwarz. Himmel, Wasser schwarz. Bis auf die Sterne.
Ich dachte, diese Schönheit halt ich nicht aus. Allein. Wieder war ich klein, pünktchenklein, und zugleich eins mit der Nacht. Unverloren. Das erkläre mir einer. Andromeda, Kassiopeia. Und wie ich weinte.

# XXXVIII

## *Keine Kalbereien mehr, mehr Musik*

Sag, sagte Vera, du machst doch mit?
Bei was?
Beim Bubenjagen.
Ich sagte Ja, und dann Nein. Ich hatte keine Lust mehr, dem Fritz und dem Hans und wie sie alle hießen hinter Büschen aufzulauern und sie mit einem Huh! zu schrecken.
Vera sagte: Du mit deinem Dostojewzki.
Ich sagte: Dostojewskij. Und: Eine Laubhütte bauen, das schon.
Jetzt ist aber keine Laubhüttenzeit!
Schade.
Vera sagte, ich sei langweilig geworden. Immer grübelst du herum!
Wahrscheinlich hatte sie recht. Wahrscheinlich war ich langweilig geworden, weil mir im Alltag vieles langweilig vorkam. Die Bücher hatten mich verdorben.
Nur beim Geographiespiel wirst du wach, sagte Vera. Und hatte wieder recht. Wir reisten um die Wette. Und mochten uns.
Vera heißt russisch »Glaube«. Das paßte zu ihr. Sie hatte etwas Stetiges, Solides, eine Standfestigkeit, ja Unerschütterlichkeit. Sie ließ mich nicht im Stich, auch wenn sie mich oft nicht verstand. Vor allem seit »Dostojewzki«. Kleine Sonjas und dunkle Verbrecherseelen waren ihr fremd. Die überließ sie lieber mir, obwohl sie mich gefährdet sah. Sie kannte meine Phantasie, mein fast krankhaftes Einfühlungsvermögen. Und machte sich

Sorgen. Ein bißchen Eifersucht kam hinzu, denn ich steckte »dort drin« statt bei ihr.

In der Schule lernte ich Andreas kennen. Er war mit seiner Mutter und seinem jüngeren Bruder aus Ungarn geflüchtet. Abenteuerlich. Diese Märsche und Flüchtlingskolonnen und Auffanglager. Andreas sprach mit mir Ungarisch, wenn er sprach. Lieber schwieg er. Am liebsten spielte er Geige. Ich staunte, was für Töne er seinem kleinen Instrument entlockte. Mit welcher Entschlossenheit er den Bogen führte. Sein ganzer Körper war gespannt, vollkommen bei der Sache. Bei Bartók oder Bach oder. Ein Wunderkind? Manchmal begleitete ihn sein Bruder am Klavier, auch er verblüffend begabt. Als machten ihm Läufe und Triller keinerlei Mühe, bearbeitete er die Tasten rhythmisch und schnell. Und war doch erst sechs!
Ich besuchte die Geschwister an der Gloriastraße, um sie möglichst oft musizieren zu hören. Denn ihre Sprache war die Musik. Nur in der Musik konnten sie sich ausdrücken. Vielleicht war das ihr Glück.
Deutsch lernten sie spielend, aber erzählen wollten sie nicht. Nicht von dort, wo sie herkamen. Nicht von der Flucht. Statt Worten wählten sie die Töne. Hier fanden sie sich zurecht.
Ich dachte: Leidenschaft. Und: Was für eine Hingabe. Mein Klavierspiel glich einer Pflichterfüllung, obwohl ich es mochte. Obwohl ich die Musik liebte und mich immer zu ihr hingezogen fühlte. Andreas kitzelte meinen Ehrgeiz. Mit ihm wollte ich spielen, leidenschaftlich und selbstvergessen.
Doch es vergingen Jahre, bis sich mein Wunsch erfüllte. Andreas zog weg, ging in eine andere Schule. Wir verloren uns aus den Augen. Und dann, eines Tages, fanden wir uns wieder. Wie sich herausstellte, wohnten wir unweit voneinander am linken Zürichseeufer.
Das Gymnasium teilten wir nicht. Montag bis Freitag teilten

wir nicht. Aber der Samstag gehörte uns, gehörte von morgens bis abends uns und der Musik. Wir erarbeiteten uns ein Repertoire, das Violinsonaten von Mozart, Beethoven, Brahms, César Franck und vielen anderen umfaßte. Auch Bach und Bartók fehlten nicht. Nochmal Takt 54. Mehr Ritardando. Und hier: plötzlich leise! Damit das anschließende Crescendo auch wirklich ein Crescendo ist. Zusammenspiel heißt: zusammen atmen. Wir übten Einsätze, übten schnelle Läufe, sprachen Details ab. Aber der gemeinsame Atem ergab sich irgendwie anders. Wie von alleine. Er trug uns.

Zu zweit bedeutete: aufgehen, in der Musik. Ich gebe, du gibst, und daraus wird ein Neues, das weit mehr ist als die Summe von Eins und Eins. Doch, es kam auf jeden Ton an, auf jede Einzelheit. Kein Schummeln in der Meinung, der andere richtet's schon. Dann aber gelang etwas, konnte etwas gelingen, das beflügelnd war.

Wir vergaßen die Zeit. Ein Käsebrot gegen den Hunger, und weiter. Zehn Stunden vergingen wie nichts. Zur Erholung (Erholung?) spielten wir zwischendurch vom Blatt. Um neue Stücke zu erkunden. Die Devise hieß: im Takt bleiben, den Faden nicht verlieren. Durch. Und erschöpft ausatmen.

Geknutscht und getratscht wurde nie.

Er, die braune Geige in der Hand. Ich, am schwarzen Klavier. Immer so verteilt. Er stand, ich saß. Aber der Chef war er nicht. Beide gaben wir den Ton an. Beide begleiteten wir einander. Duo hieß: Gleichberechtigung. Hieß Zwiegespräch. Berührung und. Ja, Liebe.

Das ging so über Jahre. Keusch, ohne Kuß. Aber innig, wie nur die Musik innig sein kann. Die gemeinsame.

Wir reisten auch. Wir besuchten Kammermusikkurse. Traten zusammen auf.

In Dartington Hall, in der südenglischen Grafschaft Devon. Jacqueline du Pré machte vor, was Meisterschaft ist: Brahms'

F-Dur-Sonate für Cello und Klavier spielte sie so furios, daß die Bänke wackelten. Eine rothaarige Mänade, die mit dem Bogen die Luft zerschnitt, bevor sie ihn auf die Saiten fahren ließ. Wild, zärtlich. Und das klang. Und das sang.
Lernen begriff ich als akribisch-anstrengende Annäherung an Ideale, wie Jacqueline sie vorgab. Arbeit, Technik, Arbeit. Das Unerreichte trieb an. Ich weiß nicht, ob das lustvoll war, oder ein Vertagen der Lust. Ungeduld jedenfalls half nicht. Die Musik gab sich nicht auf Abruf, als *instant fever*. Sie verlangte Kleinstschritte, Feinstschliffe. Wir hinkten ihr hinterher.
Im Park von Dartington hatte ich Zeit, darüber nachzudenken. Über das Auseinanderklaffen von Wunsch und Wirklichkeit. Das Stichwort hieß *gap*. Und plötzlich entdeckte ich überall *gaps*: zwischen meinen Füßen, die über den Rasen liefen, und meinen Gedanken, die zu Brahms schweiften; zwischen *toast and tea*; zwischen Unentschlossenheit und Verdrossenheit; zwischen Entscheiden und Vermeiden; zwischen »Eben jetzt« und »Gerade noch«. Der Park war riesig. Und ich hatte ein schmales Buch dabei, das ich wegen seines musikalischen Titels gekauft hatte: *Four Quartets* von T.S. Eliot. Keine leichte Lektüre. Ich las die Verse in den Wind. Was sich verfing, blieb haften. »Geh, geh, geh, sprach der Vogel: die Menschen / ertragen nicht sehr viel Wirklichkeit.« »Wir bewegen uns überm bewegten Baum / Im Licht auf dem geprägten Blatt / Und hören unter uns im Moor / Den Saurüden und den Keiler / Im gleichen Muster wie zuvor / Doch ausgesöhnt unter den Sternen.« Um mich herum wuchsen Rotbuchen, Weiden, Rieseneichen, deren Schatten wie dunkle Teiche waren. Und Blumenwiesen, lilablau. Eine flutende Landschaft, nur da und dort gebändigt. Mit geharkten Sandwegen, vereinzelten Bänken. Ich las: »Um das zu werden, was du nicht bist, / Mußt du den Weg gehen, auf dem du nicht bist. / Was du nicht weißt, ist das einzige, was

du weißt, / Was dir gehört, ist was dir nicht gehört, / Und wo du bist, ist wo du nicht bist.«
Im Park konnte man sich verlaufen. Zweimal verspätete ich mich zum Kurs, weil die Wege mich irreführten. Und es schüttete, schüttete. *The chill ascends from feet to knees.* Das Grün leuchtete grüner als sonst, das sah ich, nur das Haus sah ich nicht. Bis es plötzlich zum Vorschein kam. Als hätte es Lehmfüße, Erdfüße. »In ländlichem Frohsinn.«
Ich kam zu spät. Ich war abwesend. Die Hände waren kalt. Die Läufe holprig. Mich verfolgte die Zeile: »O Dunkel Dunkel Dunkel. Sie alle gehen ein ins Dunkel.« Und: »Trotzdem heißen wir den Freitag gut.« Die Wörter ließen sich kauen. Ich nannte sie Proviant.
Andreas weihte ich nicht ein. Nicht in meine Gedankengänge (labyrinthisch wie der Park). Auch nicht in meine jähe Verliebtheit, als P. spielte. P. wie Pianist wie Polynesier. Sein Großvater stammte aus Französisch-Polynesien, jedenfalls sah P. fremdländisch aus, mit seiner bräunlichen Haut und seinen leicht schlitzförmigen Augen. Zart, schön. Und wenn er in die Tasten griff, klang es wie ein Wunder. Ich wagte mich kaum an ihn heran. Und dann doch. Um zu begreifen, daß er sich mit seiner Höflichkeit alle und alles vom Leibe hielt. Er lebte für die Musik. Abgeschirmt von seinen Eltern, die ihn vergötterten.
No chance, sagte mein Verstand. Ja, sagte mein Gefühl, aber so, als wäre es eine Niederlage. Wieder mußte Eliot her, um den »zuchtlosen Haufen von Regungen« zu befrieden. »Doch vielleicht geht es weder um Gewinn / Noch Verlust. Für uns gilt nur der Versuch. Der Rest ist nicht unsere Sache.« *The rest is not our business.*
Mit »Versuch« konnte ich leben. Das war brauchbar. Der Rest ist nicht unsere Sache. Auch die Musik war ein Versuch. Auch Dartington Hall. Und alles.

Cascais hatte prachtvolle Gärten. Neben dem weißen, steilen Lissabon ertrank es in Grün. Es war Sommer und heiß, in einer Gartenvilla der Gulbenkian-Foundation übten wir Beethovens Frühlingssonate, Andreas und ich. Alle Kursteilnehmer bereiteten sich auf das Schlußkonzert vor. Meine Hände schwitzten beim bloßen Gedanken an den Auftritt. Und schwitzten prompt auch an jenem Abend, achtzehn Uhr. Das Wort »Versuch« erlag dem Druck des »Hier und Jetzt«. Nichts konnte meine Nerven beschwichtigen. Kein Vers von Eliot. Kaum dachte ich »verpatzt«, war der Lauf verpatzt. In der Musik gibt es keine Wiedergutmachung. Was hätte mich trösten sollen? Doch nicht etwa der »Modewettbewerb«, den ich anderntags als »bestgekleidete Kursteilnehmerin« gewann. Mit meinem rotlila Kleid und meinen silbrigen Sandaletten, deren lange Bändel ich um die Waden gewickelt hatte.
Migräniker, sagte ich mir, taugen nicht für die Spannung des befrachteten Moments. Sie verlieren den Kopf. Und alles Üben ist für die Katz.
In Cascais reifte mein Entschluß, die Musik nicht zu forcieren. Soll Andreas ruhig Geiger werden, meine Zukunft lag woanders. Traurig war das, aber wahr.
Dann geschah noch etwas. An einem sonnigen, aber windigen Tag fuhren wir von Cascais Richtung Norden. Andreas, ich und unser Lehrer Rudolf B. Zum Baden, hieß es. Die zwischen Felsen gelegene kleine Sandbucht war menschenleer. Nur eine Tafel mahnte in roten Lettern vor dem Meer. Wir ignorierten sie. Die Wellen sahen weder groß noch furchterregend aus. Und es gab ein an Pflöcken befestigtes Drahtseil, das den Einstieg erleichtern sollte. Daran hielten wir uns fest. Doch nicht länger als ein paar Sekunden. Denn kaum waren wir im Wasser, riß es uns mit einer Wucht weg und auseinander, daß wir nicht wußten, wie uns geschah. Ich sah die anderen nicht mehr, sah gar nichts mehr, weil mein Kopf mit Gewalt

hinuntergedrückt wurde. Kurzes Atemholen, und runter. In die Wirbel, in die Schlünde. Das war nicht Miramar, das war ein Kampf auf Leben und Tod. Als ich hochkam, war ich weit draußen. Und wußte, ich muß zurück, mit aller Kraft zurück. Eine Welle schwappte über mir zusammen. Trug mich. Daß sie mich in die Bucht trug, grenzte an ein Wunder. Bis zum Strand waren es noch etliche Meter. Aber wenn ich kräftig schwamm. Wenn. Ich gab mein Letztes. Und fiel der Länge nach in den Sand.

Zittern, Schwärze, der Kopf drehte sich. Wo waren die anderen.

Zittern, Schwärze. Ich konnte mich nicht rühren.

Die Zeit? Weggeschwemmt.

Der Sand war warm.

Dann, irgendwann, hörte ich ihre Stimmen. Heiser, nah.

Und dachte: Gerettet.

# XXXIX

## *Janusz*

Er war Pole und Priester. Seinen polnischen Nachnamen hatte er ins Deutsche übersetzt, damit er nicht zum Stolperstein wurde. Ansonsten leugnete er seine Herkunft nicht. Erzählte vom Gut der Familie, von Onkeln und Tanten, von langen Pappelalleen. Doch gehörte alles der Vergangenheit an. Den Krieg hatte er nicht miterlebt: die Tuberkulose rettete ihn in ein schweizerisches Lungensanatorium. Dann folgte das Priesterseminar. Katholische Theologie und Lektüre der russischen Klassiker. Die ideelle Heimat war dort, im Osten.
Als hätte ich in ihm sofort einen Geistesverwandten erkannt. Im Religionsunterricht sprach er über die Liturgie der Ostkirche, in der Predigt zitierte er Dostojewskijs *Idiot*. Endlich einer, der wußte, wer Raskolnikow war, und der mir Fürst Myschkin nahe brachte, den Gottesnarren. Ich hing an seinen Lippen, ich konnte nicht anders. Im Nu verwandelte er das Schulzimmer, die kleine Martinskirche in einen Ort außerhalb von Raum und Zeit. Wie in einer Kapsel schwebte ich durch russische Litaneien und Romanszenen, benommen und hellwach zugleich. Es war ein kleiner Rausch. Bis die leise Stimme verstummte und Januszs Händedruck in die nüchterne Realität zurückverwies.
Ich wollte keine Erklärungen. Glaubensdinge, beschloß ich, brauchen keine Erklärungen. Janusz las vor. Janusz beschwor. Unaufdringlich. Das war die Saat. Die bei anderen nicht aufgehen wollte, weil sie angeblich nicht verstanden. Herr Vikar, wie wir Janusz anzusprechen hatten, verließ sich auf unsere

Sensibilität. Auf unsere Offenheit und Formbarkeit. Auf unsern Sinn für Poesie. Die Stumpfen schrieb er ab, als wären sie nicht der Mühe wert. Er war streng, fordernd. Vertrug keinen Lärm, kein Geschwätz. Und obwohl er uns nicht mit Geboten und Dogmen traktierte, verlangte er Ernst. (Das hieß: Es gibt einen Haufen gleichgültiger Dinge, aber auch die Wucht eines Erlebnisses.)
Ein unvermitteltes »Fritz!« klang wie ein Weckruf oder eine Ohrfeige. Fritz fuhr zusammen und kehrte in den Schoß Abrahams zurück. (Später ministrierte er tapfer.)
Also besser zuhören. Mit Janusz in sein Kindheitspolen entschwinden, denn neben biblischen Geschichten gab es auch Janusz-Geschichten: von einsamen Lektüren und Ausritten und tiefverschneiten Weihnachtsmetten und Fieberkrankheiten. Der Erzähler gab sich nicht als Held, schilderte nur, wie er mit dem Zugestoßenen fertig wurde. Und je eingehender er sein Leben schilderte, desto klarer wurde uns, daß es auf diesen Wegen und Irrwegen Fügungen gab. Stünde er vor uns, wenn nicht der HERR seine Finger im Spiel gehabt hätte?
Ja, die Fingerzeige. Auf irgendwelchen Wegkreuzungen. In irgendwelchen Fieberträumen. In Zügen, Sanatorien, Grenzbahnhöfen. Wir lauschten. Und ganz besonders lauschte ich, weil es auch mich aus dem Osten hierher verschlagen hatte.
Ausländerstatus, Fremdsein. Halte ruhig die Backe hin. Oder auch nicht. Mit Janusz verband mich etwas. Soll ich sagen: die Farbe meiner Innenwelt? Und Bach und Dostojewskij und das Provisoriumsgefühl und. Kein Wehleid. Wir sind alle Unterwegsler, sagte Janusz. Auf Wanderschaft.
Dazu paßte Psalm 142, in der Übersetzung von Martin Buber: » …Wann in mir mein Geist verzagt, / du bists doch, der meine Bahn weiß … Du bist meine Bergung, / mein Teil im Lande des Lebens …«
Langsam setzte sich etwas zusammen. Das Eigene und jenes

Andere, aus biblischen Vorzeiten. Wir lasen im Alten Testament, das voll war von Fluchten, Vertreibungen, Kämpfen, aber auch von göttlichen Fügungen. Vertraue, ER ist da.
Während unserer alttestamentlichen Reise besuchten wir die Synagoge in der Löwenstraße. Rabbi Taubes erklärte uns den Ablauf eines jüdischen Gottesdienstes, zeigte uns die Thoranische mit den Thorarollen, die Menora, das Lesepult (Bima), die Gebetsmäntel und -riemen, das Schofarhorn, und oben die Emporen für die Frauen. Es war meine erste Synagoge. Und meine erste Begegnung mit dem jüdischen Orient. Ich fühlte mich sofort angezogen, so wie ich mich von Veras Festen angezogen fühlte. Die etwas Geheimnisvolles und Fremdes hatten und eine schöne Strenge. (Dreißig Jahre später fragte mein Sohn in der Synagoge von Budapest: »Mama, warum bin ich kein Jude?«)
Am Schluß reichten wir uns die Hand, der Rabbi und die kleinen Katholiken. Und Janusz bedankte sich für die Führung. Jetzt wißt ihr mehr über eure Wurzeln, sagte er. Augen auf und Herzen auf!
Janusz ließ sich nichts vorschreiben. Scheute keine Konflikte mit Vorgesetzten, wenn es um das ging, was er Dialog nannte. Glaubensbrüder sind Glaubensbrüder. Später holte er den russischen Popen in die Martinskirche, damit dieser einen orthodoxen Gottesdienst feiere. Im Kirchenchor sangen wir »Gospodi pomiluj, gospodi pomiluj, gospodi po-miiii-luj!« Und der Herr blickte gnädig auf unser Häufchen und auf die Ikonen, die den kargen Raum vergoldeten.
Mit *zusammengeblondeten* Zeugen Jehovas verschonte er uns. Amerika (und sein grelles Sektenwesen) lag weit abseits, hinter den Meeren, die Janusz nie überqueren sollte. Er hielt es mit dem Osten. Reiste nach Jerusalem und auf den Spuren des Apostels Paulus von Aleppo bis Rom. Und immer wieder nach Patmos, auf die Insel der Offenbarung des Johannes.

Janusz, der Klösterliche. Von ihm lernte ich das byzantinische Herzensgebet und bekam Einblick in die Welt der russischen Einsiedlermönche, die bei Dostojewskij Starzen heißen. Wie Starez Sossima aus den *Brüdern Karamasow* predigen sie das Evangelium der Liebe. (Ihre Weisheit endet hier oder endet gottesnärrisch nirgends.)
Dein Janusz, pflegte Vera seufzend zu sagen. Und in einem Atemzug: dein Dostojewzki.
Dabei behielt ich das meiste für mich. Hütete es wie die dünne Bienenwachskerze, die mir der Pole von einer Griechenlandreise mitgebracht hatte.
Über die Jahre wurde Janusz zu meinem Starez. Ich legte das letzte Kindergequengel ab und begann in mein Heft zu schreiben. Keine Scheingespräche, sondern was mich zwischen Tag und Nacht antrieb. Er verfolgte meinen Hunger (meine Suche). Das Wichtigste, sagte er, ist es, die eigene Innerlichkeit zu bewahren.
Er starb 1994 an Leberkrebs. In seinem letzten Brief an mich zitierte er Marie-Luise Kaschnitz: »Halte nicht ein bei der Schmerzgrenze ... Geh ein Wort weiter ... Greif dir im Leeren die Osterblume.«

# XL

*Vorfrühling: jetzt*

Die Bäume noch kahl, aber schon sind winzige Knospen erkennbar. Gespannte Verhaltenheit. Und die Vögel froh: pfeifen in den Büschen. Meisen, Rotkehlchen, Amseln. Eben noch mit geschwollener Brust auf dem Birkenast, dann flitzend davon. Auch der Zaun lockt. Der Zaun, der einen blassen Schatten wirft. Alle Schatten wirken weich, wie durchsichtig. Das lichte Geäst schafft fragile Schatten. Sie ruhen nicht, sondern zittern. Graublau, bräunlich. Unwirklich.
Die Luft riecht nach Erde.
Die Haselkätzchen schaukeln im Wind.
Mein Nachbar sagt: Traurig. Und eilt in die verschneiten Berge.
Bevor Ostern kommt, kommt die Natur. Sie unterhält sich schon. Über Nacht sprießen Primeln hervor. Wie helle Inseln sprenkeln sie den Hang.
Es gibt dieses unmerklich Plötzliche. Auch im Geruch.
Wo hört der Winter auf? Wann? Mit einem Mal wird er weggewinkt. Der Kinderspielplatz wimmelt, alle Mützen sind verstaut.
Mit den ersten grünen Halmen wächst in mir die Sehnsucht nach mehr Licht. Nach sofort Licht und Meer. Es muß an den sinnlichen Schatten liegen. Der lauen Luft. Der Kirschlorbeer glänzt schon triestinisch. Wie der Buchs.
Eben lese ich den Schatten des wilden Pflaumenbaums an der Mauer. Eine Schrift, zu der sich die des japanischen Ahorns gesellt. Filigrane Kalligraphie, solange die Sonne mitmacht. Die heute launisch ist.

Ja, sagt die Amsel, mit fünfmaligem Ruf. Zi-zi-zi-zi-zi. Zäsur. Und nochmals. Und nochmals. Die Wiederholungen nehmen kein Ende. Und von vorne.
Jetzt ist es still.
In wenigen Stunden wird der Wickel des Lichts verschwunden sein. In der Finsterniswolle.
Samstag. Schabbat.

## XLI

*Clara Haskil*

Ich war so aufgeregt, als müßte ich selber spielen. Vater lud mich zu einem Konzert von Clara Haskil in die Tonhalle ein. Zur Feier des Abends trug ich ein dunkelblaues Kleid mit weißem Kragen und schwarze Lackschuhe. Der Konzertsaal war voll. Haskil, so hörte ich, lebe seit längerem in der Schweiz, sie sei zweiundsechzig Jahre alt.
Das Podium betritt eine zierliche Frau mit Buckel, grauem Haar und einem Gesichtsausdruck, der zwischen mädchenhaft und uralt schillert. Setzt sich ans Klavier. Der Kopf verschwindet zwischen den vom Buckel überragten Schultern. Angespannte Stille. Bis der erste Ton erklingt. Zart, aber bestimmt. Die Töne perlen, als wären sie winzige Kugeln. Kleine plastische Gebilde, mit klaren Umrissen, leicht. Es gibt nichts Verschwommenes, Verwischtes, Pedaliertes. Die Melodien schweben, die Staccato-Akkorde sind wie Bällchen. Aber hinter dem Grazilen scheint da und dort Abgründiges auf. Dieses Gefälle ist Mozart.
Clara Haskil hatte Mühe, sich zu erheben. Wie mit letzter Kraft hielt sie sich am Rand des Flügels fest, senkte leicht den Kopf, lächelte. Sie schien von weither zu kommen, aus einer anderen Welt. In dieser hier mußte sie sich erst wieder zurechtfinden.
Wie wir auch.

Zwei Jahre später hatte Vater wieder Karten für ein Haskil-Konzert besorgt. Ich fieberte dem Abend entgegen. Ein

Föhntag, vollgepackt mit Schulstunden und Eile. Schon am Morgen fühlte ich den Druck in der rechten Schläfe. Dann packte die Migräne zu und warf mich ins Bett.
Vater ging, schweren Herzens, allein. Um die Haskilschen Läufe zu hören, die Grazie ihres Alters.
Oh, sagte er anderntags. Ihr grauer Haarschopf war wie ein Vogelnest.
Und lachte.

# XLII

*Ticks*

Die Erinnerung gibt sie ungern frei. Diese Zwänge, die in mir drängten und drängten. So gab es einen Winter, da konnte ich an keinem Kiosk vorbeigehen, ohne mir einen Mohrenkopf zu kaufen. Die Vorstellung war suchthaft: Ich entferne das bunte Glanzpapier, halte das Flaumgewicht kurz zwischen Daumen und Zeigefinger, und beiße vorsichtig in die mit Schokolade umhüllte weiße Schaummasse. Meine Zunge spürt zuerst die kantige Bitterkeit der Schokolade, um dann im Weichen-Süßen zu versinken. Die Zunge? Mein ganzer Mund saugt sich fest, bis über die Lippen. Ich nenne das Schaumkuß. Der Genuß ist unbeschreiblich. Traurig wird es erst, wenn die weiche Masse der Waffel weicht. Sie bildet den Boden des Köpfchens, das harte Ende. Und aus. Zum Trost lecke ich mir die Lippen, wo ein letzter Rest Süße klebt. Die weißen Mundwinkel aber verraten mich. Hast du schon wieder ... Ich habe. Mit meinem Clowngesicht.
Kostete ein Mohrenkopf dreißig oder fünfzig Rappen? Ich weiß es nicht mehr. Weiß nicht, wie viele ich mir leisten konnte. Die feinsten Torten wogen einen einzigen Schaumkuß nicht auf. Bis der Moment kam (war es Sommer und zu heiß für diese Leckerei?), wo ich mir sagte: Dies ist ein neuer Tag. Köstlich auch ohne Mohrenkopf. Die Kioske verloren augenblicklich an Anziehungskraft. Ich fing von anderen Küssen zu träumen an.
Träume nur, sagte in mir das Mondkind. Setz deine Antennen auf. Und. Soweit, so gut. Aber was zwang mich, überall

Ordnung zu machen? Ein Gegenprogramm? In der Wohnung rückte ich Möbel zurecht. Schloß Schränke. Schob Schubladen zu. Keine Ritzen und Spalten, bitte, nur gerade, glatte Oberflächen. Mit schnellen Gesten fuhr ich über Vorstehendes. Mutter nannte das beschönigend »streicheln«. (»Sie streichelt schon wieder die Kommode.«) Warum ich das tat, wußte keiner. Nicht einmal ich selbst. Es geschah von alleine. Es war stärker als ich.

Wogegen lehnte sich dieses Es auf? In unserem Haushalt herrschte alles andere als Chaos. Oder richtete sich dieses Ordnungsregime gegen mein Inneres? Mußte etwas unterdrückt werden, das aufmüpfig und leidenschaftlich war? Äußerlich hielt ich mich »vernünftig und still«, im Inneren aber rumorte es. Mit Dostojewskij, Wüstenphantasien und Gottesgedanken. Die Zeichen standen auf Rückzug, ich kapselte mich ab. Machte dicht. Und kränkte damit meine Nächsten, die sich mein Verhalten nicht erklären konnten.

Stabilität, so flüsterte eine Stimme, findest du nur in dir selbst.

Ging es denn um Stabilität? Um ein Gegengift gegen die Nomadenhaftigkeit meiner Kindheit, mit ihren Ortswechseln, Umzügen, Unsicherheiten? Setzte ich mir selber Grenzen? Um andere, innere Räume zu erkunden?

Ein paradoxer Mechanismus hielt mich gefangen. Neugier stand gegen Abwehr, Entdeckungslust gegen Schutzbedürfnis, Offenheit gegen Verschlossenheit. Da kenne sich einer aus. Vielleicht begann ich mich damals für Masken zu interessieren. Denn manche Blicke taten weh.

Ein bißchen hielten sie mich ja für verrückt. Vater, Mutter und mein Bruder. Das »Streicheln« war verdächtig. Aber auch der Satz: »Das Gras gähnt«. Lange nahm ich kein Blatt vor den Mund. Bis dann eines Tages doch. Weil mich die Blicke und Bemerkungen störten. Verletzten, letztlich.

Schamhaft gähnte mein Gras weiter, nur für mich. Ich träumte von zitronengelben Flüssen und von Nüssen, die wie Geheimnisse im Gestrüpp lagen. Das Wort Geheimnis bekam einen wichtigen Klang.
Teilen, mit wem? Wen einweihen?
Vera war nur begrenzt einweihbar. Und Janusz kein Freund, sondern Beichtvater, Vorbild, Ratgeber, Autorität. Ich verehrte ihn.
Und blieb standhaft bei mir.

D.: Wollten sie dich kurieren lassen?
Kurieren?
D.: Wie besorgte Eltern es eben tun.
Nicht wirklich. Oder vielleicht doch. Die Ticks hörten irgendwann auf.
D.: Ging es nur um die Ticks?
Natürlich nicht. Sie fanden mich seltsam. Fragten, was ich so oft in der Kirche tue.
D.: Aha. Kirche. Und?
Ich ging freiwillig. Zum Nachdenken.
D.: Ein bißchen ungewöhnlich.
Weiß ich nicht. Ich führte ja immer irgendwelche Selbstgespräche.
D.: Jemand nannte das »Sprache in Opanken«.
Sprache, die in Opanken geht? Nun, manchmal war sie auch ungeschützt.
D.: Aber sie gehörte dir.
Mir. Kein Wahn, kein Tick.

# XLIII

## *Vorbilder*

Auch er habe immer aufblicken wollen, sagt Dan. Aufblicken und nicht trotten, vor sich hin trotten. Die heimliche Bewunderung, Verehrung usw. Dieser Zauber treibt voran.
Ich weiß.
Audrey Hepburn war das Entzücken selbst, rehäugiger Charme und Schalk, und von vollendeter Gestalt. So schlank wollte ich sein, und so anmutig. Aber zierlich wird man nicht, man ist es. Besser, ich borgte mir ihr Lachen, die Verschmitztheit des Blicks. Oder jenen kindlichen Ernst, den sie in der *Geschichte einer Nonne* an den Tag legte. (Fast hätte sie mich zum Nonnentum bekehrt, da war ich vierzehn.)
Ein Idol war sie nicht. Ich hatte keine Filmidole. Mich beeindruckten Forscher wie Thor Heyerdahl, die unter größten Opfern Ideen in die Tat umsetzten. Auf einem Balsafloß in 97 Tagen von Callao über den Pazifik nach Tahiti fahren, um die Herkunft der polynesischen Kultur von Altperu nachzuweisen, das begeisterte mich. *Kon-Tiki* las ich mehrmals, fasziniert von dem, was mir heimlich abging: echter Abenteuergeist und Mut. Den Mut las ich mir an. Bei Heyerdahl und Heinrich Harrer. Und bei Albert Schweitzer, dem Urwaldarzt in Lambarene. Schweitzer vereinigte viel von dem, was mir vorschwebte: als Theologe, Musiker und Missionsarzt brachte er Leben und Kunst auf ungewöhnliche Art zur Deckung. Johann Sebastian Bach im Urwald. Herz-Jesu-Forschung und Tropenhospitalbau. Die *Briefe aus Lambarene* riefen zur Nachahmung, ich wollte unbedingt auch etwas Gutes tun. Beim Studium von

Schweitzers Lebensstationen stieß ich auf das Haus in der Zürcher Belsitostraße, suchte es auf. Halb Chalet, halb Fachwerkhaus, hatte es nichts Villenhaftes. Hier also, sagte ich mir, hier hat er nachgedacht. Und dann alles richtig gemacht. Von Belsito (was italienisch «schöne Lage» heißt) nach Gabun, in den Urwald. Furchtlos. Man muß ein Ziel vor Augen haben. Und dieses mit flammendem Kopf und Herz verfolgen.
Janusz nickte mir zu. Auch wenn er von weitem um die Ecke bog, hob er die Hand zum Gruß. Ich sah das Schwarz seines Anzugs, den weißen steifen Priesterkragen, und etwas durchzuckte mich. Der Schmerz des Unerreichbaren.
Was ich bewunderte, war immer fern. Oder entzog sich. Wie der glastige Horizont des Meers. Denn es ging um Ideale, nicht um Idole. Auch hinter Janusz, Albert Schweitzer, Clara Haskil, Dostojewskij stand das, wofür sie standen. Das Gute, Wahre, Schöne. Die Latte war hoch. Und Annäherung alles. Gern hätte ich mich manchmal an der Hand nehmen lassen. Aber ich lernte, daß man die Dinge allein tun muß. (Die freundlichen Vorbilder im Kopf.)

Allein stehst du an der x-ten Bahnstation und weißt nicht, was du hier verloren hast. Wozu sich diese Brücke über die Gleise schwingt, warum es so neblig ist und grau. Die wenigen Passanten wickeln sich in ihre Mäntel. Der Junge in Kauerstellung ist verkifft. Hast du dir nicht vorgenommen, deine Kräfte zu bündeln, weniger herumzureisen, herumzustehen in zugigen Bahnhöfen? Aus einem Kassettenrecorder schon wieder diese Töne. Und gleich darauf Durchsagen mit rauchiger Stimme. Der gewünschte Zug ist verspätet, auch das. Man wird beäugt, belächelt, bestreikt. Sieht lieber weg, und verliert sich, während ein weißer Papierfetzen durch die Luft taumelt, in Gedanken.
Straßburg, 1966. Mstislav Rostropovich lud mich zur Urauf-

führung eines Cellokonzertes von Benjamin Britten ein und sprach mir ins Gewissen: Wenn du etwas erreichen willst, konzentriere dich auf eine Sache. Aus einem Faß mit einem einzigen Loch fließt ein kräftiger Strahl. Aus einem Faß mit vielen kleinen Löchern kommen lauter dünne Strahlen.
Noch schwankte ich zwischen Musik und Literatur. Aber die Ermahnung war überdeutlich. Wähle eine Sache, und gib dein Bestes.
Slava spielte an jenem Abend *at his very best*, mit exuberanter und zugleich beherrschter Leidenschaft. Nie hatte ich ein Cello so singen hören, in höchsten Tönen. Dann frenetischer Applaus. Das russische Musikgenie verteilte Handküsse. Und anschließend Autogramme, ohne Ende. Ich ging mit Slavas Ratschlag ins Hotel, als trüge ich eine Silberkugel in der Hand. So einen kleinen Schatz. Und hütete ihn fest.
Warum dann diese Unschlüssigkeiten, diese Verzettelungen? Dieser x-te Bahnhof zur Winterszeit?
Als der Papierfetzen auf den Schienen gelandet war, fuhr der Zug ein. Ich setzte mich in ein warmes Abteil und überließ mich der Müdigkeit. Die junge Frau schräg gegenüber trug ein avocadofarbenes Kleid, das bald hinter einer Zeitung verschwand. Draußen Wälder, Wälder, dann ein See, dessen Wasser wie Milch aussah. Beim Fahren wird vieles gleichgültig. Gründe, Vorsätze, der ganze Zirkus. Ich fuhr lustlos, oder nein: in den Anblick der Landschaft vertieft. Die Welt bestand aus Ausschnitten. Unbegreiflich, was sie von mir wollte, und ich von ihr.

## XLIV

*Kniesockenglück*

Oft aber war das Leben zum Greifen, das Glück. Am ersten Frühlingstag hieß es: Kniesocken. Nicht Kurzarmpullover, sondern Kniesocken. Denn zu den roten, blauen oder gestreiften Kniesocken gehörte ein kurzer Rock, kurz genug, um einiges vom Bein freizugeben. Es fühlte sich so leicht an, wenn die Luft um die Haut strich, die Oberschenkel hoch, und der Rock sich beim Laufen blähte. Schluß mit dem Eingepacktsein, den Winterklamotten. Noch waren die Beine wächsern hell, aber die Märzsonne würde sie bald mit winzigen Flecken übersäen, dann bräunen. Die Haut wartete auf Wärme. Und den Kuß der Freiheit. So einfach war das.
Auch Vera trug Kniestrümpfe. Und die drei Čačinovič-Töchter. Gabi und Mascha waren älter als ich, Nada etwas jünger. Ich sah sie selten, nur wenn meine Eltern, die mit ihren Eltern befreundet waren, uns zusammenbrachten. Papa Čačinovič war jugoslawischer Diplomat. Nach Posten in Südamerika fungierte er als jugoslawischer Generalkonsul in Zürich. Ich bewunderte seine Töchter, die weltläufig mehrere Sprachen beherrschten: neben ihrer Muttersprache Slowenisch auch Serbokroatisch, Spanisch, Deutsch und ein wenig Französisch. Wie kleine Grazien bewegten sie sich im Garten an der steilen Dolderstraße, als hätten sie ihr eigenes Reich mit eigenen Gesetzen. Sie trugen Kniestrümpfe wie ich, aber feinere Kleider. Sie waren wohlerzogen, tollten nicht herum, lärmten nicht, wußten mit Messer und Gabel gesittet umzugehen. Etwas verband uns, mehr noch trennte uns. Ich sah, daß sie sich fremd

vorkamen in diesem schweizerischen Provisorium, ich spürte es in ihrem schüchtern-zurückhaltenden Benehmen. Sie würden, früher oder später, weiterziehen. Fuß fassen wollten sie nicht. Während ich versuchte, mich meiner Umgebung zugehörig zu fühlen. Oder zumindest anzunähern. Wissend, daß die Familie eine Insel blieb.
Die Ausflüge mit den Čačinovičs: das war Inselgefühl. Wanderungen auf slowenisch, Erinnerungen auf slowenisch, Mascha mit einer Maske im Haar und etwas träge, Gabi burschikos, irrsinnig schnell beim Reden und Gehen, Nada still und stolpernd. Unsere Eltern: in Gespräche vertieft. Manchmal gesellte sich Ivan Vajda, ein Geschäftsfreund meines Vaters, hinzu. Er gefiel mir so sehr, daß ich seine Finger nach einem Ehering absuchte, um zu wissen, ob er schon vergeben sei. (Empörung meiner Mutter.) Wir alle kamen von *dort* und waren *hier*, vorübergehend oder für immer. Wir erklommen grüne Hügel und trugen andere (heimatliche) in uns herum. Gabi stellte Vergleiche an. Mascha stellte keine Vergleiche an. Nada schwieg. Und ich? Ich sammelte alle Eindrücke, alles Gesagte in meinem Kopf. Während der Wind mir um die nackten Knie strich.
Nie würde ich wissen, wo ich wirklich hingehörte.
Darum hielt ich mich an das kleine Glück.

Das kleine Glück dauert eine kleine Weile. Es kommt, geht, kommt wieder, in dieser oder jener Gestalt. Es hat Namen wie: Kniesocken, Schaukel, Abendbad im Meer, Küssen, verbotene Lektüre. Je nach Jahreszeit.
Läßt es mich lange im Stich, droht die Verlorenheit.
Sie kommt unangekündigt, ums Eck. Fällt mich an und sagt: Da bist du ja. Als wären wir alte Freunde. Mitten in einem fremden Treppenhaus, dessen knarrende Stufen ich gerade erklimmen wollte. Ich halte inne, blicke um mich. Ziemlich trist alles: die abgeblätterten Wände, das trübe Licht, der muffige

Geruch. Gab es das schon einmal? Und wo? Ja, richtig. Die Erinnerung kriecht den Magen hoch, verursacht einen kurzen Schmerz und gibt sich zu erkennen: Ljubljana, das Haus, wo Mutters Möbel Unterschlupf gefunden hatten. Das liegt weit zurück. Doch die Verstimmung packt zu, breitet sich lähmend aus. Ort und Zeit geraten ins Trudeln, ich schlittere mit.
Es sind dunkle, angstvolle Momente, mit ungewissem Ausgang. Die heimliche Nomadenhypothek.
Rette dich in ein freundliches Café. Misch dich ins bunte Markttreiben. Triff Gleichgesinnte. Beobachte die Kinder auf einem Kinderspielplatz. Sei ganz gegenwärtig. Das hilft. Hilft gegen den Strudel der Verlorenheit. Auch wenn das Ich eine tückische Instanz bleibt.
Er liebt mich, liebt mich nicht, liebt mich, liebt mich nicht, liebt mich, liebt mich nicht, liebt mich. So ging das Kinderspiel, wenn wir Gänseblümchen rupften. Ja, und manchmal liebte einer, und ich liebte ihn nicht. Oder ich schwärmte für ihn, und er wollte nicht. Oder es geschah das Unwahrscheinliche, daß Liebe und Gegenliebe zusammenkamen. Großes Glück, raunte das Herz. Und da war es denn, groß – und noch größer in meiner Erwartung. Wie schnell ich bereit war, mich hineinfallen zu lassen. Obwohl mich etwas warnte, ein früh ausgebildeter Instinkt. Daß Gefühle nicht verläßlich sind. Daß das Wörtchen »groß« den Keim der Enttäuschung birgt. Und da sagte einer, er liebe mich »unermeßlich«. Sagte dies und das und rannte mit Siebenmeilenstiefeln davon.
Nie hatte ich eine größere Verlorenheit empfunden. Es war ein Absturz in mich selbst, in meine eigene Bodenlosigkeit. In einen uralten Schmerz.
Gegen diesen Schmerz half nichts. Manchmal ließ ich mich in Kreuzberg treiben, zwischen den Marktständen, wo die Berliner Türkinnen einkauften, Gemüse und Obst sorgsam prüfend. Ich beobachtete ihre scharf geschnittenen Gesichter

und wie sie sich über die Ware beugten, beobachtete ihre Gesten, ihren gelassenen Gang. Aber alles kam mir unwirklich vor, unwirklich wie ich mir selbst. Welche Kraft steuerte mich – hierhin, dorthin –, wo ich mir doch abhanden gekommen war? Welche Erinnerung?

Etwas war am Werk. Zäh setzte es jeden Tag von neuem die Routine in Gang: Aufstehen, Zähneputzen, Frühstücken und so weiter. Zäh setzte es in Millimeterschritten zusammen, was zerschlagen, gestorben schien. Plötzliche Freude über einen blühenden Weißdornbusch. Gieriges Einatmen von Braunkohlegeruch (aufblitzende Ljubljaner Kindheit). Und die Sohlen stampften zum Balkanbeat. Das waren Lebenszeichen. Erste Regungen einer Leidenschaft ohne Leiden.

Chinesisch, sagte ich mir. Stress cool (Zen).

Und: Halt dich ans Kniesockenglück.

# XLV

*Ostern*

Es war Ostern 1959. Osternachtsfeier in der St. Martinskirche. Scharenweise strömten junge Menschen zusammen, St. Martin galt als die fortschrittlichste katholische Gemeinde der Stadt. Meine Hauskirche, meine Janusz-Kirche – ein Pilgerziel. Wer an weltoffener Religiosität interessiert war, scheute keine Wege, hierherzukommen. Für mich waren es nur ein paar Schritte. Ich kannte sie auswendig.

Nacht. Der Gottesdienst beginnt erst in einer Stunde, aber die dunkle Kirche ist bis auf den letzten Platz besetzt. Und auch vor der Kirche bilden sich stumme Menschentrauben. Fröstelnd warten sie auf das Osterlicht. Viele Gesichter sind mir vertraut. Wir nicken uns zu. Schulfreundinnen, Kollegen vom Religionsunterricht. Janusz hat uns auf dieses größte Fest des Kirchenjahres vorbereitet, mit östlichem Eifer, immer wieder die orthodoxen Russen zitierend und ihren Jubelruf: Christus ist auferstanden! Er ist wahrhaftig auferstanden! Nicht das Kreuz, nicht der Karfreitag zählt, sondern die Überwindung des Todes. Alleluja.

Das Warten dauerte die ganze Fastenzeit. Mit violett verhängtem Altarraum und einer Einübung in die Passionsgeschichte, die mir viermal verschieden vorkam, aber mit jedem Mal dramatischer. Gipfelnd im Satz: »Mein Gott, mein Gott, warum hast Du mich verlassen?«

Doch jetzt, in der Dunkelheit, herrscht die Spannung vor der Umkehr. Dem paradoxen Umsturz der Tatsachen. Wo Tod war, ist ewiges Leben.

Wir warten. Die Finger um eine Kerze geklammert. Kein Regen, aber auch kein Sternenhimmel. Kalte Nacht.
Dann plötzlich, jäher als gedacht, taucht sie aus dem Dunkel auf: die Prozession der Priester und weißgekleideten Ministranten und Chorsänger, ein langer Zug. Hier, vor der Kirche, wird das Osterfeuer entfacht. Wird das Licht gesegnet: Lumen Christi! Deo Gratias! Dreimal ertönt der Ruf, jedesmal einen Ton höher. Und das Licht geht vom Feuer auf die riesige Osterkerze über, und weiter von Kerze zu Kerze zu Kerze, ein Lauffeuer der Freude.
Mit der Menge dränge auch ich hinter den Priestern in die Kirche, verteile Licht. Drücke mich, neben einer Freundin, in die enge Bank. Der eben noch dunkle Kirchenraum ist ein flackerndes Lichtermeer. Überall glänzende Augen, Wärme breitet sich aus, Duft von Weihrauch und Bienenwachs. Gott ist gelb. Gott ist dieser Schimmer, der die Schatten entkräftet. Der Gesang gibt ihm recht. Dieses Exsultet, das sich gregorianisch in immer höhere Höhen schraubt und den Sieg des Lichts über die Finsternis verkündet. Eine Einzelstimme intoniert. Singt. Langgezogen. Mein Latein ist blutjung, ich verstehe nur Bruchstücke. O vere beata nox. Immer wieder die Nacht, die wahrhaft selige Nacht. Die die Ägypter beraubte, die Hebräer reich machte. Nacht, die den Himmel mit der Erde, Gott mit den Menschen verband. Das Staunen kennt keine Grenze, der Jubel. Oh! Immer wieder dieser Ruf. O wunderbare Herablassung Deiner Güte zu uns! O unerfaßliche Huld Deiner Liebe: den Knecht zu erlösen, gabst Du den Sohn dahin. O glückliche Schuld, die einen Erlöser verdiente, so groß, so erhaben! Ich raschle nicht mit den Seiten meines Missales. Bin ganz Ohr. Es trägt mich fort.
Trägt mich fort, auch als der Sänger einhält und eine andere Stimme die Schöpfungsgeschichte liest. Im Anfang erschuf Gott Himmel und Erde. Die Erde aber war wüst und leer,

und Finsternis war über dem Abgrund, und der Geist Gottes schwebte über den Wassern. Da sprach Gott: Es werde Licht! Und es ward Licht. Und Gott sah, daß das Licht gut war; und Er schied das Licht von der Finsternis. Und Er nannte das Licht Tag, und die Finsternis Nacht; und es ward Abend und Morgen, ein Tag.
Mir ist, als hörte ich diese Geschichte zum ersten Mal. Als entstiege sie der Nacht und nähme hier und jetzt Gestalt an. Und Gott schuf den Menschen zu Seinem Bilde; nach dem Bilde Gottes schuf Er ihn, als Mann und Weib schuf Er sie … Und Gott vollendete am siebten Tage Sein Werk, das Er gemacht hatte; und Er ruhte am siebten Tage von Seinem ganzen Werke, das er vollbracht hatte.
Stille. Nur da und dort knistert eine Kerze. Dann tasten sich Töne in den Raum, sphärisch, metallisch. Eine Harfe. Ich höre Akkorde, Läufe, so plastisch, als spielte jemand auf meiner Wirbelsäule. Und höre sie verklingen.
Zweite Lesung. Aus dem Buch Exodus. Wie der Herr die Söhne Israels errettete und die Ägypter mit Wagen und Reiter im Meer begrub. Dritte Lesung. Aus dem Propheten Jesaia. Vierte Lesung. Aus dem fünften Buch Mose. Sitzen, Stehen, Sitzen. Meine dünne Kerze ist fast abgebrannt.
Als das Taufwasser geweiht wird, sehe ich Janusz ganz nahe: seine segnende Hand, die uns anschließend mit einem Wedel besprengt. In dieser Osternacht erneuern wir das Taufgelübde. Mir ist, als gehörte ich zum ersten Mal richtig dazu. Kopf, Herz, Beine. Und staunend.
Dann beginnt das Hochamt. Das Auferstehungsfenster erstrahlt in vollem Glanz. Resurrexit tertia die! Christus mit der Geste des Erlösers. Die Grabhüter vor Schreck wie geduckt. Dazu Paulus im Kolosserbrief: Brüder! Wenn ihr mit Christus auferstanden seid, so suchet auch, was droben ist, wo Christus weilt, sitzend zur Rechten Gottes.

Jetzt singen wir das Alleluja, wie aus einem Mund. Einmal, zweimal, dreimal. Jauchzende Benommenheit breitet sich aus. Es gibt nur dieses Jetzt, in das sich Orgelklänge, Psalmen und Gebete mischen. Und die Auferstehungsgeschichte. Im Wortlaut von Matthäus.
Als aber der Sabbat vorüber und der erste Tag der Woche angebrochen war, kamen Maria Magdalena und die andere Maria, nach dem Grabe zu sehen. Und siehe, ein großes Erdbeben entstand. Denn ein Engel des Herrn stieg vom Himmel herab und trat herzu und wälzte den Stein zur Seite und setzte sich nieder auf ihn. Sein Anblick war wie der Blitz und sein Gewand weiß wie der Schnee. Aus Furcht vor ihm erschraken die Wächter und waren wie tot. Der Engel aber hub an und sprach zu den Frauen: Fürchtet euch nicht! Ich weiß, ihr suchet Jesus, der gekreuzigt wurde. Er ist nicht hier. Er ist auferstanden, wie Er gesagt hat! Kommt und sehet den Ort, wo der Herr gelegen hat. Und nun geht eilends und sagt Seinen Jüngern, daß Er auferstanden ist. Und seht, Er geht euch nach Galiläa voraus; dort werdet Ihr ihn schauen: Seht, ich habe es euch vorhergesagt.
Engelhaft bewegen sich die Ministranten um den Altar, kleine, große, mit Weihrauchfaß und Glöckchen, mit Kerzen und Altargeschirr. Die Zeit hat längst aufgehört zu sein.
Sursum corda! Habemus ad Dominum. Alleluja.
Ich spüre deutlich, daß dieses Unisono ein Bekenntnis ist. Und die Gemeinschaft ein großer Mantel für Schutzsuchende. Wer allein ist, wird es hier nimmer bleiben. Der Glaube eint. Und neue Kerzen machen die Runde. Bin ich angekommen? Etwas in mir schüttelt die Angst ab. Das kostet Überwindung, als müßte ich eine Mauer durchstoßen. Dann aber gibt es kein Halten.
Im warmen Gewoge der Menge lasse ich mich zum Ausgang treiben, unter den Allelujas der Chorsänger. Die Gesichter strahlen. Der Osterkuß ist das Gütezeichen dieser Nacht.
Und wortlos nach Hause. Ursi, Dani, verzeiht. Ich kann jetzt

nicht reden. Auf dem Heimweg lege ich schützend meine Hand ums Kerzenlicht, damit es nicht erlischt.
Auch andere Kerzenträger sind unterwegs, wie Glühwürmchen. Tragen das heilige Feuer. Gelber Gott, auferstandener Gott. Ich preise Dich.

Zehn Jahre später feierte ich die Osternacht in Leningrad. Nur wenige Kirchen der Vielmillionenstadt waren für Gottesdienste freigegeben; die Sowjets wahrten die Kontrolle über das religiöse Leben ihrer Bürger. Ich wählte den Nikolskij Sobor beim Theaterplatz, eine hellblau gestrichene Barockkirche mit goldenen Zwiebelkuppeln, die zweigeschossig angelegt war: unten die niedrige, gewölbelose Unterkirche für Tauf- und Totenfeiern, oben die prächtige Hauptkirche mit hoher Ikonostase, Empore und Blick ins Kuppelwerk.
Am späten Nachmittag besuchte ich Freunde in der nahegelegenen Dekabristenstraße, wenige Schritte vom Gribojedow-Kanal entfernt, wo ich auf den Spuren der Dostojewskijschen Helden wandelte. Das Haus von Raskolnikow und den Marmeladows war leicht zu finden. Keine verruchte Gegend, doch die Hinterhöfe trist wie eh und je. Die Treppenhäuser. Auch das Treppenhaus der Dekabristenstraße 21 roch nach Schimmel und Abfall, viele Stufen waren abgeschlagen, lädiert. Umso überraschender die Wirtlichkeit in der Wohnung meiner Freunde. Bücher, Bilder, Klavier, ein fein gedeckter Tisch. Sie war Tänzerin im Kirow-Ballett, er Theaterfachmann. Man empfing mich mit Tee und Warenje, mit süßen Pfannkuchen und Gebäck aus der ersten Konditorei am Platz, dem legendären »Sewer« am Newskij Prospekt. Danke, danke. Und Freundestratsch, und Gedichtzeilen, auf die immer neue folgten. Schnell waren wir bei der Literatur und – still beiseitegesprochen – bei der offiziell verpönten. Platonow, Mandelstam. Die Stunden vergingen im Nu.

Aber weder Galja noch Jura wollten in den mitternächtlichen Ostergottesdienst. Ich ging allein.

Um elf Uhr war die Kirche so voll, daß ich nur noch auf der Empore ein Plätzchen finden konnte. Einen Stehplatz, versteht sich, die orthodoxen Kirchen kennen keine Kirchenbänke, nur eine Art Gestühl ganz hinten, für die Alten und Gebrechlichen. Dichtgedrängt standen die Gläubigen, darunter viele alte Frauen, in Kopftuch und Mantel. Sie würden stundenlang so stehen, bis die eine oder andere umfiel. Sanitäter hielten sich bereit, mit Ohnmachten war immer zu rechnen. Bei der stickigen Luft, den Weihrauchschwaden, dem ausgenüchterten Magen, dem endlosen Singsang, vier Stunden nonstop.

In der Eingangshalle lagen auf Tischen ausgebreitet die zu segnenden Gaben: bunte Eier, Kulitschs, zylinderförmige süße Osterbrote aus Weizenmehl und die weißen Pyramiden der Paschas, der Osterkuchen aus Quark.

Noch vor Beginn des Gottesdienstes herrschte emsiges Treiben. Kerzen wurden angezündet, man bekreuzigte sich vor den Feiertagsikonen. Diakone bahnten sich, mit ihren weiten Ärmeln fächelnd, einen Weg durch die Menge. Flüstern und Gebete. Gespannte Erwartung. Und plötzlich: Glockengeläut. Hell, triumphal, fast ausgelassen. Und durch diesen Klang hindurch der Ruf des Priesters: Christos woskrese! Christus ist auferstanden! Etwas wie ein Freudenschauer ging durch die Kirche. Und die Menge jubelte: Woistinu woskrese! Einmal, zweimal, dreimal.. Dann folgte das Licht: zwei Kerzenträger traten vor die Ikonostase, gefolgt vom Kreuzträger, von Diakonen und dem Priester. Während die Prozession sich zum Hauptportal bewegte, wurde das Osterlicht an die Gläubigen weitergegeben, Kerze um Kerze. Und alles stimmte in den Gesang ein: Woskresenie twoje, Christe Spase, angeli pojut na nebesech, i nas na semli spodobi tschistym serdzem Tebe slawiti. Deine Auferstehung, Christus Erlöser, besingen die Engel

in den Himmeln; würdige auch uns, reinen Herzens Dich zu verherrlichen. Der Gesang entfernte sich, kam näher, entfernte sich, kam näher. Dreimal umrundete der Prozessionszug die Kirche. Als er sie wieder betrat, strahlte alles in warmem Glanz. Gesichter, Hände, Heiligenbilder. Es strahlte das Brokatgewand des Priesters, der sich vor der Auferstehungsikone verneigte. Und der Glanz blieb, schien sich sogar zu vervielfachen. Wie die Inbrunst der Litaneien. Gott muß ein russisches Ohr haben, dachte ich in meinem Emporenhimmel. Muß sich erweichen lassen. Von dieser monotonen Ekstase der Wiederholung. Die sich so unzeitgemäß lange entfaltet. Und noch und noch. Chor, Diakon, Chor, Volk. Dazwischen der Refrain dieser Nacht: Christus ist auferstanden von den Toten, durch Seinen Tod bezwang er den Tod! Unzählige Male erklang dieser Ostertropar. Bis die Weibchen, die wie Birkenstämme stramm standen, zu schwanken begannen. Die Beine in den Stiefelchen wurden schwer, doch Gott behüte, daß sie einknickten. Christos woskrese! Woistinu woskrese!
Meine Müdigkeit ging in einen Zustand luziden Dämmers über. Ich sah alles, hörte alles, bekreuzigte mich mit den Russen, und schwebte doch wie auf einer Wolke, anwesend-abwesend. Er hätte ewig dauern können, dieser Sekundenschlaf des Glücks. Mich störte nichts. Nicht die Enge, nicht die verbrauchte Luft, nicht diese Menge, in der ich keine Seele kannte, nicht die Uhrzeit, nicht der leicht schmerzende Kopf. Ich gab mich dem Geschehen hin. Sein Sog öffnete mir das Herz.
*Eine* Familie, durchfuhr es mich, als das letzte Christos woskrese verklang. Wen kümmert, wer ich bin, woher ich komme.
Es war vier Uhr morgens. Noch tiefe Nacht.
Ein Teil der Menge strömte ins Freie, ein anderer verharrte in der Kirche, fing zu flüstern, ja halblaut zu reden an. Kulitschs

wanderten in mitgebrachte Körbe, Eier in Taschen und Säcke. Einzelne Gläubige standen reglos, wie angewurzelt, die brennende Kerze in der Hand, von deren Licht sie sich nicht trennen mochten. Ihre verhärmten Gesichter verrieten, daß sie auf Trost angewiesen waren. Auf die Hoffnung dieser Nacht.
Wohin nun? Noch fuhr keine U-Bahn, kein Bus, keine Tram. Meine Wassiljewskij-Insel lag auf der gegenüberliegenden Newa-Seite, unerreichbar, da die Brücken hochgezogen waren. Jura und Galja schliefen, ich hatte ihr Angebot, bei ihnen zu übernachten, höflich ausgeschlagen. Nein, wenn schon, dann soll diese Nacht durchwacht, durchfeiert sein.
Dann sah ich Menschen, die in die Unterkirche hinabstiegen. Ich schloß mich ihnen an. Es waren viele. Sie lagerten auf dem Boden, machten es sich auf Mänteln und Taschen bequem. Manche packten Eier und Kuchen aus, fingen zu essen an. Unterhielten sich leise. Andere schliefen schon, in den seltsamsten Stellungen, als hätte die Erschöpfung jäh zugeschlagen und sie niedergemäht. Ein Haufen Gestrandeter, ging mir durch den Kopf. Gorkijs Nachtasyl. Aber auch: das Volk unterwegs ins Gelobte Land. Gehörte ich zu ihnen? Wozu die Frage. Ich war hier, das besagte alles. Eine Frau bot mir lächelnd Osterkuchen an. Dewuschka, wosmite! Ich streckte dankend die Hand aus. Aß mit.
Sie waren großzügig, natürlich, mitleidvoll. Wie sie da kauerten oder lagen. Die Wärme einer Herde, dachte ich, und ließ mich wohlig auf dem Boden nieder. Auch Wasserflaschen gingen herum. Jemand teilte mit dem Nachbarn einen Schluck Wein. Hier schien jeder jedem zu vertrauen, was im Alltag unmöglich war. Man verständigte sich über die Sprache des Glaubens. Und das hieß: Zusammengehörigkeit. Zusammenhalt in dieser Gegenwelt, die mit jener anderen, undurchschaubaren, ja feindlichen nichts zu tun hatte.
Gegen fünf brachen die ersten Unterkirchler auf. Leicht

torkelnd, benommen vom fehlenden oder zu kurzen Schlaf. Knöpften die Mäntel zu, setzten ihre Mützen auf oder banden sich ein wollenes Kopftuch um. Ich wartete, bis es dämmerte.
Jetzt erhoben sich die meisten, strebten ins Freie.
Die Herde zerstreute sich.
Die Schicksalsgemeinschaft löste sich auf.
Ich trat in ein fahles, kaltes Morgenlicht, das den Glanz der Osternacht wie einen Traum verscheuchte. Zitternd stand ich an der Straßenbahnhaltestelle, drückte den kleinen Kerzenstummel in meiner Manteltasche. Dieses Beweisstück österlichen Glücks.
Einsamkeit? Aber da war doch eben etwas anderes gewesen.
Und so kehrte ich regelmäßig an den Tatort der Freude zurück. Grüßte mit dem Ostergruß: Christos woskrese! Bekam zur Antwort: Woistinu woskrese! Und küßte jeden, der mir die Wange reichte. Dreimal.

# XLVI

## *Man will uns nicht*

Vater sagte: Es ist nicht mehr auszuhalten. Kurzmeyer, dieser alte Nazi, hat uns angezeigt.
Wie, warum?
Vater: Er hält uns für eine Kommunistenbande. Rief die Polizei an, wir hätten suspekte Kontakte. Nannte uns undurchsichtiges Ausländerpack.
Und jetzt?
Vater: Die Fremdenpolizei weiß, wer wir sind. Da gibt es keine Probleme. Aber ich will hier weg. Solche Nachbarn sind Gift.
So bitter hatte ich meinen Vater selten erlebt. Die Ungerechtigkeit und Perfidie der Beschuldigung grämten ihn zutiefst. Waren wir nicht in einem freien, demokratischen Land? Wie kam es, daß man von Nachbarn bespitzelt wurde?
Mutter sagte: Zeigt ein Ausländer einen Ausländer an, lenkt er von sich selber ab. Kurzmeyer hat Dreck am Stecken. Schämen sollte er sich, mit seiner Vergangenheit.
Vater fing an, nach einem andern Wohnort Ausschau zu halten.
Mich machte der bloße Gedanke an einen Umzug krank. Hier hatte ich doch gerade erst Wurzeln geschlagen, mit Vera, Janusz, der Martinskirche. Die Osternacht behielt ich als Geheimnis für mich. Aber wie sehr war sie mit diesem Ort verbunden. Jeder Glockenschlag von St. Martin erinnerte mich daran.
In meinen Träumen wurde es unruhig. Immer war jemand hinter mir her. Und das Aufwachen brachte keine Beruhigung.

Wir waren auf dem Absprung, die Tage in der Ackermannstraße gezählt.
Im Frühjahr 1960 zogen wir um. Nicht in eine Wohnung, sondern in ein kleines Haus auf der gegenüberliegenden Seeseite, sechs Kilometer von der Stadtgrenze entfernt. Der Zürichberg war weit, die Martinskirche war weit, die Umgebung gefiel mir nicht, bis auf die Bäume, die aus einem alten Park stammten. Gebieterisch umstanden sie die neuen Ein- und Mehrfamilienhäuser, Relikte aus einer Zeit, als Grundstückmakler noch nicht das große Sagen hatten.
Mein Bruder und ich sind nicht gefragt worden. Vater entschied rasch, innert Tagen, wenn nicht Stunden. Er habe die Gelegenheit beim Schopf gepackt, sagte er, obwohl wir uns ein eigenes Haus im Grunde nicht leisten könnten. Also war es die Angst vor lästigen Nachbarn gewesen, die ihn ermutigt hatte. Er bereute nichts.
Ich schon.
Der Schulweg war weit. Die Freunde waren weit. Das Licht hier ein anderes. Am Nachmittag verschwand die Sonne früh hinter den Baumriesen, ich sah keinen Sonnenuntergang, sah nur seinen rötlichen Reflex auf dem gegenüberliegenden Seeufer. Goldküste, nannte man jene Sonnenseite. Während unsere keinen Namen hatte.
Wollte ich ans Licht, ging ich hinauf nach Kilchberg. Blickte weit über den See und bog dann zur alten Kirche ab. Ein massiver Turm mit großer Turmuhr, das Kirchenschiff gedrungen. Dahinter der Friedhof, leicht terrassiert, und in der Ferne die weißen Berge. Ein Ort zum Durchatmen. Eines Tages zog ich meinen Schreibblock hervor und notierte statt der Namen der Verstorbenen (auch Thomas Mann lag hier) ein Gedicht. Das war ein Anfang.
Der See, fast vor der Haustür gelegen, zog mich nicht an. Es gab keine Promenade, keinen Uferweg, nur eine befahrene

Straße ohne jeden Charme. Keine Strandfelsen wie in Barcola, keine Brandung, nicht das Geräusch ans Ufer schwappenden Wassers. Ja nicht einmal Gerüche. Der See war ein großer Teich, auf dem Hochbetrieb herrschte: Segel- und Motorboote, Schiffe jeder Art, die auch mal Wellen warfen. Sonst brachte es nur der Föhnsturm fertig, das Wasser aufzuwühlen. Dieses Nicht-Meer zwischen einstigen Gletschermoränen.
Im Winter war die Fläche oft so grau und nebelverhangen, daß das gegenüberliegende Ufer verschwand. Da phantasierte ich mir ein Meer, ein nordisches. Die von kreischenden Möwen begleitete Illusion hatte etwas Befreiendes.
Eines Tages verwandelte sich der See in eine riesige Eisfläche. Es war im Januar und Februar 1963, bei sibirischen Temperaturen, die nicht enden wollten. Vorbei die idyllische Schiffsbetriebsamkeit. Der See erstarrte, gefror, bis in seine Innereien. Was oben glänzte, war seine spiegelhelle Haut. Aber diese Eishaut reichte tief, bildete eine Schicht von mehreren Metern.
Als sie fürs Volk freigegeben wurde, kannte das Gewimmel keine Grenzen. Die Euphorie. Raum tat sich auf, eine Fläche, soweit das Auge reichte. In dieses weiße Vakuum schwärmte Jung und Alt. Auf Schlittschuhen, zu Fuß, rutschend, gleitend, vermummt, dichte Atemwolken ausstoßend. Der Sog der Freiheit überwältigte alle.
Ich konnte nicht Schlittschuh laufen, nahm mir aber ein Herz. Lieh mir ein altes Paar und fuhr los. Breitbeinig, unsicher. Stürze gehörten dazu. Niemand achtete auf Perfektion. Alle lachten vor Übermut, reichten sich hilfsbereit die Hand, waren außer Rand und Band. Wie ein Breughelscher Karneval auf Eis.
Ich weiß nicht mehr, wie ich die sechs Kilometer bis nach Hause schaffte. Und mehrere Seeüberquerungen nach Küsnacht. Die Weite lockte, und in dieser Weite ein Ziel. Ja, ich fuhr nicht im Zickzack, sondern geradeaus, immer geradeaus,

wie die Schlitten in russischen Romanen. Ich bekam nicht genug von dieser topfebenen, spiegelglatten Fläche. Auf der mein mäßiges Tempo einem Dahinjagen glich.

Mit der Schmelze kam die Ernüchterung. Wir stürzten alle ein, liefen mit einem Kater herum. Aus der Feststimmung in die Normalität zurückkatapultiert. Daran war niemand schuld, außer dem Wetter. Das von sibirisch zu schweizerisch wechselte.

Noch Jahre später bekamen wir glänzende Augen, wenn wir von der »Seegfrörni« sprachen. Wir. Es war ein kollektives Ereignis gewesen. Das kollektive Erinnerungen barg.

Und seither? Der See ist zum Rudern gut, meint der eine. Zum Schwimmen, der andere. Er ist sauber, sage ich meinen ausländischen Freunden. Die vielen Kläranlagen machen ihn trinkbar. Was ich verschweige, ist die nie aufgefundene Leiche einer Bekannten, die sich im See das Leben genommen hat. Kaum setze ich meinen Fuß ins Wasser, fürchte ich ein Wiedersehen. Oben und unten sind umgepolt, die stanniolfarbene Oberfläche mutiert zur grünen Wasserstraße. Hier sehe ich sie treiben, die schöne Alice, inmitten von Algenspalieren, Mund, Kinn verrutscht. Die Krankheit hieß Zerfließen. Medikamente halfen nicht. Der Garten stieß sie hinab.

# XLVII

## *Am Neusiedlersee*

Diesen See mochte ich sofort. Ein Steppensee, ein Tieflandsee, hingebreitet in der pannonischen Ebene, im Südosten von Wien. Kaum hatte man den schmalen Rücken des Leithagebirges überquert, erblickte man die glitzernde Fläche, die sich irgendwo im Dunst verlor. Unheimlich war nur, daß durch dieses Glitzern der Eiserne Vorhang verlief: zwei Drittel des Sees gehörten zu Österreich, ein Drittel zu Ungarn. Heute fällt die Grenze kaum ins Gewicht, damals, 1960, starrte sie vor Gewalt. Ein Feldweg mündete jäh in eine Absperrung. Und hinter dem verminten Streifen Niemandsland erhoben sich die hölzernen Wachttürme, wo bewaffnete Grenzsoldaten Tag und Nacht Wache standen. Die Grenze war ein absurdes Ende, ein plötzlicher Stillstand, ein feindseliges Sich-Beäugen durch Ferngläser hüben und drüben. Die Grenze war Todesgefahr. Mich lockte sie nur, weil dahinter jener Osten lag, nach dem ich mich heimlich sehnte, mein Herkunftsland. Unbetretbar mit einem Staatenlosenpaß.

Waren die Bäume hinter dem Stacheldraht anders? Der Uferstreifen? Etwas wie Gier trieb mich, hinüberzustarren. Den Rest erledigte meine Phantasie, indem sie die kargen Eindrücke zusammenfügte und ergänzte.

Einmal hatten wir das Hündchen eines Weinbauern dabei, als wir bei St. Margarethen zur Staatsgrenze abbogen. Ich war es, die in die Gefahrenzone wollte. Je näher wir kamen, desto unruhiger wurde das Tier. Als wir vor der Abschrankung hielten, jaulte der Hund erbärmlich und ließ sich nicht aus dem Auto zerren. Von drüben ertönte, wie als Antwort, heiseres Gekläff. Vater sagte: Es reicht. Und fuhr langsam die Schotterstraße zurück. Oder vielleicht war es ein Feldweg gewesen.

Hinter Rust und Mörbisch erstreckten sich, so weit das Auge sah, Weinberge. Zum See hin trennte ein Schilfgürtel die Häuser vom Wasser. Hier nisteten zahllose Vögel, hier gingen die Störche, die es sich auf den Dorfschornsteinen und Kirchtürmen bequem gemacht hatten, auf Froschjagd. Die Dörfer strahlten weiß und gelb und altrosa und blau. Mit ihren niedrigen Barockhäusern, deren Schmalseite zur Straße ging, während die Höfe ganze Landschaften bildeten, arkadenbestanden, voll gelbem Kukuruz. In den Höfen befanden sich die Heurigen: hier wurde junger Wein ausgeschenkt, dazu aß man Paprikaspeck, Leberkäse, eine deftige Brettljause. An einfachen Holztischen, familiär. Und hörte die Störche klappern. Rust machte für vieles wett. Ich sagte zu Vater: Es ist Süden und Osten, trocken und feucht. Der See könnte ein Meer sein, wenn er nicht so untief wäre.

Wir wohnten in einem Gasthof, der höchstens zehn Zimmer hatte, mitten im Ort. Drüben die Kirche, davor ein Platz, ausgebreitet wie ein Tuch. Mit einigen herrschaftlichen Gebäuden. Rust ist kein Dorf, Rust wurde 1681 zur königlich-ungarischen Freistadt ernannt, Freistadt nennt es sich noch immer. Aber die Häuser ducken sich pannonisch. Als wollten sie den Winden keinen Widerstand bieten.

Der Abend im Rathauskeller war lang. Und die Nacht kurz, weil wir in aller Herrgottsfrühe hinaus wollten, ins Vogelparadies des Sees.

Graue Dämmerung, taubengrau und kühl. Mit dem Auto fuhren wir hinaus auf den Damm, der menschenleer war. Dort bestiegen wir einen Kahn. Unser Lotse manövrierte ihn mit einer Stange durch den Schilfgürtel, der an manchen Stellen mehrere Hundert Meter breit ist. Es war ein lautloses, sehr langsames Gleiten, damit die Vögel nicht aufgeschreckt wurden. Denn wir waren ihretwegen gekommen. Sie waren schon wach. Rufe, Schreie, Pfiffe, Gesang, Rascheln im Schilf. Vereinzelt Froschquaken. Dann ebbte alles ab, um erneut anzuheben. Eine Rohrdommel, sagte der Mann leise. Und wies mit dem Finger ins Schilf, wo ein Reiher sich räkelte. Wir waren ganz Auge und Ohr, während das Grau der Dämmerung mählich in ein Rosa überging. Also hatte sich die Zeit doch nicht davongestohlen aus diesem Paradies. Die schmalen Wasserstraßen verzweigten sich, führten noch tiefer ins Schilfreich. Enten flogen auf, Störche, Ibisse. Ich fragte mich, wie wir aus diesem Dickicht je wieder zurückfinden würden. Doch unser Lotse, Fischer und Hobbyornithologe, wirkte überlegen. An besonders schmalen Stellen bog er das Schilf mit geübten Bewegungen auseinander, und wir reckten unsere Köpfe, um ins dichtgrüne Halbdunkel zu spähen. Die Fahrt hatte etwas Urzeitliches, Phantastisches, sie schien eher dem Traum als der Wirklichkeit anzugehören. Und momentweise war die Stille so groß, daß sie uns zu verschlucken drohte.

Was hatten wir hier zu suchen, in diesem Reich der Vögel und Fische, Eindringlinge, die wir waren? Ich schämte mich für meinen Voyeurismus. Und glitt doch glücklich dahin, in einen neuen Tag.

Als der Kahn an der Mole anlegte, war es hell. Wir rieben uns die Augen, als glaubten wir nicht so recht an den festen Boden unter unseren Füßen. Das stumme Dahingleiten im Brackwasser des Schilfgürtels hatte vorgeburtliche Erinnerungen geweckt. So jedenfalls kam es mir vor. Das Naß, und dieses wimmelnde Leben ringsum. Raschelnd, Blasen werfend, glucksend, röhrend, trillernd. Ob es im ungarischen Schilf ähnlich zuging? Welcher Fisch kümmerte sich schon um Hoheitsgewässer, welcher Vogel um Schlagbäume und Wachttürme?

Schon damals wußte ich, daß ich wiederkommen würde.
Ich kam allein, besuchte einen Sommerkurs für Russisch in Eisenstadt. Und nutzte jede Gelegenheit, den gleißenden See zu sehen. Meist startete ich zu Fuß; irgendwo ging es per Anhalter weiter. Mir war jedes Gefährt recht, Hauptsache, es brachte mich durchs Rebland zum Schilf. Ich fuhr mit Weinbauern, Pferdebesitzern, mit burgenländischen Kroaten, Ungarn und Schwaben. Oft war es Nacht, wenn ich heimkehrte. Dann fragten sie, wo ich gewesen sei. Am See, wo denn sonst, gab ich zurück. Bei den Steppenstörchen.
Nach dem Sommerkurs fuhr ich auf die andere Seeseite, Seewinkel genannt. Nach Illmitz, dessen Name wie prädestiniert für mich schien. Bei einer Familie Mayr quartierte ich mich für ein paar Tage ein. Das kleine Zimmer ging auf den Innenhof, der tief war, wie in dieser Gegend üblich. Hier rannten Gänse und Hühner herum, hier konnte man sich zu einem Glas Wein in den Schatten setzen oder neben dem dösenden Hund ein Mittagsschläfchen halten. Das große Holztor, sorgsam verschlossen, gab dem Hof seine Intimität.
Illmitz zog sich in die Länge und in die Breite, ohne eigentlichen Kern, so habe ich es in Erinnerung: großzügig in die Steppe gesetzt. Zum Seedamm ging es ein ganzes Stück, und auf dem Damm, der in den See ragte, fast einen Kilometer zwischen Schilf. Ein dichter Gürtel, aus dem es quakte, trillerte, pfiff. Ich ging zu Fuß, um die Geräusche zu hören. Um selber keine zu verursachen. Es gab blutrote Sonnenuntergänge und fahle, schnatternde Morgen. Die Luft war feucht, sie roch leicht nach Moder.
Für Überlandtouren nahm ich das Rad. Obwohl ich nie radfahren gelernt hatte. Nicht in Triest, wo wir an einem Steilhang wohnten, nicht in Zürich. Die burgenländische Tiefebene erschien mir als ideales »Testgelände«. Ich fuhr unsicher, aber ich fuhr irgendwie. Gefährlich waren die Feldwege: matschig bei

Regen, und bei Trockenheit voll beinharter Rillen und Buckel, die mir immer wieder zum Verhängnis wurden. Mein Rad schlingerte, ich fiel hin. Verletzte mich aber nie. Und hielt auf den nächsten gelben Kirchturm zu. Der hinter einem Maisfeld oder einem kleinen Wäldchen als Spitze hochragte, dann immer näher kam, immer näher, bis er sein Barockgepränge zur Schau stellte: ein Wallfahrtsort. Frauenkirchen. Die Madonna im Brokatgewand, mit einem elfenbeinfarbenen Jesulein.
Es gab kein Halten. Irgendwie mußte ich immer weiter, durch dieses nach allen Richtungen offene Tiefland, dem nur der Eiserne Vorhang zusetzte. Es zog mich fort, Steigerungsform: forter. Fort von wo? Von dem gewohnt Alpinen, den gezackten Horizonten und engen Vorstellungen. Die Bewegung glich einem Durchatmen. Und sie hatte etwas Rauschhaftes. Ich fuhr, als wollte ich mir den Himmel einverleiben, alles ringsum. Im Burgenland fand ich das verlorene Ungarn wieder. Der Blick wußte: Maisfelder hier wie dort, tiefes Tiefland, und die Wolken kennen keine Grenzen.
Ich radelte von früh bis spät. Abends aß ich mit Heißhunger im nahegelegenen Gasthaus: Schweinskarree mit Knödel und Sauerkraut, Deftiges. Dazu ein Bier.
Wenn die Wolken tief hingen, die Störche tief flogen und die Gänse apathisch herumstanden, lag Schwermut in der Luft. Die Schwermut eines Landstrichs, der dem Auge keinen Halt bot. Das Ich zerging darin wie ein Tropfen im Wasser. Löste sich auf. Und dann? Konnte Schlimmes geschehen. Mir fiel das ungarische Lied »Trauriger Sonntag« ein, von dem Mutter erzählte, es wäre den Tieflandbewohnern oft so ans Herz gegangen, daß sie sich das Leben nahmen. Sitzt einer in der Dorfkneipe, trinkt ein paar kräftige Pálinkas, hört das rührselige Lied (die Melodie wird von der Zigeunerfiedel gespielt), steht leicht schwankend auf, sagt sich: Was soll das Ganze, watet durch den Regen und erhängt sich im Stall.

Mir war die Schwermut nicht schwer, ich hüllte mich in sie wie in einen Mantel, der wärmte. Und ging durch die verhangene Gegend. Attila Józsefs Verse im Kopf: *Auf der Landstraße wandern schon die Pappeln / Aus, grau und ohne einen Laut.*
Pappelalleen gab es viele, sie säumten die Straßen zwischen den Ortschaften, schnurgerade Straßen, denen ich mich einfach überließ. Bis ich nicht mehr wußte, wer von uns lief: die Pappeln oder ich. Alles war Bewegung, Rhythmus, Atem. Skandierte Landschaft. Ich summte das russische Soldatenlied «Poljuschko-polje», das meinem Schritt Schwung und Festigkeit gab und zu keinem Ende kommen wollte, weil sich das Ende mit dem Anfang kurzschloß. Ein Marschlied für Steppendurchquerer, frag nicht, wie weit der Weg ist.
Gehen war besser als Radeln. Gehen hieß, den Weg unter die Füße nehmen, die Wege. Wie Pilger gehen, wie Landstreicher, wie Gottesnarren. Mit einem vagen Ziel, und unverloren.
Keiner wußte, wo ich war. Aber so ungebunden, wie ich durch die Gegend streifte, war ich bei mir und auf eine lose Weise zu Hause. Die Bäume nickten mir zu, die Felder und Kirchtürme grüßten, als kennten sie mich. Ich grüßte zurück. Und es war gut so.
Stunden, Tage, eine Woche, gut so.
Dann, an einem sonnigen Tag, kam der Abschied. Ein Autobus trug mich durch die Pappelalleen, immer weiter, bis Neusiedl. Dort Umsteigen, mit Kurs auf Wien. Ich verließ die Niederungen der Seevögel, das weite pannonische Tiefland. (*Partir, c'est mourir un peu.*) Aber etwas von mir blieb zurück. In Illmitz und überhaupt.


Seither sind Jahrzehnte ins Land gegangen. Die Grenzen zwischen dem Burgenland und Ungarn sind durchlässig. Zwei EU-Staaten reichen sich die Hand, pflegen Personen-, Warenverkehr, entspannte Beziehungen. Felder münden in Felder, nicht in Stacheldraht. Die Natur kann aufatmen.

Nur bin ich nie ins Burgenland zurückgekehrt.

Gesehen habe ich es gleichwohl. Von oben, aus dem Flugzeugfenster, wieder und wieder. Zuletzt, als ich mit einer kleinen Maschine der Austrian Airlines aus der moldawischen Hauptstadt Chişinău nach Wien flog.

Juni 2007. In Chişinău blühen die Linden, fallen die reifen Maulbeeren auf die maroden Gehsteige und hinterlassen beim Aufplatzen kleine dunkelrote Lachen. Die Hitze ist glasig, alles flüchtet unter die sattgrünen Baumdächer. Rechtwinklig angelegte Straßen, abseits von den Boulevards kauern zweigeschoßige klassizistische Villen, mit pastellfarbenen Fassaden, wenn die Farbe nicht abgeblättert ist. Manche Hinterhöfe sehen ländlich aus. Ein Garten dagegen tanzt aus der Reihe: hier steht Sowjetschrott herum, Panzer und Raketen eines ehemaligen sowjetischen Ehrenmals. Das dazugehörige Lokal heißt »Holiday Café Bar«. Auch die Menschen scheinen verschiedenen Zeiten zu entstammen. Lässig gekleidete, langbeinige Studentinnen staksen rauchend durch das Universitätsviertel, während der uniformierte Torsteher, um die sechzig, den Griesgram sowjetischer Systemhörigkeit verströmt. Auf dem Markt prallt das bunte Gemisch heftig aufeinander: moldawische Bäuerinnen stehen vor Tomaten-, Paprika- und Walnußpyramiden, Zigeunerinnen preisen getrocknete Aprikosen und Zwetschgen an, auf russisch wird der weiße, zu Kugeln geformte Schafkäse feilgeboten, und draußen, wo der gedeckte Markt in einen riesigen Basar übergeht, wimmelt der ganze Osten: Kriegsveteranen mit amputierten Beinen betteln um Almosen, orthodoxe Mönche und Nonnen für ihr Kloster, alte Weibchen zeigen stumm auf die vor ihnen ausgebreitete dürftige Ware, andere schreien, feilschen, machen gestenreich auf den Ramsch aufmerksam. Anders läßt sich das Angebot

nicht bezeichnen: Billigstware aus China oder Taiwan, gefaket, kopiert, in Kartons hertransportiert, vom Käufer in riesigen Plastiktaschen abtransportiert. Bei Beats und orientalischen Klängen aus Kassettenrecordern. Es riecht nach Scharfem, irgendwo duften getrocknete Lavendelsträuße. Streunende Hunde gibt es keine, die Miliz ist präsent, aber nicht aufdringlich. In einem krummen Gäßchen hinter dem Basar soll die einzige noch funktionierende Synagoge stehen, aber gesehen habe ich sie nicht. Die Armut, heißt es, ist groß. Der Durchschnittslohn: umgerechnet 200 Euro. Also sind die Lebensmittel teuer. Und Taxifahrten für die meisten unerschwinglich.
Auf dem Hauptboulevard BMWs, Mercedes, dicke Karossen, deren Besitzer in protzigen Villen wohnen, die überall aus dem Boden schießen. Woher das Geld? Der große Waffenschmuggel wird in Transnistrien getätigt, der abtrünnigen Zwergrepublik jenseits des Dnjestr. Aber hier? Die Ikonen schweigen sich aus, und Nicoleta, die kluge Jungautorin, zwinkert nur mit den Augen. Es gibt eben solche und solche. Wir essen Hühnersuppe, dann Zander mit Maisbrei und Tomaten-Paprika-Gemüse. Eine Köstlichkeit. Wie der rote moldawische Merlot, Jahrgang 2001. Nicoleta nuckelt an ihrer Zigarette. Trotz allem will sie nicht weg. Nicht nach Rumänien, nicht nach England, nicht nach Australien, wie die meisten ihrer Altersgenossen. Sieh dir nur die Schlange vor der rumänischen Botschaft an, jeden Tag. Polizeiabsperrung und endloses Warten, denn ohne Visum kommst du nirgends hin. Außer nach Moskau, Minsk oder Odessa.
Die Nacht legt sich lila über die Stadt, aus den Büschen steigt der Mond, wie skythisches Gold. Das Moldawische rinnt weich durch meine Ohren, ein Latein mit slawischen Zischlauten, oder so ähnlich. Tut nicht weh, weil ich nur seinen Klang verstehe. Was gemeint ist, bleibt mir verschlossen, hinter den sieben Bergen mit den sieben Zwergen.

Die Zwerge habe ich noch mit einem kurzen Blick erhascht, im größten Weinkeller des Landes (der Welt?), dann ging es zurück. Im Spätnachmittagslicht flog die Maschine über eine sanft gewellte, gestaffelte Landschaft voller Rebhänge. Berge tauchten auf, Wolkenungetüme, und verschwanden wieder. Unter mir erinnerte alles an den Geographieatlas meiner Kindheit.
Wir befanden uns längst im Sinkflug, als ich den Neusiedlersee erblickte, gleißend wie einen Spiegel. Mit einem spielzeugkleinen Illmitz. Irgendwo tief unten holten sich die Störche ihre Abendbeute, fielen die Stare in Schwärmen in die Weinberge ein, aber ich sah nur das Gleißen meines Sees an diesem westlichsten Ende der pannonischen Ebene, die ich nun von Osten in Windeseile überflogen hatte. Gefühle? So vage wie im Traum. Während ich damals, den Boden unter den Sohlen, nach außen und innen ausgeschwärmt war und Erfahrungen gesammelt hatte. Solide.

# XLVIII

*Wie war das mit vierzehn*

N.: Daß ihr umgezogen seid, kann doch nicht alles gewesen sein. Warst du nicht innerlich im Aufbruch?
Ich war es sehr. Schrieb meine ersten Gedichte. Las Martin Bubers *Chassidische Geschichten* und Gershom Scholems Buch über die Kabbala.
N.: Wie kam es zu diesem Interesse für jüdische Mystik?
Janusz hatte mich auf die Fährte gebracht. Aber das allein war es nicht. Ich stieß auf Dinge, die mir wie Antworten auf uneingestandene Fragen vorkamen. Was geschieht nach dem Tod?
N.: Ungewöhnlich in diesem Alter.
Bei Buber las ich, daß sich die Seele eines Toten mit der eines Lebenden verbinden kann, um ein unvollendetes Werk, das sie im Sterben lassen mußte, vollbringen zu können. Das fand ich tröstlich.
»Die Welt«, so gibt Buber Rabbi Nachmans Worte wieder, »ist wie ein kreisender Würfel, und alles kehrt sich, und es wandelt sich der Mensch zum Engel und der Engel zum Menschen und das Haupt zum Fuß und der Fuß zum Haupt, so kehren sich und kreisen alle Dinge und wandeln sich, dieses in jenes und jenes in dieses, das oberste zu unterst und das unterste zu oberst. Denn in der Wurzel ist alles eines, und in dem Wandel und dem Wiederkehren der Dinge ist die Erlösung beschlossen.«
N.: Du hast also über Erlösung nachgedacht.
Mit meinem beschränkten Verstand auch über das.
N.: Keine Pubertätsprobleme?

Vordergründig nicht. Die Monatsblutungen machten mir schlechte Laune. Aber kratzen und beißen, das wollte ich nicht. Buber war spannender.
N.: Spannender?
Auch poetischer. Hier las ich über »das große Leuchten des Welteninnern«.
N.: Das klingt ziemlich mystisch.
Vielleicht. Ich fand bei Buber aber auch Sätze wie diesen von Rabbi Schlomo von Karlin: »Die schlimmste Tat des Bösen Triebs ist, wenn der Mensch vergißt, daß er ein Königssohn ist.«
N.: Bist du mir böse, wenn ich dir ein Prinzessinnensyndrom andichte?
Bin ich. Das hat mit dem andern gar nichts zu tun. Wir sprechen nicht von Luxuserwartungen, auch nicht von der *fille à papa*, die ich in Tat und Wahrheit war.
N.: Sondern von Würde?
Von Würde, Freude, Dankbarkeit.
N.: Ein religiöses Credo.
Auch das.
N.: Religio heißt Bindung. Gerade Bindungen aber machen dir seit je Angst.
Weil auf den Menschen kein Verlaß ist.
N.: Auf Gott aber schon?
Das wollte ich glauben. Und will es noch immer.
N.: Daraus spricht ein Bedürfnis nach Sicherheit.
Ich kann es nicht leugnen.
N.: Und die Neugier?
Neugier auf was?
N.: Auf das Unvorhersehbare, Ungeplante, Zufällige.
Neugierig war ich immer. Daher meine Reiselust, mein Lesehunger, meine unstillbare Zaunguckerei. Und mein Wunsch nach Erneuerung.

N.: Unruhe sieht man dir nicht an.
Ich bin weder ruhig noch unruhig, aber in Bewegung.
N.: Das erinnert mich an deine beneidenswert farbigen Träume, die dich offenbar immer in Aktion zeigen.
Auch wenn die Bewegung, von der ich eben sprach, eine innere ist.
N.: Eine innere mit Ausläufern nach draußen?
Ja.
N.: Und was spielte sich 1960 ab, »bewegungshalber«?
Ich fuhr mit einer Gruppe nach Rom. Das Tagebuch, das ich über diese Reise führte, füllte ein dickes Heft. Von da an schrieb ich weiter.
N.: Warum gerade Rom?
Ein Angebot unseres katholischen Religionslehrers. Bis Rom war ich mit meinen Eltern nie gekommen. Außerdem handelte es sich nicht einfach um eine Kulturreise, sondern um eine Art Pilgerreise zu den heiligen Stätten, mit Gottesdiensten in den frühchristlichen Katakomben, Basiliken usw.
N.: Fingen die Steine zu sprechen an?
Und ob. Mauern, Grabplatten, Ruinen. Die Geschichte seit über zweitausend Jahren. Ich war wie in Trance.
N.: Wart ihr immer gemeinsam unterwegs?
Nein. Mit Werner Bergengruens *Römischem Erinnerungsbuch* in der Hand ging ich einmal die römische Stadtmauer entlang, in Begleitung einer Freundin. Das war die Initiation.
N.: Also doch nicht das Katakomben-Rom.
Unter der Erde ist es mir immer unheimlich. Erleuchtend waren die Abendgottesdienste in der kleinen Kirche Santa Maria in Cosmedin und in San Clemente. Das Tageslicht vermischte sich mit dem Kerzenlicht, der Marmor schimmerte sanft. Und es war fühlbar, daß sich unsere lateinischen Gebete in eine endlose Kette ähnlicher Gebete einreihten. Die Räume waren voll davon.

N.: Fühlt man sich da nicht getragen?
Die Kontinuität schafft ein Gefühl von Geborgenheit. Von Gemeischaftssinn. Das Ich verliert an Bedeutung.
N.: In Rom wird man demütig.
Bescheiden auf jeden Fall. Angesichts der Übermacht der Geschichte, die nicht einfach vergangen ist.
N.: Das verkehrsumtoste Kolosseum steht sehr lebendig da.
Und die Hügel mit ihren Liebespaaren.
N.: Unter Orangenbäumen.
Schirmpinien. Zypressen.
N.: Du liebst die Friedhofsbäume?
Was für Friedhofsbäume. Sie duften in jedem Garten, duften in Ostia Antica. Stein und Zypresse – und mein Süden ist komplett.
N.: Mal vom Meer abgesehen.
Da hast du recht.
N.: Welche Farbe hat Rom?
Ich erinnere viele Ockertöne. Neben dem Weiß der Brunnenschalen, der Marmortreppen, der Säulenstümpfe, der Tiberbrücken.
N.: Vom Vatikan kein Wort?
Lieber nicht. Ich mag keinen Pomp, keine Machtdemonstration, nicht die Kälte des Petersdoms. Wann immer möglich, stand ich vor dem Apsisrund einer der kleineren frühchristlichen Basiliken und bestaunte die Mosaiken. Hier stimmten die Maße. Gott wohnte in der ärmlichen Nachbarschaft.
N.: Wie in Santa Prassede.
Wo die Wäsche flattert. Und in der Mittagshitze nur Katzen herumstreunen, von Schatten zu Schatten.
N.: Welche Jahreszeit?
September. Ein heißer September. Der Tiber stank.
N.: Keine Seltenheit. Aber was war wirklich?
Wirklich?

N.: Gab es nicht ein Wunder von Rom?
Wenn du an ein Erweckungserlebnis denkst, nein. Die Bocca della Verità schnappte nicht zu, es traf mich kein Lichtstrahl der Umkehr. Aber ich hatte ein Zugehörigkeitsgefühl, als hätte es mich schon einmal gegeben, hier und überhaupt. Die Vertrautheit war groß.
N.: Wärst du gern geblieben?
Nein. Bei Rabbi Nachman heißt es: »Wenn einer sich wehrt und nicht wandern will, wird er unstet und flüchtig in seinem Haus.« Rom bestärkte mich in der Wanderschaft.

# XLIX

## *Mehr Risse, bitte*

Mehr noch als in Venedig oder Triest sah ich am alten Gemäuer von Rom die Spuren der Zeit. Sie führten tief in die Eingeweide der Geschichte, auf eine Reise durch die Jahrhunderte. Unter jedem Schritt konnte der Boden einbrechen, tiefer liegende Schichten freigeben. Die Stadt war ein riesiges Palimpsest. Und daß sie ihr Alter nicht verbarg, machte sie so elegisch und anziehend.
Kaum hatte ich meinen Fuß auf römisches Pflaster gesetzt, wußte ich, daß es um mich geschehen war: ich wollte nur gehen und sehen, gehen und sehen, bis zum Umfallen. Und wieder von vorn. Das war Nähe auf den ersten Blick.
Die Romreise machte mir fast schlagartig bewußt, was ich in Zürich so vermißte: die Poesie des Verfalls, das lebensvolle Chaos, die Risse im Gebälk. Lauter propere, polierte Oberflächen. Keine Katzen streunten durch die Gassen, keine neugierigen Frauen lehnten sich aus den Fenstern, keine Wäsche flatterte im Wind. Aufgeräumt die ganze Stadt, wie auf Berührungsangst getrimmt.
Auch meine Schulwege ließen mich kalt. So daß ich – im Bus oder zu Fuß – in ein eigensinniges Träumen verfiel und das Außen nur vage wahrnahm, als streifte es meine Phantasien. Etwas in mir wollte aus der Routine ausbrechen, aus diesen scheinbar so geordneten Verhältnissen. Noch erinnerte ich mich ja lebhaft an Triest, seine Soldaten, seine kaputten Fassaden. An die Melancholie der Vielvölkerstadt, die bei Bora und

Scirocco um ihre Identität rang. An Trubel, Aufregung und die plötzliche Stille der Siestastunden.
Was spielte sich hinter den Zürcher Fassaden ab? Nur selten gelang es mir, einen Blick in beleuchtete Stuben zu werfen, obwohl ich solche Blicke liebte. Tisch, Lampe, ein Paar, das ißt, während Radiomusik auf die Straße sickert. Und schon spinnt der Kopf die Geschichte weiter. Aber die Ausbeute war dürftig. Ich mußte mir, was ich brauchte, meist erfinden.
Damals kam mir der Gedanke, Zürich verlange von mir Askese, einen Rückzug in mich selbst. Nie streckte es die Hand nach mir aus; es ließ mich einfach in Ruhe. Darauf einigten wir uns.
Und daß es meinen Kopfgeburten Schutz bot.

# L

*Die Schweigerin*

Erna war keine Kopfgeburt, aber exzentrisch genug. Ich war fünfzehn, als ich sie auf dem Pausenhof kennenlernte. Sie ging in die Parallelklasse. Aufgefallen war sie mir schon lange: blond, mit einem markanten Kinn, wie dem Philipps IV. auf den Porträts von Velázquez, und schweigsam. Sie stand immer irgendwo abseits. Das weckte mein Interesse. Eines Tages stellte ich mich einfach neben sie und schaute mit ihr in die Platanenwipfel. Bis sich ein erster Satz aufdrängte.
Bald erfuhr ich, daß sie Bäume mochte, viel zeichnete und Klavier spielte. Letzteres verband uns. Mit ihrem Repertoire (zum Beispiel Beethovens Hammerklavier-Sonate) stellte sie mich allerdings in den Schatten. Ich war beeindruckt, ohne einen Ton gehört zu haben. Ihr bloßes Erzählen klang so überzeugend, daß ich sie innert kurzer Zeit für ein Ausnahmetalent hielt und kaum den Tag erwarten konnte, sie in Aktion zu sehen.
Aber bis dahin dauerte es lange.
Zu meiner Verblüffung wurde sie schnell gesprächig. Und die Pausen reichten für ihre Geschichten nie aus. Geschichten über komplizierte Familienverhältnisse: die Eltern geschieden, die Mutter mehrmals in psychiatrischer Behandlung, die beiden Schwestern (schon außer Haus) nur mit sich beschäftigt, der jüngere Bruder »in Obhut«. Sie selber leide an den Folgen einer schweren Tuberkulose, sei in ständiger ärztlicher Behandlung. Ich glaubte ihr. Ich hatte Mitleid.
Doch je mehr ich an ihren Lippen hing, desto dramatischer

wurden ihre Erzählungen. Erna präsentierte buchreife Stories, die mich nicht selten an Dostojewskij erinnerten. Wobei sie meine Faszination so geschickt einkalkulierte, daß die Frage nach dem Wahrheitsgehalt des Erzählten auf der Strecke blieb. Sie betörte mich, und ich glaubte ihr, widerstandslos. Während die Schulumgebung bis zur Unkenntlichkeit verblaßte.
Die Pausen mit Erna bildeten gleichsam eine eigene Welt, in der Zeit und Raum außer Kraft gesetzt schienen. Kehrte ich ins Klassenzimmer zurück, mußte ich mich mühsam wieder zurechtfinden. Meine Abwesenheit stand mir im Gesicht geschrieben, der Unterricht ließ mich kalt.
Fast unbemerkt war ich ihr verfallen. Obwohl doch ich die Gesunde und Gefestigte, die Ratgeberin und Trösterin war. Meine Gedanken kreisten nur noch um sie. Wann ich sie sehen würde, wie es ihr ging. Sie hatte Grund, mit der Entwicklung unserer Freundschaft zufrieden zu sein.
Freundschaft? Oder Liebeshörigkeit? Auch sie hing an mir, beobachtete mit einem siebten Sinn, wie wir voneinander nicht loskamen. »Hör dir Bruchs Violinkonzert an, den zweiten Satz«, konnte sie sagen. Und ich war hingerissen, als wäre diese Musik ein direkter Ausdruck von ihr. Bruch, Beethovens Kreutzersonate, bestimmte Rosenarten dienten zu unserer erweiterten Verständigung. Wir behandelten sie als Fetische: Waren wir getrennt, genügte ein Klang, ein Duft, um uns den anderen zu vergegenwärtigen. Diesen Geheimcode kannten nur wir.
Erna liebte alles Geheimnisvolle, was meiner träumerischen Veranlagung entgegenkam. Und wenn sie sich bisweilen in Schweigen hüllte, nahm mich das noch mehr für sie ein. Ich konnte sie nicht enträtseln, auch nach Monaten nicht. Immer traten neue Züge an ihr hervor, so wie ihr Gesicht, ihre Mimik blitzschnellen Veränderungen unterworfen waren. Diese Wandlungsfähigkeit hatte etwas Unheimliches.

Es dauerte lange, bis Erna mich zu sich einlud. Mit ihrer Mutter wohnte sie in einer Dreizimmerwohnung in der Nähe von Zürich. Bürgerliches Dekor, ein Flügel, viele Bilder an den Wänden. Zeichnungen, Aquarelle, Ölgemälde: die Mutter, hieß es, malt. Die Mutter wirkte völlig normal; nichts deutete darauf hin, daß sie in Nervenheilanstalten gewesen sein könnte. Eine Projektion von Erna, ein Lügenmärchen? Auffallend war, wie sich Mutter und Tochter ansahen. Als wären sie Verbündete. Als hätten sie eine Abmachung. Fragte sich nur, wer die Regeln diktierte.

Auch während wir zu dritt Tee tranken, wurde ich nicht klüger. Lächeln, höflich ausgetauschte Sätze, kurze Blickwechsel. Dann ließ uns die Mutter allein. Und Erna setzte sich endlich ans Klavier. Sie spielte eine Mozart-Sonate. Einige Préludes von Chopin. Sehr subtil. Aber nicht so virtuos, wie ich es mir vorgestellt hatte. Auf diesem Niveau konnte ich mithalten. Auch wenn mir ihre analytische Begabung abging.

Um diese analytischen Fähigkeiten beneidete ich sie. Um ihren Umgang mit Partituren, mit mathematischen und physikalischen Formeln. Ihr musisches Talent stieß sich nicht an den Gesetzen der Naturwissenschaften, ganz im Gegenteil. Wenn sie komponierte, brachte sie beide Begabungen zusammen.

Der Nachmittag verging viel zu schnell. Aber ich mußte gehen, mein Nachhauseweg war lang. Beim Abschied merkte ich, daß mir Ernas Mutter einen vielsagenden Blick zuwarf. Aus dem ich herauslas: Danke, daß du dich so liebevoll um sie kümmerst.

Das tat ich wirklich, aus freien Stücken. Oder schon nicht mehr ganz freien Stücken, denn Erna hatte mich erobert.

Meine Mutter klagte: »Du bist ganz in ihrem Bann, völlig taub und blind. Paß auf, wo das noch hinführt.« Ich reagierte beleidigt. Sah man mich als Opfer irgendwelcher Manipulationen?

Erna und ich wurden immer unzertrennlicher. Verbrachten die freien Nachmittage zusammen, am See, in Parks, auf Kunstausstellungen, lasen einander Gedichte vor, diskutierten über Goethes *Iphigenie* und *Der Tod des Iwan Iljitsch* von Tolstoj. Der Gesprächsstoff ging uns nie aus. Und selbst wenn wir schweigend vor einem Bild standen oder ins gekräuselte Wasser starrten, fühlten wir uns verbunden. Wie Zwillingsschwestern. Wie Schneeweißchen und Rosenrot.

Nur manchmal wurde mir unerklärlich eng. Als hätte ich meine freiheitsliebende Seele verkauft. Die Wanderer-Seele. Die Gottsucher-Seele. Ich mochte nicht einem einzigen Menschen gehören. Und vielleicht weil sie dies ahnte, wurde Erna eifersüchtig, besitzergreifend, wollte mich mehr und mehr für sich allein haben. Stellte Kontrollfragen. Noch immer gab sie mir Rätsel auf, aber gleichzeitig spürte ich, daß sich das Netz zusammenzog. Das Netz, in dem wir wie zwei Lunatiker gefangen waren. Zwei Mondsüchtige, die gefährlich viel Macht über einander hatten.

Als ich von Drittpersonen, die Erna kannten, erfuhr, daß sie ihnen gewisse Geschichten völlig anders aufgetischt hatte, begann sich Mißtrauen in mir zu regen. War ich einer genialischen Lügnerin in die Fänge geraten? Oder einer schizoiden Kranken?

Von da an beobachtete ich mich dabei, wie ich sie beobachtete. Ein haarfeiner Riß trennte uns. Den Erna mit instinkthafter Sicherheit, in panikartiger Schnelle wahrnahm. Und wie jemand, der seine Macht schwinden sieht, wurde sie heftig und erpresserisch.

Unsere träumerische Symbiose zerbrach. Sie machte mir Szenen. Öffentlich, am Telefon. Appellierte schluchzend an mein Mitleid. Mehr noch an meine Liebe. Ich ließ mich erweichen. Und verschloß mich wieder. Daß sie krank war, wurde mir zur Gewißheit.

So ging es hin und her, zwischen Sehnsucht und Flucht, zwischen Anziehung und Abstoßung. Ich wußte, das Ende würde schrecklich sein. Aber die Agonie, in der wir uns befanden, war noch schlimmer. Sie dauerte, von den wiederholten Trennungen abgesehen, Jahre. Noch in Paris und Leningrad erreichten mich ihre Anrufe. Verzweifelt, einschmeichelnd, hartnäckig. Erna verfügte über Kräfte, die man ihr nicht zugetraut hätte. Kein Wunder, daß ich mich verfolgt fühlte.
Irgendwann muß sie die Aussichtslosigkeit ihrer Bemühungen eingesehen haben, und ließ von mir ab. Ich erfuhr noch, daß sie ein Medizinstudium begonnen hatte, dann verloren sich ihre Spuren in der Ostschweiz.
Und noch immer ist sie mir – und bin ich mir in bezug auf sie – ein Rätsel.
(Erna, meine *blasse Sphinx.*)

# LI

*Dedek*

Wir sahen uns kaum. Der Staatenlosenpaß verhinderte, daß ich zu meinen slowenischen Großeltern nach Maribor fahren konnte. Und sie kamen nur selten zu Besuch. Vor allem Großvater-Dedek fehlte mir sehr. Als ich klein war, setzte er mich auf seine Knie, machte Hoppa-Hoppa-Reiter, und dann durfte ich ihn an seiner Glatze kitzeln, die verführerisch glänzte. Schon in jungen Jahren war er völlig kahl, verbarg seinen großen rosa Schädel unter einem extrabreiten Hut. Das machte Eindruck. Aber Dedek flößte nicht nur wegen seines Aussehens Respekt ein. Er hatte eine natürliche Autorität – durch seine Intelligenz und seinen Witz, durch seine Strenge und seinen Charme. An der Handelsschule von Maribor unterrichtete er Maschinenschreiben und Stenographie. Das Stenographie-Lehrbuch verfaßte er selbst, dazu ein Lehrbuch des Esperanto, das seine große Leidenschaft war. Während eines Besuchs in der Schweiz, ich mochte damals elf sein, versuchte er mich für diese Kunstsprache zu begeistern: »Stell dir vor, da kann sich ein Slowene mit einem Koreaner, ein Baske mit einem Finnen verständigen, von gleich zu gleich! Und die Sprache ist ganz leicht zu erlernen, weil sie auf vielen bekannten Elementen basiert.« Das leuchtete mir zwar ein, aber gerade der Kunstcharakter des Esperanto stimmte mich skeptisch. Sprachen waren für mich mehr als nur Verständigungsmittel; sie waren eigengesetzliche Welten mit einem spezifischen Klang. Großvater dachte da pragmatischer. Als Vertreter einer Sprache mit nur 1,2 Millionen Sprechern verfolgte er die Utopie universaler Verständigung, mittels einer *lingua franca*, die für diesen Zweck eigens geschaffen worden war. Seinen missionarischen Eifer bezeugte er auf Esperanto-Tagungen und als Übersetzer slowenischer Literatur ins Esperanto.

Ich bewunderte ihn, aber ich mochte nicht in seine Fußstapfen treten. Wenn die Rede auf Esperanto kam, hörte ich schweigend zu. Bis es irgendwann um Bücher ging, meine Lieblingsdomäne. Er wollte wissen, was ich las. Wie ich dieses und jenes verstand. »Sehr akkurat!« pflegte er zu sagen und klopfte mir anerkennend auf die Schulter. Und immer wieder bat er, einen Schulaufsatz von mir lesen zu dürfen. Manchmal rückte ich einen heraus. Er studierte ihn aufmerksam und äußerte sich zum Schluß zu meiner Schrift, denn neben Esperanto galt seine Leidenschaft der Graphologie. »Sensibel, intuitiv«, murmelte er, »mit einem deutlichen Hang zur Synthese.« Ich fühlte mich wie ertappt.

Dedek und ich liebten einander. Und hatten einiges gemein. Beide runzelten wir (aus angeborener Strenge) die Stirn, beide saßen wir die meiste Zeit über Bücher gebeugt, beide litten wir an Migräne und Verstopfung. Nur den Humor, den neidete ich ihm. Den Humor und seinen trockenen, zum Sarkasmus neigenden Witz. Mein Bruder, ebenfalls mit Witz begabt, reagierte darauf begeistert. Und konnte sich an Großvaters »Paradenummer« nicht satt hören, dem Endloslied, das dieser – vor allem auf Autofahrten – in deutscher Sprache sang: »Ein Hund kam in die Küche und stahl dem Koch ein Ei, da nahm der Koch das Messer und schlug den Hund entzwei ...« Das ging so, abwechselnd brutal und lustig, absurd und putzig, von Reim zu Reim, bis mein Bruder vor Lachen fast platzte und alles von vorne anfing.

Auch das war Dedek, ein Spaßmacher zur rechten Zeit. Aber alle wußten, daß sich hinter seinen Späßen tiefer Ernst verbarg. Sein prüfender Blick, hinter runden Brillengläsern, hatte etwas melancholisch Verschattetes.

Als ich im Gymnasium war, stand ich mit ihm in Briefwechsel. Er wünschte sich diesen Kontakt, um meine geistige Entwicklung (wie er sich ausdrückte) mitverfolgen zu können. Schreib mir über deine Lektüren, schick mir Aufsätze, bat er wiederholt. Niemand außer ihm interessierte sich für diese Dinge. Und ich weihte ihn in meine Gedanken über Rilke und Thomas Mann ein, über Themen, die wir im Deutschunterricht behandelten. Beharrlich schrieb er zurück, stellte Fragen, lobte, äußerte sich zu meiner Schrift, die er als künstlerisch qualifizierte. Ich spürte, daß er hohe Erwartungen in mich setzte, weil er mich für eine »Geistesverwandte« hielt. Den Rest der Familie, einschließlich seiner slowenischen Enkel, zählte er zur technisch-naturwissenschaftlichen Fraktion, zum »anderen Lager«.

Oft haderte ich mit der Tatsache, daß uns Staatsgrenzen und viele Kilometer trennten. Ich hätte ihn gern ständig in meiner Nähe gehabt. Nicht nur, um mich mit ihm zu unterhalten, sondern auch um ihm beim konzentrierten Arbeiten zuzusehen, oder mit ihm Debussy zu hören, seinen Lieblingskomponisten. Wir hätten uns in *La mer* vertieft. Und ich hätte ihm *La cathédrale engloutie* vorgespielt, oder *Children's corner*. Er wäre still dagesessen, die Hände über dem Bauch verschränkt, fast andächtig. Von kirchlicher Andacht hielt er, im Unterschied zu seiner Frau, nichts.

Alles änderte sich mit unserer Einbürgerung. Kaum besaß ich den Schweizer Paß, fuhr ich zu Großvater nach Maribor. Dedek und Babica wohnten in einem ruhigen Haus an der Vrbanska 5, knappe zehn Minuten vom Stadtpark, in dessen Nähe auch meine Tante mit ihrer Familie lebte. Seit meiner frühen Kindheit war ich nicht mehr in Maribor gewesen, und doch kamen mir Straßen und Plätze, die Drau und der Hausberg Pohorje vertraut vor, bis zur Rührung nah. Am liebsten wäre ich den ganzen Tag herumgeschlendert, hätte Luft und Gerüche eingesogen und den Klang der so selten gehörten slowenischen Sprache. Aber das »Regime« meiner Großmutter und die überbordende slawische Gastfreundschaft ließen es nicht zu. Immer war ich geladen: mittags, nachmittags, abends, zu üppigen Essen, die kein Ende nehmen wollten. Babica eilte schon um sieben Uhr morgens auf den Markt, um mit frischem Gemüse und einem lebenden Huhn zurückzukehren. Dann stand sie schwitzend in der Küche, strich sich das lilagefärbte, dauergewellte Haar aus der Stirn und schimpfte, wenn Großvater etwas von ihr wollte. Denn pünktlich zu den Mittagsnachrichten mußte das Essen fertig sein: fettglänzende Hühnersuppe mit Fadennudeln, Suppengemüse und den Innereien des auf dem Balkon geschlachteten Hühnchens; panierte Hühnerschenkel mit Reis und Apfelkompott; eine hausgemachte Nuß-Potitze. Ich erging mich in Komplimenten; dann stießen wir mit Weißwein auf Babicas Kochkünste an.

War es vier, als Dedek von seinem Nickerchen auf dem Sofa erwachte? Jetzt gab es türkischen Kaffee mit Mandelgebäck, dann aber wollten wir, er und ich, einen Spaziergang machen. Babica ahnte unsere Komplizenschaft und ließ uns gehen. Luft, Bewegung! Dedek führte mich, gemessenen Schritts, Richtung Stadtpark. Zeigte mir seine Lieblingswege, die Baumriesen des Parks. Ich erinnere ein warmes Licht, das durch das Grün flutete und den hoch über dem Stadtpark gelegenen »Kalvarienberg« mit der kleinen Kapelle in einen gelben Schein tauchte. Wir begegneten Kindern und Rentnern und immer wieder Bekannten meines Großvaters, die ihn respektvoll grüßten, darunter einige seiner ehemaligen Schüler. Erst in Maribor wurde mir bewußt, wie angesehen Dedek war. Man schätzte nicht nur sein Wissen, sondern auch

seinen Charakter: unbeugsam, integer, kompromißlos. Und seine klare politische Haltung. Dedek, der mehrere Kriege, Staats- und Regimewechsel miterleben mußte, glaubte an die Ideale der Aufklärung. Mit Vehemenz, wenn auch ohne öffentlich Aufsehen zu erregen, stellte er sich zuerst gegen den Faschismus, dann gegen die Auswüchse des Titoismus. Statt der Propagandasender hörte er heimlich BBC und die »Weltchronik« genannten wöchentlichen Berichterstattungen des Schweizers Jean Rudolf von Salis. Seine Sympathien galten freiheitlich-demokratischem Denken, ganz wie die seines Sohns, meines Vaters. Bloß keine ideologische Rattenfängerei. Bloß kein Fanatismus. Sein Glaube an die Ratio war unverbrüchlich, machte ihn gegen Extremismen aller Art resistent und im Innersten optimistisch.
Er liebte die Natur. Die Kunst. Den Wein.
Vom Stadtpark schlugen wir den Weg zu den »Drei Fischteichen« (Tri ribniki) ein, künstlich angelegten Weihern mit einer schönen Ufergestaltung und einem gemütlichen Restaurant, wo Dedek einkehren wollte. Auf die Liebespärchen achteten wir nicht, vertieft in Gespräche über Dostojewskijs *Idiot* und Thomas Manns *Tod in Venedig*. Daß ich von den Russen angezogen war, wunderte Großvater wenig; ihm ging es ebenso. Sie fingen die Welt nicht nur weit, sondern auch tief ein. Gingen allen großen Fragen auf den Grund. Dedek betonte: Grund. Und scheuten kein Risiko. (Imre Kertész in einem seiner Bücher: »Da wir sterben müssen, tun wir gut daran, ja, sind wir verpflichtet, kühn zu denken.«)
In der »Gostilna« bestellte Dedek Weißwein, dazu aß er eine Scheibe Schwarzbrot. »Nichts geht über Brot und Wein«, sagte er lachend, »merk dir das«. Die Abendsonne spielte auf den Weihern und füllte die Wirtsstube. Dieser Augenblick gehörte uns. Bis der Wein ausgetrunken war.
Auf dem Heimweg schwiegen wir öfter. Hörten den Vögeln

zu. Oder Dedek hing seinen Gedanken nach. Die Hände auf dem Rücken, den Kopf vorgeneigt, nahm er von der Umgebung keine Notiz. So muß der »zerstreute Professor« auch den Weg in die Schule zurückgelegt haben. Abwesend für Blicke, in sich selbst vertieft. Das erzählten liebevolle Gerüchte, während Großmutter eine drastischere Geschichte zum Besten gab: »Wir waren eingeladen. Unten am Gartentor bemerkte ich, daß seine Krawatte nicht zum Hemd paßte, und ich schlug ihm vor, er soll eine andere anziehen. Gut, sagte er. Ich wartete. Wartete eine Ewigkeit. Dann wurde es mir zu bunt. Ich gehe hoch, und was sehe ich? Er liegt im Pyjama im Bett. Nach der Krawatte zog er alles andere aus, einem Automatismus folgend, weil er in Gedanken ganz woanders war. Immer ist er woanders. Es ist eine Crux mit ihm!«
Niemand bestätigte mir die Geschichte, die ein wenig unglaubwürdig klang. Denn bei aller Zerstreutheit: senil war Dedek nicht. Eher mochte in diesem Fall sein Unbewußtes im Spiel gewesen sein, die Unlust, auf Besuch zu gehen.
Wie lebten die beiden überhaupt, Dedek und Babica, Rudolf und Olga? Ihr Verhältnis blieb mir ein Rätsel. Sie tyrannisierte ihn mit Essenszeiten, den Problemen des Alltags, er sie mit seiner Unabkömmlichkeit und Neigung zur Rechthaberei. Sie hatte keine Ahnung von dem, was ihn beschäftigte, nahm an seinen Interessen und Studien nicht den geringsten Anteil. Er wiederum zeigte sich gleichgültig gegenüber ihren Hausfrauensorgen. Mag sein, daß sie sich aus Frustration in die Frömmigkeit flüchtete. So lebten sie gleichzeitig zusammen und getrennt, in erprobter (erlittener) Paradoxalität. Weder glücklich noch unglücklich, wie vermutlich viele Paare. Was sie verband, war die Lebensroutine, waren die Kinder, waren die gemeinsam durchgestandenen Härtezeiten, war die Gewöhnung. Und eine gewisse gegenseitige Toleranz.
Als Großvater und ich von unserem Spaziergang heimkehrten,

war Babica schon nervös. Wo wir so lange geblieben seien, das Abendessen stehe längst bereit. Wir gaben keine beschwichtigenden Erklärungen ab, sondern setzten uns folgsam an den Tisch und aßen mit Appetit. Alles schmeckte vorzüglich. Großmutters zitternde Unterlippe beruhigte sich. Und als ich ihr dankbar über den Arm strich, lächelte sie zufrieden.
Andere Spaziergänge mit Dedek führten an die Drau, in das Gassengewirr der Altstadt, zum stattlichen Gründerzeitbau des Gymnasiums, in Buchhandlungen und Ledergeschäfte. Hier, in seiner Heimatstadt, wollte er mich verwöhnen, indem er mir mal ein Eis, mal Gedichte eines slowenischen Klassikers kaufte – und zum Abschied »etwas Größeres«. Ich entschied mich für eine schwarze Ledermappe. Sie war elegant und solid und begleitete mich jahrelang. Bis in die Studienzeit. Bis über Großvaters Tod hinaus.

Gab es ein zweites Mal in dieser Art? Ich glaube nicht. Oder nur kurz. Eines Tages kam die Nachricht, Dedek sei an einem Melanom erkrankt. Schwarzer Befund, mit düsterer Aussicht. Operation. Wenig später traten Augenprobleme auf. Man vermutete Metastasen. Dedek wurde auch in Zürich untersucht, wo man auf einen Eingriff aber verzichtete. Die Krankheit nahm ihren unerbittlichen Lauf. Sie zog sich über Jahre hin, machte den kräftigen Körper immer schwächer, nur den Willen brach sie nicht. Ich erinnere mich an das Ende, im Spital von Ljubljana. Dedek, an Urämie erkrankt, liegt mit dunkelgelber Gesichtsfarbe und zornigem Blick in einem Vierbettzimmer, umgeben von Sterbenden. In verordnetem Spitalpyjama, der an Häftlingskleidung gemahnt. Erregt, wie ich ihn nie gesehen habe, schreit er: Verfluchtes Ärztepack! Doch keiner nimmt sich seiner an, lindert ihm die letzten Stunden.
So ging er im Groll hinüber. Unversöhnt.

Nach seinem Tod wurde an seinem Geburtshaus in Ormož eine Gedenktafel angebracht und in Maribor, in der Nähe »seiner« Schule, ein Platz nach ihm benannt. Ich bin die Routen unserer Spaziergänge seither viele Male abgegangen. Er spricht noch immer zu mir. Nicht nur über Brot und Wein.

# LII

*Die Schläferinnen*

Sechs Jahre Gymnasium, aber ich kann mich an die Schulzeit kaum erinnern. Nur an die wiederholten Umzüge von einem Gebäude ins andere, an Pausengespräche, an meine Müdigkeit. Ich war chronisch unausgeschlafen. Seit je ein Nachtmensch, fiel mir das Aufstehen um sechs Uhr morgens schwer. Im Halbschlaf verbrachte ich nicht nur den Schulweg, sondern meist den ganzen Vormittag. Saß wie ein Zombie in der Bank und ließ die Unterrichtsstunden an mir vorüberrinnen. Klinkte mich nur ein, wenn es gefordert wurde oder der Stoff mich ansprach. Vergil zum Beispiel. Spanien unter Philipp II. Die deutsche Barockdichtung. Paul Valéry. Deutsch, Französisch, Latein und Geschichte hatten das Zeug, mich aufzuwecken. Ging es jedoch um Zahlen oder Formeln, driftete ich weg, sah alles wie durch Milchglas, und mein Denken hüllte sich in Watte. Ich war anwesend-abwesend, in einem somnambulen Zustand, der mir fast so irreal vorkam wie das abstrakte Zahlengewirr auf der Wandtafel. Unberührt nahm ich die Dinge zur Kenntnis, sie griffen nicht. Ich begriff sie nicht. Oder erst viel später, wenn mich der Tag wieder hatte.
Er hatte mich gegen Mittag, dann ging es aufwärts. Verdeutlichten sich die Konturen, wurden meine Lebensgeister wach. Was nicht hieß, daß ich immer bei der Sache war. Sie mußte mich schon interessieren, sonst dämmerte ich weiter. Und sparte meine Energien für das Klavierspiel zu Hause.
Ich glaube, ich ging geschickt mit meinen Kräften um, haushälterisch, im Rahmen meiner Möglichkeiten. Scheute keinen

Einsatz, wenn Klausuren ihn erforderten, dimmte mich aber herunter, wenn auch Sparflamme erlaubt war. Gleichmut oder Passivität würde ich es nicht nennen, eher Kräftemanagement. Gewichtung. Suche nach Prioritäten.
Priorität hatte die Literatur, hatten das Lesen und die Musik. Damit beschäftigte ich mich meist zu Hause, mit Begeisterung. Mein Lesehunger ging weit über das hinaus, was der Schulunterricht mir abverlangte. Ich las Dostojewskij und Gershom Scholem, Augustinus und Gertrud Kolmar, bis tief in die Nacht, was den Teufelskreis der Müdigkeit aufrechterhielt.
Von meiner Leidenschaft wußten nur wenige. In der Schule galt ich als introvertiert, zu Späßen und Blödeleien nicht aufgelegt. Sportlicher Geselligkeit konnte ich ebenso wenig abgewinnen wie dem Sport selbst, den immergleichen Turnstunden einer Mädchenklasse: Barren, Ringe, Handball. Oft täuschte ich Unpäßlichkeit vor und blieb dem Sportunterricht fern.
Auf Teamgeist verstand ich mich schlecht. Mochte auch keine Allianzen mit diesem oder jenem Grüppchen eingehen, im Zeichen der Verschwiegenheit. Weshalb ich schwer zu »gebrauchen« war. Parteilos marschierte ich im Einzelschritt, oder unheroischer: partizipierte am wärmenden Biotop der Klasse, indem ich mich mit Einzelnen verband. Da war, immer alert und fröhlich, schöpferisch und witzig, Magi. Mit schnellen Strichen porträtierte sie Lehrer und Schüler, zeichnete Cartoons, daß alle in helle Begeisterung ausbrachen. Ihre Beobachtungsgabe war stupend; noch größer ihre Fähigkeit, dem Beobachteten einen komischen Dreh zu verpassen. Die Einfälle gingen ihr nie aus. Sie verfügte über genuinen Humor. Und über ein fabelhaftes Gedächtnis.
Was ich im Gymnasium verschlafen habe, Magi erinnert es bis heute. Pausengespräche, Streiche, Gedichte, alles. Ich tippe

etwas an, und sie sprudelt los. In ihrem Erinnerungsdepot finden sich Jahre, die ich fast verloren glaubte.
Neulich schickte sie mir ein Foto, das uns schlafend im Zug zeigt. Ein Bild, entstanden auf der Fahrt nach Siena, wohin wir unsere Abiturreise machten. Da sitzen wir also, zwei vertrauensvoll aneinander gelehnte Schläferinnen, selbstvergessen, mit entrücktem Gesichtsausdruck. Magis Kopf ruht auf meiner Schulter, als wäre diese Kuhle sein einzig richtiger Ort. Der blonde Haarschopf berührt meinen braunen, den ein weißes Stirnband umspannt. Magi scheint zu lächeln, während ich konzentriert, beinahe leidend aussehe, heimgesucht von einem fernen Traum. Die Polsterung ist hart, der Zug ruckelt geräuschvoll, aber unsere Körper stützen einander. In stummem Einverständnis. In stiller Balance.
Nur Nähe ermöglicht solchen Schlaf. Denn Schlaf heißt Blöße, Wehrlosigkeit.
Ich fühlte mich Magi schon immer nahe, seit der ersten Gymnasiumsklasse. Sie hatte ein großes Herz und die Empfindsamkeit der Fischgeborenen. Liebte das Wasser und die Farbe Blau, und verstand sich auf vieles, auf das ich mich auch gern verstanden hätte: aufs Radfahren, vor allem aber aufs Zeichnen. Ich bewunderte ihren Humor, und ahnte die Melancholie, die sich hinter ihm verbarg. Es konnte vorkommen, daß die fröhliche Magi plötzlich in Tränen ausbrach. Ich fragte nicht, schloß sie nur noch mehr ins Herz. Hier hat sie bis heute ihren Ort. Hüterin zahlloser Erinnerungen und Geheimnisse.
Tell me about Mr Streuli, Mrs Urner, Mrs Marxer, about Marina, Helen, Hanna. As you like, sagt sie. Und hat fünf Anekdoten parat. My God, sag ich, so war das also. Glücklich über die Fische, die Magi aus meinem Schlafnetz gezogen hat. Und sehe mit einem Mal Hannas Ringellocken (die sich immer nach afrikanischem Kraushaar sehnten), Mr Streulis markantes Profil und die weiße Mähne der Altphilologin Mrs

Marxer, höre Marina und Helen schnattern und Mr Villiger in herbem Tonfall um Ruhe bitten, folge den langsamen Schriftzügen der Halbbulgarin Maria, die mir das kyrillische Alphabet beibringt, und Maryvonnes schnellen Erklärungen zur Differenzialrechnung. All right, da seid ihr alle. Auch Mr Brenner mit seinen Reagenzgläsern.

Aber war die Schule nicht am besten, wenn sie auszog? Ins Klassenlager nach Valbella, wo wir nachts zum Himmel hochblickten und die Sterne bestimmten? Was wir tagsüber, im Fach Astronomie, gelernt hatten, bekam in der Dunkelheit strahlende Evidenz. Wir saßen, knieten, lagen – und schauten. Staunten. Zugleich ging es uns wie Pascal, dem das »ewige Schweigen« der »unendlichen Räume« Furcht einflößte. Alles Wissen kam gegen diese Erhabenheit nicht an. Und wenn einer von uns plötzlich loslachte, hinein in die Stille, dann nur, weil er das erhabene Schweigen nicht mehr aushielt. Klein waren wir, töricht, verlegen. Und trotteten klein, töricht, verlegen den See entlang zurück zum Haus, zu einem späten Umtrunk und Gespräch. Und ob ich wach war!

# LIII

*Paris, 6 Quai du Marché Neuf*

Ein Studienjahr in der Weltstadt, damit wollte ich mir einen Traum erfüllen. Ein Kollege war schon dort, an der Sorbonne, trug seine Cahiers unterm Arm und kämpfte sich durchs Gedränge der Metro. Das Leben sei hart, sagte er, aber es hat Flair.
Eines Morgens steige ich an der Gare de l'Est aus dem Nachtzug und bin da. Mitten im Gewühl der Großstadt. Christian wartet, um mir zu helfen. Meine Koffer sind schwer. Wir setzen uns in die erstbeste Brasserie, frühstücken. Heiße Schokolade und zwei Croissants. Das Lokal ist voll, die Croissants sind zart und knusprig. Und der Rhythmus um uns herum pulsiert. Die Kellner tragen lange weiße Schürzen, ihre Stimme ist rauh vom Aufgeben der Bestellungen. Schon zu dieser frühen Morgenstunde gibt es Gäste, die gezapftes Bier verlangen. Sie müssen die Nacht durchgemacht haben, so oder anders. Das Lokal ist laut und lebhaft, ich bin wie benommen vom Lärm. Christian holt einen Zettel mit Adressen und Telefonnummern hervor: das Ergebnis seiner bisherigen Zimmersuche. Für mich. Die Sache ist wichtig, ich habe kein Logis und bei Christian höchstens eine kurze Bleibe. Ich werde unverzüglich handeln müssen. Wir fahren zu ihm, ab neun Uhr läßt sich telefonieren. Er ruft an, erklärt die Situation, drückt mir den Hörer in die Hand. Ich vereinbare eine Besichtigungszeit. Dann eine zweite und eine dritte. Nicht jede Stimme ist mir sympathisch. Kurz angebunden, von mir aus. Aber dieser bellende Hochmut. Ich

fühle mich schwach. Wie kriegt man eine dicke Haut? frage ich Christian. Das lernst du noch, sagt er gelassen.
Am Nachmittag stapfen wir durch den Regen, die Häuserfassaden wirken grau. Die Alleen sind noch unbelaubt. Ich komme mir plötzlich sehr klein vor. Dieses Gefühl wird sich immer wieder einstellen: ein Staubkorn zu sein im Moloch der Großstadt. Aber die Adresse, die wir ansteuern, ist besonders: 6 Quai du Marché Neuf, auf der Île de la Cité, wenige Schritte von der Notre-Dame entfernt. Wir nehmen die Metro, steigen bei Saint-Michel aus. Überqueren die Brücke. Da, das Haus gleich neben der Präfektur, mit einer vornehmen Fassade zur Seine hin. Ich kann es kaum glauben. Die Vermieterin empfängt uns in ihrer geräumigen Wohnung, deren Fenster auf den Fluß schauen. Sie fragt, woher ich komme. Bei »Suisse« verzieht sie den Mund zu einem kleinen spöttischen Lächeln. Das Zimmer, sagt sie, befinde sich im Hinterhaus, zu erreichen über den Escalier de service, den Bedienstetenaufgang, 4. Etage. Das Treppenhaus ist eng und düster. Oben betreten wir eine Wohnung, die penetrant nach Stockfisch riecht. Portugiesen, sagt Madame. In den restlichen Zimmern wohnen Portugiesen. Küche und Bad sind gemeinsam. Sie schließt mir ein Zimmer auf, das wie ein Schlauch aussieht: lang und extrem schmal. Und dunkel, weil es auf einen schachtartigen Hof geht. Das Zimmer besteht aus einem Bett, einem Sekretär, einem durch einen Vorhang abgeteilten Schrank und einem Lavabo. Ich stehe wie angewurzelt und schaue. So beengt habe ich noch nie gewohnt. Halte ich das aus, umgeben von Fischgeruch?
Ich erbitte mir drei Stunden Bedenkzeit. Im Kopf tobt es wie verrückt: Eine bessere Lage findest du nicht, zu Fuß zur Sorbonne, das Quartier Latin nebenan, die Notre-Dame als Hauskirche, auch Saint-Germain nicht weit. Andererseits diese schmale Zelle mit dünnen Wänden, lauter fremden

Geräuschen und Küchengerüchen ausgesetzt, keine Rückzugsmöglichkeit. Das Ringen ist qualvoll, aber ich mag kein anderes Zimmer besichtigen. Nicht jetzt. Wir essen eine Pizza im Quartier Latin. Christian sagt: Eine noble Adresse, überleg's dir gut. Ja ja, sag ich, aber bin ich ein Fakir? Dann überkommt mich plötzlich Entschlossenheit. Wenn ich im Herzen der Stadt wohne, mache ich dieses Herz zu meiner Stube. Zum Schlafen reicht die Pritsche.

Christian strahlt. Zwei Tage später hilft er mir beim Einziehen. Die Portugiesen stellen sich vor: ein Ehepaar und eine Freundin des Ehepaars. Fröhlich. Wir trinken ein Glas Wein. Aber kochen, nein, kochen werde ich hier nicht. Das weiß ich im Bruchteil einer Sekunde.

Ich werde Baguette mit Camembert essen, fast rund ums Jahr. Und Joghurt und Tomaten und Obst. Auf der Schreibfläche des Sekretärs, die mir auch zum Arbeiten dient. Der Schlauch hat seine »Abteilungen«: ganz hinten das Lavabo, anschließend der Arbeits- und Eßbereich, dann das Bett. Um das Maß voll zu machen, stelle ich noch ein Klavier hinein, das mir ein Bekannter borgt. Es gibt dem Zimmer und meinem Leben darin Glanz. Wenn ich übe, vergesse ich die Enge. Und ich übe regelmäßig. Bachs *Wohltemperiertes Klavier*, Band 1, Chopins *Revolutionsetüde*, Mozartsonaten. Ich mache am Klavier auch Konzentrationstraining. Dieses besteht darin, auswendig eine Etüde zu spielen und gleichzeitig einen russischen Text vom Blatt zu lesen. Warum ich ausgerechnet in diesem Pariser Zimmer auf diese Idee verfalle, weiß ich nicht. Vielleicht ist es ein Überlebenstraining. Links vom Klavier befindet sich der Schrank.

# LIV

*Straßen, Kirchen*

Ich meide die Kammer, ich bin den ganzen Tag unterwegs. In den Hörsälen der Sorbonne, mehr noch auf den Straßen, an denen ich mich nicht satt sehen kann. Jeder Gang ist eine Überraschung und der Pariser Vorfrühlingshimmel von zartestem Blau. Ich bin ein Guck-in-die-Luft, gefährlich für mich selbst. Und stolpere auch. Aus Gier, alles und jedes zu erhaschen. Die Marktstände an der Rue de Seine und oben die Dächer, die Dachlandschaften. Kaum wandert der Blick über Austernkörbe mit Seetang, fällt er auf eine Buchauslage (»Livres russes«), auf einen Musette-Spieler und jäh auf eine Kaminreihe. Nichts, was nicht interessant wäre. Die kleine Place Furstemberg ist still wie ein verschlafener Dorfplatz. Aber unendlich vornehm. In ihrem Oval dämmern weiße Häuser mit edlen Türknäufen und heruntergelassenen Jalousien. An Triest erinnern sie nur halb. Es fehlt ihnen die marode Melancholie. Und nur wenige Schritte entfernt braust der Boulevard. Hier ist Gehen ein Sich-treiben-lassen, vorbei an Zeitungsständen, Geschäften, Cafés. Die Blicke der Passanten begegnen sich kaum, sind viel zu abgelenkt. In den engen Gassen ist das anders. Schultern berühren sich, Pardon, die Quittung kann ein Lächeln sein. Lauter Teppich- und Antiquitätenläden, einladend schön. Aber nichts für meinen Geldbeutel. Gegen den Hunger leiste ich mir einen Hot dog, gegen den Durst eine Lait Grenadine. In einem kleinen Café mit hübscher Aussicht. Das Verrühren des Granatapfelsirups in der Milch, bis diese tiefrosa wird, verlangt keine Eile, wenn draußen das Cinéma Vérité läuft. Manchmal zücke ich mein Notizheft und skizziere ein Gesicht, ein Gebäude. Dann zieht es mich weiter. Im Jardin du Luxembourg ist das Licht wie ein Rausch: Lichtbadende sitzen im Kreis um die Brunnen, mit geschlossenen Augen, der Sonne hingegeben. Wie eine Andachtsgemeinde. Ich geselle mich hinzu. Ich bin hungrig nach Licht. Die Luft ist kühl, würzig, leicht bewegt. Ich drücke die Baskenmütze tiefer in die Stirn und stecke die Hände in die Manteltaschen. Durchatmen. Camus' *Fremden* hole ich nicht hervor, nicht hier. Der Augenblick genügt sich selbst. Hell die noch wasserlosen Springbrunnenbecken, hellgelb der geharkte Sand der Parkwege. Auf dem hellen Sand spielen die Schatten der Bäume, grauviolett. Wer sich nicht sonnt, flaniert durch die Alleen oder lehnt sich lässig über die Brüstung der Terrasse. Die Statuen, aus ihren Holzverschalungen entlassen, frieren. Polizisten drehen ihre Runden, von Parkgitter zu Parkgitter. Ich strebe zum Panthéon, in die schattige Rue Descartes. In den Läden brennt schon Licht. Es gibt kleine orientalische Geschäfte, die verführerisch duften und eine wohlige Wärme ausstrahlen. Ich kaufe mir indische Räucherstäbchen und tunesische Datteln. Während es den Hügel hinab geht, esse ich eine. Unten, jenseits des Boulevard Saint-Germain, locken die orientalischen Buden des Quartier Latin. Der libanesische Bäcker mit seinen süßen Pistazien- und Mandelkuchen, mit Chalwa, Baklawa, triefend von Honig. Die Läden haben hellblaue oder hellgrüne Türen und Schilder. Sie grenzen an Restaurants und Imbißbuden, wo sich an Spießen Kebabs oder ganze Ferkel drehen. Mitten in diesem trubeligen Orient findet sich aber auch anderes: eine Cocteausche Buchhandlung, ein Schuster, das Theater in der Rue de la Harpe, wo Tag für Tag Ionescos *Kahle Sängerin* gegeben wird. Und Gibert Jeune, wo sich alle Studenten mit Büchern und Heften eindecken, und die Kirche Saint-Séverin mit angrenzendem Kreuzgang und Hof.

Sie ist meine Oase. Ich betrete sie über die Haupttreppe, auf der fast immer ein Bettler schnorrt. Auch im Innern gibt es Bettler und Obdachlose; sie liegen auf den Lüftungsgittern, durch die warme Luft austritt, bis sie von einem Sakristan verjagt werden. Die Kirche ist mittelgroß, mit gotischem Hauptschiff und zwei durch einen Chorumgang verbundenen Seitenschiffen, die ihr etwas Hallenartiges verleihen. Das Schönste ist die »gedrehte« gotische Säule: in der Sichtachse des niedrigen Altars ragt sie am Ende des Schiffs empor wie ein flamboyanter Baum. Keine Bänke. Holzstühle. Stille.
Draußen zeigt die Kirche ein anderes Gesicht: die Wasserspeier mit ihren dämonischen Fratzen werfen höhnische Blicke auf die Passanten, keinen Steinwurf vom Straßengeschehen entfernt. Ich drehe ihnen den Rücken und eile über die Rue Saint-Jacques zu Saint-Julien-le-Pauvre. Das kleine Gotteshaus ist in einem Park, hinter Bäumen versteckt. Schräg gegenüber von Notre-Dame. Dort drängt sich alles, hierhin verirrt sich fast keiner. Mein Nest, sage ich. Ein Nest mit romanischer Apsis, zierlichen Säulen, Ikonostase, Kandelabern, in dem es nach Bienenwachs und Weihrauch riecht. Melchiten halten hier ihre Gottesdienste ab, syrische und libanesische Christen, die den orientalischen Ritus pflegen. Ich schaue auf die strengen Gesichter der Heiligen. Zünde eine Kerze an. Lausche. Hier ist mehr Osten, als ich mir hätte träumen lassen. Meine Stube ist hier.

Ich bin neugierig, und ich habe ein Bedürfnis nach Geborgenheit. Ich bin die neunjährige »Weltforscherin« und das Kind mit dem Pelzhandschuh. Die Großstadt schüttelt mich durch, macht mich klein und groß, weckt meinen Entdeckungstrieb und schürt uralte Ängste. Mal genieße ich die Freiheit der Anonymität, mal fürchte ich, in ihr unterzugehen. Die Stimmungen wechseln wie das Wetter, und wetterfest bin ich nicht.

Trotz meines nomadischen Erbes nicht gegerbt. Da waren zu viele Wanderungen, sag ich mir. Ich brauche ein Häuschen, ein Kabäuschen, wenigstens eine Ahnung davon. Am Klavier fühle ich mich sicher. Beim Lesen, im Schein der Lampe, ist die Welt in Ordnung. Im bauchigen Rund von Saint-Julien-le-Pauvre bin ich glücklich. Unter einem Dach, das mir nicht auf den Kopf fällt.
Aber da geh ich schon, über die verträumte Île Saint-Louis, ins Marais, kreuz und quer durch die engen Straßen, von der Place des Vosges zur Rue des Rosiers, vorbei an koscheren Metzgereien und jüdischen Buchläden, esse bei Goldenberg polnischen Borschtsch, die Zeit bleibt kurz stehen, streiche wie eine Katze alten Mauern entlang, stolpere über Bordsteine (Glück gehabt) und lande (rechtzeitig vor einem Platzregen) bei Shakespeare & Company. Noch ehe ich mich versehen kann, setzt man mich auf ein rotsamtenes Sofa zwischen deckenhohen Bücherstapeln und überläßt mich mir selbst. Der Erschöpfung meiner kleinen Odyssee.
Raus, rein, ins Weite, ins Behagliche, vom Hörsaal in die Avenuen, von der Bibliothek an die windigen Ufer der Seine. Demonstriert wird nicht, die Studentenunruhen kommen später, es ist Frühjahr 1966, ich studiere französische und russische Literatur. Im Dostojewskij-Seminar treffe ich Pawel, der sich, wie ich, vom Idioten nicht losreißen kann. Wir »idiotisieren« zwei Kaffeepausen lang. Dann fragt er mich, ob ich im russischen Kirchenchor mitsingen wolle. Oh. Und wo? An der Rue Daru, in der Alexander-Newskij-Kathedrale. Ich sage: Nimm mich mit. Wir verabreden uns auf den nächsten Sonntag, zehn Uhr, vor Ort. Der Vorplatz der goldkuppeligen Kirche ist voller Menschen, die sich angeregt unterhalten. Hier ist Klein-Rußland, Treffpunkt der russischen Exil-Gemeinde. Ich sehe Blondinen mit hochtoupierten Frisuren, Babuschkas in blumigen Tüchern, bärtige Männer, adrett gekleidete

zwitschernde Kinder. Russisch dominiert, aber man hört auch Französisch. Als ein Diakon auf den Vorplatz tritt, strömt die Menge ins Kircheninnere. Dieses ist hoch, in eine Kuppel mündend, nicht schatullenhaft wie Saint-Julien-le-Pauvre. Die aus mehreren Bilderreihen bestehende Ikonostase leuchtet golden. Und Kerzen überall, und Hände, die das Kreuz schlagen. Vorne rechts der Chor. Pawel in der zweiten Reihe, ein Bariton. Mir wird sofort warm, schon als der erste Gesang steigt. Und dann das nicht enden wollende »Gospodi pomiluj, gospodi pomiluj, gospodi pomiiiii-luj«. Die Klänge schwellen an und ab, weich, abwechselnd in Dur und Moll. Herr, erbarme dich. (Wie soll Er sich nicht erweichen lassen bei soviel Innigkeit.) Der Gottesdienst hat etwas Wogendes, wogend wie die Bärte der Priester und Diakone, wie die Weihrauchschwaden, die Verneigungen, die Gesänge und Litaneien. Wir sitzen nicht, wir wogen. Im Bewegten liegt der Rausch. Das Einverständnis dieser Stunde. Die dauert. Selbst die Kleinen fragen nicht, wie lange.
Belehrung? Nein, Beschwörung. Das ist heiliges Theater. Das ist eine Mischung aus russischer Stallwärme und höherem Fernweh. (Letzte Station: der liebe Gott.)
Klar, sage ich zu Pawel, klar mach ich mit. Stellst du mich dem Chorleiter vor? Der sitzt im Pierre Le Grand, im Café gegenüber, wo man sich nach dem Gottesdienst einen Wodka mit Sakuska genehmigt. Prost! Die Proben? Jeweils mittwochs um sieben. Notenlesen und Russisch, das geht. Und selbstbewußt füge ich hinzu: Ich singe rein.
Nu, choroscho.
So werde ich in Paris zur Chorsängerin.

## LV

*Der Organist*

Studiere ich Literatur oder Musik? Natürlich Literatur, aber die Musik begleitet mich auf Schritt und Tritt. Kein Tag vergeht ohne Üben. Allein schon der Anblick meines Klaviers, das wie ein treues Haustier in Enge und Gestank auf mich wartet, verpflichtet. Ich zause seine Tasten, bringe meine Nachbarn kurz zum Verstummen. Und vergesse mich momentweise selbst. Krise ist, den fremden Ort als furchterregend wahrzunehmen. Am Klavier mäßigt sich jede Angst. Manchmal sehe und höre ich ein blasses Wunder.
An dem Tag, als M. in mein Leben tritt, begegne ich auf dem Pont Saint-Michel einem Mongolen mit blauem Mantelfutter und glaube an ein gutes Omen. Ich durchquere den Tumult des Quartier Latin, betrete die Kirche Saint-Séverin. Orgelbrausen. Die Kirche ist ein einziger Schall. Steine, Säulen, Gewölbe, alles hallt. Jemand spielt Bach. Aber wie. Ich stehe unter der Empore, ich bin nicht imstande mich zu bewegen. Die Schweigekraft der Kirche ist tosendem Klang gewichen. Den eine zügige Hand bändigt. Ich höre das Persönliche im Unpersönlichen, Verzierungen, Pausen, andersschnelle Läufe. Klar und schwebend. Und eine packende Ordnung. Bin ich durchlässiger als gewöhnlich?
Nach dem Ende scheint es lange, als klinge die Musik nach. Als müßte die verdrängte Stille den Raum zurückerobern. Lange. Ich stehe. Ich warte. Worauf? Daß es wieder anfängt? Pötzlich öffnet sich die Tür, die zur Empore führt, und ein Mann tritt heraus. Mit einer Geistesgegenwart, die mich selber

überrascht, spreche ich ihn an. Ja, der Organist. Name etc. Ich stelle mich vor. Bach sei mein Lieblingskomponist. Ob ich mal vorspielen dürfte. Ich würde gerne Orgelstunden nehmen. Er sieht mich an. Er sagt: Kommen Sie nächsten Donnerstag um vier ins Pfarrhaus nebenan. Und verschwindet.
An jenem Donnerstag spiele ich aus dem *Wohltemperierten Klavier*, Band 1. Ich bin aufgeregt, das langsame Präludium gelingt mir am besten. Die Nerven, sage ich. Ich bin Migränikerin. Er nickt. Das sei er auch. Dann geht alles sehr schnell. Eine Woche später habe ich meine erste Orgelstunde.
Die Wendeltreppe ist steil, mit abgetretenen Stufen. Faites attention! Dann plötzlich die Empore, das riesige Instrument, der Blick ins Kirchenschiff. Eine Welt für sich. Die Orgel hat nicht nur ein Gehäuse, sie ist ein komplexes, begehbares Wesen. Ich umrunde sie physisch, lasse mir Gebläse und Mechanik erklären, die Reihen von großen und kleinen, von hölzernen und metallenen Pfeifen. Ein barockes Juwel, 1745 von Claude Ferrand erbaut. Mit mehreren Manualen, mit Pedal und Dutzenden von Registern. Als wir nebeneinander auf der Orgelbank sitzen, verläßt mich der Mut. Als müßte ich ein Orchester dirigieren. Als wäre ich ein Schiffskapitän. M. spielt mir eine Choralmelodie vor. Ohne Pedal. Ich versuche es auch. Die Tasten reagieren anders als beim Klavier. Mit Verzögerung. Wenn ich sie drücke, verklingt der Ton nicht. Lasse ich sie los, ist er augenblicklich weg. Staccato und Legato wollen neu eingeübt sein. Und vergiß das An- und Abschwellen des Tons. Tonfarbe und -stärke besorgen die Register. Ich erschrecke, wenn M. ein neues zieht, wenn zur hellen Schalmei etwas Metallisches erklingt, und plötzlich die ganze Orgel erdröhnt. Das ist markerschütternd. Unheimlich und erhebend zugleich.
Aber schön langsam, Schritt für Schritt. Üben werde ich auf der kleinen Standorgel unten im Chor, stundenweise. Der Meister sieht mich vierzehntäglich, er lebt nicht in Paris.

Ich würde ihn gerne öfter hören. Mich aus meinem zeitweiligen Elend auf die Empore flüchten. Beim dritten Mal bitte ich ihn: Spielen Sie mir etwas vor. Es ist Abend, die Kirchgänger haben sich verzogen, das Schiff dämmert vor sich hin. Er spielt eine Triosonate von Bach. Das Stimmenparlando ist zärtlich, perlend. Heiter. Ich drücke ihm die Hand. Er lächelt. Noch einen Choral?

Die Abende werden unsere bevorzugte Zeit. Wir tauchen in die Musik ein, darüber wird es Nacht. Ich frage, er erklärt mir Phrasierungen, Stimmenverläufe. Führt mich in den »style inégal« der französischen Barockmusik ein. Ich spiele. Er spielt. Wir spielen zusammen. Und wenn plötzlich Stille eintritt, sehen wir uns wie ertappte Kinder an.

Keiner möchte, daß es aufhört. Noch, und noch, und ein wenig noch. Die Nacht macht, daß die Musik alles ausfüllt. Uns gibt es nicht mehr, oder nur als Teil von ihr. Und so, in der Musik, beginnt unsere Liebe.

Sie kommt ohne viel Worte aus. Wer zuerst, wer danach, egal. Sie ist da, sie hat ihr Medium, ihre Gezeiten. Ich bin vierzehn Jahre jünger, ich blute beim ersten Mal. Weh tut es nicht. M. hat ein angeborenes Berührungsgespür. Wie er über die Tasten, über meine Haut fährt, über Holz und alte Säulenstümpfe. Seine Fingerkuppen, hochempfindlich, haben heilende Kraft. Ich vertraue ihnen. Vertraue dem ganzen Mann.

Wir sehen uns, wenn er in Paris ist. Wir spielen in der Nacht. Tagsüber zeigt er mir mittelalterliche Gassen im Marais, Hinterhöfe, Ruinen, Antiquariate. Zu jedem Ort weiß er Geschichten. Auch zur Kirche Saint-Séverin, wo es im rechten Seitenschiff zu bewaffneten Auseinandersetzungen gekommen sei. Chroniken berichten davon. Ich frage nicht, wann, dieses Seitenschiff mochte ich nie. Die Liebe macht uns nicht blind, zu zweit sehen wir mehr. Einen abgebrochenen Zweig im Rinnsal der Straße, einen Affendompteur, regenbogenfarben

schillernde Ölpfützen, einen singenden Clochard. Entspannt gehen wir Hand in Hand. Nur wenn der Abschied naht, drücken wir uns fester aneinander.
Er sagt, solche Nähe habe er noch nie erlebt. Wir sind uns zugefallen. Der blaue Mantel des Mongolen wußte davon.

In den Sommerferien verließen wir Paris. Fuhren mit seiner Camionette in den Süden. Zuerst ins Burgund, wo er mir kleine und größere romanische Kirchen zeigte (die weiße Pracht von Paray-le-Monial), dann in die Provence. Das Auto ist unser Kabäuschen. Er fährt es leicht, besorgt auch nötige Reparaturen. Sein handwerkliches Geschick. Wir sind glückliche Nomaden, wir lachen, endlich vereint. Auf Dorfmärkten kaufen wir ein: Brot, Käse, Tomaten, Obst. Die Landschaften der Belle France sind unsere abwechslungsreichen Küßkulissen. Und die Musik? Kein Tag ohne. In Malaucène setzt sich M. an die Renaissanceorgel der festungsartigen Kirche. Spielt Couperin. Er kennt die Instrumente, die Pfarrhäuser, die Curés. Kennt den Klang alter Schlüsselbunde. Ich frage mich, wie viele Leben er schon hinter sich hat.
Wir streiten uns nie. Wozu auch. Wir stolpern über Kopfsteinpflaster, besichtigen ein merowingisches Baptisterium mit Blick auf den Mont-Ventoux. Mein Engel spricht mit den Steinen. Und wirft die Boule-Kugel elegant aus der Hüfte. So vergehen die Tage. Sie riechen nach Hitze und Lavendel. Wir schwitzen. Zwischendurch erzählen wir uns Träume, und in Ruhe, wie es früher war. Als Minou mit neun zum ersten Mal auf der großen Orgel von Dole spielte. Er wollte nichts anderes. Nur endlich selber auf die Empore und in die Tasten greifen. Ein Autodidakt, sagt er von sich. Unehelich, Einzelkind, von der empfindsamen Mutter gehätschelt. Und besessen von der Musik. Das lieben wir aneinander, unsere Besessenheit. Auch ich entdeckte Bach mit neun. M. bewegt sich durch sein

Werk, als wäre es sein eigenes. Bedauert nur, nicht deutsch zu können. Wort und Musik gehen bei Bach so wundersam zusammen. Jetzt bin ich da, um für ihn zu übersetzen, Kantaten- und Choraltexte, was er will. Du bist meine Anna Magdalena, sagt M. zärtlich. Auch sie war Schülerin und vierzehn Jahre jünger als ihr Lehrer. Bach.
Sind wir zahlengläubig? Zaghaft spinnen wir uns in unsere Geschichten ein, die einen Cocon bilden, unsern gemeinsamen. Aber wir treiben es nicht auf die Spitze, bewegen uns in einem fort, ins Offene. Wie es unserer Natur entspricht. Um uns nachts ineinanderzukringeln zum Wunderei.

M. und ich an einer schattigen Quelle in den Wildnissen des Var. Schnitt. Wir betrachten schweigsam den romanischen Kreuzgang von Le-Thoronet. Schnitt. M. spielt auf der großen Orgel von Saint-Maximin, führt mir die Zungenregister vor. Schnitt. Wir streifen durch eine mondhelle Julinacht. Schnitt. Ich schaue M. beim Unterrichten zu. Schnitt. Er sucht meinen Blick, umgeben von neugierigen Musikstudenten. Schnitt. Dem Kursgerangel entflohen, picknicken wir auf einer kleinen Anhöhe über St.-M. Schnitt. Beim Gezeter der Zikaden liebkosen wir uns. Schnitt. Nachts liegen wir in einer ehemaligen Klosterzelle, teilen das schmale Bett. Schnitt. Im Morgengrauen stehle ich mich davon, weil. Schnitt. Weil keine Gerüchte aufkommen sollen. Schnitt. Während ich auf ihn warte, umarme ich den Stamm einer Schirmpinie. Schnitt. Während ich auf ihn warte, lese ich ein verborgenes Buch. Schnitt.

Unser Glück hatte einen winzigen bitteren Kern: M. war verheiratet. Ich fühlte mich nicht als Schatten- oder Nebenfrau, nur heimlich schuldig. Und wußte, daß ich kein Recht auf seine Zukunft hatte. Wir sprachen wenig davon. Wir sonnten uns im Moment. Von Anfang an waren unsere Begegnungen

befristet gewesen, und wurden gerade darum zu Festen außerhalb von Norm und Zeit. Ich begleitete M. zu Plattenaufnahmen nach Holland und Dänemark, wir trafen uns hier und dort, fielen uns um den Hals. Und alles war augenblicklich in Ordnung. Der schmerzende Kopf, das schmerzende Herz. Alles. Er nahm meine Hand, und wir wanderten zur nächsten Orgel. Nur die Musik kannte keine Grenzen.
M. wie Musik wie Medium wie Märchen.
Ernüchterung? Sie blieb uns ebenso erspart wie der Alltag. Wir lebten den Ausnahmezustand.
Einmal schrieb er: Die Haut der Kirche zitterte. Und dir war sehr kalt. Einmal schrieb ich: Vergiß nicht, daß ich überall auf dich warte. Ich erpreßte ihn nicht mit Weinen und Hilfsromantik. Unsere Liebe übte keinen Druck aus.
Nur die Umstände standen im Weg.
Aus kurzen Pausen wurden lange und immer längere. Unsere Berührungen übersiedelten in die Schrift. Rätselhaft und sehr langsam gaben wir auf. Ohne uns je zu verlieren. Die Rede vom Ende, nein, sie gilt nicht.

# LVI

*Praha*

Mit dem Schweizerpaß begann meine Rückkehr in den Osten. In Paris vagabundierte ich zwischen Exilrussen und Exilpolen, nie ganz froh. Jetzt wollte, konnte ich mich überzeugen, wie es *drüben* wirklich war. Hinter dem Eisernen Vorhang. Im kommunistischen Mief.
Vater wundert sich, daß ich es sofort wissen will. Kaum besitze ich den roten Paß mit dem weißen Kreuz, buche ich eine Studentenreise nach Prag. Zu Kafka, zum Golem, an Smetanas Moldau. Und in ein völlig unbekanntes Land.
April 1967. In Zürich Schneewolken, drüben ein trüber Tag. Die Zöllner eisig, dafür empfängt uns der junge Reiseleiter mit lachendem Gesicht. Ich klammere mich an dieses Lachen, an den warmen Blick, bis zuletzt. Der Bus ruckelt, über schlechte Asphaltstraßen, dann über altes Kopfsteinpflaster. Hallo, Vergangenheit. Während Jan in singendem Tonfall die Geschichte seiner Heimatstadt erzählt, sehe ich Erinnerungen an mir vorüberziehen: Häuser, Gehsteige, marode Fassaden, Grau. Kriegsspuren. Die Melancholie einer Kindheit. Der Zeitstrudel hat mich erfaßt.
Quietschende Straßenbahnen. Wie damals in Budapest? Der Schnitt der Mäntel. Wie damals in Triest? Die Aktentaschen. Wie die meines Großvaters? Später, als mir beim Aussteigen ein scharfer Braunkohlegeruch in die Nase sticht, weiß ich, wo ich bin. Endlich zu Hause.
Jetzt gibt es kein Halten mehr. Schauen, riechen, betasten, vor und zurück, von früh bis spät, alles einsaugen, verschlingen. Ich

bin außer mir, oder maßlos bei mir. Renne im Morgengrauen, noch vor dem offiziellen Besichtigungsprogramm, durch die Straßen, nicht auf der Suche nach etwas Bestimmtem, sondern hündisch die Schnauze im Wind: Atmosphäre schnappen. Die eierschalenfarbenen oder schwarzbraunen Mülltonnen lassen mich kalt, nicht aber die verrotteten Hauseingänge, das spärliche Licht der Straßenlaternen, der furchtsame Blick vieler Passanten. Als läge auf allem ein Dämpfer.
Kommt die helle Kinderstimme von anderswo? Und das satte Farbenspektrum des Puppentheaterplakats?
Auf dem Wenzelsplatz schwingt eine Straßenkehrerin mit kurzem Haarschnitt den Besen, gleichmütig. Auf dem Bahnhof uniformierte Frauen, deren Soldatenschritt bitter klingt. (Ich denke: Ihr Herz sitzt in der Bügelfalte.) Und eilendes Volk, getrieben von herrischen Lautsprecherdurchsagen.
Als Jan erscheint, um uns die Schätze der Stadt zu zeigen, bin ich schon stumm vor Eindrücken. Die Barockpaläste und -kirchen rauschen an mir vorbei wie ein Märchenreigen. Es sind zu viele. Ich bitte ihn, mich einmal abends auf die Kleinseite zu führen. Er wird sein Versprechen halten. Nach dem Alchimistengäßchen, dem Veitsdom, dem alten jüdischen Friedhof, der Teynkirche, den Moldaubrücken und dem ganzen Rest an Besichtigungspunkten.
An einem Freitagabend lädt er mich zum Tee ins Café Slavia ein, dann überqueren wir die Karlsbrücke und streifen ruhig durch die nächtlichen Gassen der Malá Strana. Wieder erfaßt mich ein Zeitstrudel. Doch diesmal geht es weit zurück, vertikal durch die Jahrhunderte. Die meisten Gäßchen sind menschenleer. Nichts, was an die Jetztzeit erinnert. Nur Jans freundliche Stimme, die mich durch die kulissenhafte Szenerie lotst. Ich sage, daß mir leicht schwindlig ist. Da ergreift er meine Hand und läßt sie nicht mehr los.

Ich komme wieder und wieder. Im Mai 1968 stehen die Bäume in voller Blüte, Strahov duftet nach Flieder, die Moldauinseln starren vor Grün, und die Stimmung unter den Menschen ist zukunftsgewiß. Jan sagt: Wir wollen Reformen, alle wollen es, außer den Apparatschiks. Dubček ist der Herold des politischen Frühlings, die Hoffnung ist laut wie die Kneipengespräche. Ich sitze mit Jan in seinen Lieblingskneipen, an langen Holztischen, wo Bierhumpen um Bierhumpen gereicht wird. Die Kellnerin macht Striche: eins zwei drei vier, der Schrägstrich bedeutet fünf. Jeder Tisch kriegt seine Striche, jeder Strich ist ein Bierhumpen. Das Bier heizt die Stimmung an, es wird debattiert, gestritten. Viele Studenten sind dabei, die schon im Herbst 1967 demonstriert hatten. Aber auch Arbeiter, Schriftsteller, Frisösen, Lehrerinnen. Die Euphorie hat jeden erfaßt, man sieht es den erhitzten Gesichtern an. Und sie wirkt ansteckend. Auch ich lasse mich mitreißen. Hebe mein Glas, proste der Runde zu. Zum ersten Mal erlebe ich Geborgenheit im Kollektiv, begeisternde Solidarität. Jan, der zur stillen Sorte gehört, strahlt. Hinter seinen runden Brillengläsern hervor gibt er zu verstehen: Ja, weiter! Zusammen sind wir stark! Und bestellt sein nächstes Bier. Wenn sich herumspricht, woher ich komme, werde ich mit Fragen überschüttet. Was die Schweizer vom Prager Frühling halten, ob ich wegen des politischen Aufbruchs hier sei. Ich bitte Jan zu übersetzen: Alle Welt blickt nach Prag, voller Bewunderung und Hoffnung. Ich kenne niemand, der euch nicht die Daumen drückt. Daß ich hier bin, ist doch klar. Wo sollte ich sonst sein? Rundum Gelächter, Applaus.

Die Stadt swingt, tagaus, nachtein. Jan und ich sind ständig unterwegs, von Kneipe zu Kneipe. Dazwischen ruhen wir uns auf einer Parkbank aus oder schlendern durch krumme Gassen. Das sozialistische Grau scheint wie weggewischt. Mai, Mai, außen und innen.

Einmal in der Philharmonie, einmal bei Jans Eltern in Praha-Stašnice (mit der Straßenbahn Nummer 11), einmal lange am Ufer der Moldau entlang. Ich lerne fleißig tschechische Vokabeln. Mein Russisch ist hier unerwünscht.
Und dann – nach wieviel Tagen? – der unvermeidliche Abschied. Bald wieder, rufe ich Jan vom Bahnsteig zu. Toi toi toi – und ahoj. Der Zug rollt davon.
Am 21. August rollen sowjetische Panzer über das Prager Pflaster. Fast hundert tschechische und slowakische Soldaten werden getötet, und etwa fünfzig Soldaten der Interventionstruppen. Der Traum niedergewalzt. Und als wäre die Strafe nicht groß genug, werden Dubček und seine Leute nach Moskau verschleppt, wo man sie zwingt, die Beendigung der Reformprojekte und die Stationierung der Sowjettruppen schriftlich zu billigen. Monate später, im Januar 1969, versucht Jan Palach durch seine Selbstverbrennung der um sich greifenden Lethargie ein Ende zu setzen. Er findet Nachahmer und Bewunderer, aber der Lauf der Dinge ist nicht zu stoppen. Die Entmachtung Dubčeks, die Aufhebung sämtlicher Reformen, die Wiedereinführung der Zensur, die Entfernung unbotmäßiger Politiker. Dubček verschlägt es als Waldarbeiter in einen fernen Winkel der Slowakei, andere ins Gefängnis. Gustav Husák regiert mit eiserner Hand. Im Herbst 1969 werden die Grenzen gesperrt. Finita la storia.
Und Jan? Zögert nicht lange. Flieht mit seinem Bruder in die Schweiz, bevor es zu spät ist. Doch sein Strahlen ist weg, irgendwo dort geblieben, in der Prager Altstadt vom Mai 68. Ich kann ihn nicht trösten, kann die Verluste nicht wettmachen. Was war, kommt nicht wieder. So entgleiten wir uns.

Als ich in den Siebzigern in die ČSSR zurückkehre, ist es ein anderes Land. Schon an der Grenze überkommt mich ein Zittern. Aber ich riskiere es, Buchverträge von dissidenten

Schriftstellern in den Schuhen hinauszuschmuggeln, Regimekritiker zu treffen, keine Rücksicht zu nehmen. Lichtblicke in einer düsteren Zeit: der Gang mit Jan Skácel durch den alten jüdischen Friedhof von Mikulov. Windschief die verwitterten Grabsteine zwischen kniehohem Gras. Und Skácels buschige Augenbrauen, die sich heben und senken. Ich nenne ihn den Gerechten von Mähren, den dichtenden Kettenraucher, den heiseren Schweiger. Weil er die Charta unterschrieben hat, hat er Publikationsverbot. Aber er schreibt. *Dutzende von kleinen Sonnen kollern ins Gras überm Grab von Simon und Rebekka. Und der Wind bekommt den Namen Jaromír.*
Den Bafler-König Hrabal treffe ich Jahre später in seinem Prager Stammlokal »Zum Goldenen Tiger«, umgeben von seiner Stammtischrunde, betagten Herren mit geröteten Gesichtern und stattlichen Bäuchen. Die Bierhumpen leeren und füllen sich, die Gespräche kreisen um Kunst, Kellner, Krankheiten, Kampagnen. Es wird geschimpft, gelacht, gespottet. Hrabal dominiert den Tisch wie Jesus beim Abendmahl. Besser: er hält Hof. Frauen ist der Zutritt zum »Hinterzimmer« (Hrabal-Zimmer) verwehrt. Ich habe die Ehre – und verkrümle mich rasch. Leben Sie wohl, Meister.
Es ist das letzte Mal gewesen.

# LVII

*Karfreitagsintermezzo*

Gestern feierten die Amerikaner den fünften Jahrestag ihres Einmarsches in den Irak. (Kein Grund zum Feiern, for sure.) Heute ist Frühlingsanfang, im Iran der Beginn des neuen Jahres (Nowruz), hier Karfreitag. Ein kalter Tag. Der Schnee fällt in Wirbeln auf die Blütenknospen der Sträucher, Bäume, auf die kleinen Blumen im Gras, der Wind zaust das Gestöber, so daß mir beim Zuschauen ganz schwindlig wird. Die neunte Stunde ist vorbei, der Ruf: Mein Gott, mein Gott, warum hast Du mich verlassen? Einige Glockenschläge, danach pfeift wieder der Wind ums Haus, höre ich die *Vöglein im Walde*. Und was ist *balde*? Welche Auferstehung?
*Der Erdball dreht sich ins Dunkel, taub und verkohlt*, sagt Venclova. Und: *Es bleiben nur das Rätsel, Geduld, Brot und Wein.*
Sechs Uhr, mehrere Flugzeuge im Landeanflug. Der Vollmond irgendwo hinter zig Wolkendecken. Warte nur. Warte.

# LVIII

*Russische Tage und Tage. Die Reise*

Es denkt sich zurück. Die Gravitation der Erinnerung kennt kein Halten. Damals, dort, weißt du noch, ach ja. Vor wieviel Jahren? Dreißig, vierzig? Mein Gott. Wie auf einer Kinderrutsche schlittert der Gedanke in die Tiefen der Zeit, ganze Dezennien hinab. Und Stop. Es ist 1969.
Das Visum für Leningrad kommt einen Tag vor der geplanten Abreise. Ich sitze auf halbgepackten Koffern, unschlüssig bis zuletzt. Dann heißt es fahren, und zwar sofort. Schon einmal war ich mit zwei schweren Koffern unterwegs, nach Paris. Jetzt aber geht es in die ferne, unwirtliche Sowjetunion, ins nördliche Leningrad, ein Studienjahr lang. Und das Abenteuer beginnt mit der Reise. Ich nehme die Bahn.
Bis Wien kenne ich jeden Halt, der Zug ist mein Häuschen-Kabäuschen, gemütlich zum Einschlafen. Ich verschlafe die herbstlichen Wälder, die abgeernteten Felder, am hellichten Tag. Erschöpft von Vorfreude oder Vorangst? Am Westbahnhof wartet Tante Maria, um mich – wärmend, beschützend – zum tristen Südbahnhof zu begleiten. Iß, mein Kind, und: Was bist du doch couragiert! Sie sagt nicht, daß mich der Teufel reitet, sie füttert mich mit Pogatschen und Strudel, gibt mir Wegproviant für drei mit, und winkt hartnäckig, verzweifelt, als sich mein Nachtzug nach Warschau in Bewegung setzt. Nun also. In den Abteilen riecht es nach Alkohol und Desinfektionsmitteln, der Schaffner verstaut mürrisch mein Gepäck. Bald schon schnarchen mehrere um mich herum, und

als der Schlaf sich endlich auch bei mir einstellen will, reißen Zöllner die Tür auf, schreien und fuchteln mit ihren Taschenlampen. Das Schreckbild der Zöllner taucht im Morgengrauen erneut auf, wir passieren die tschechoslowakisch-polnische Grenze. Lange Blicke in meinen rot-weißen Paß. Den Blicken nach bin ich unerwünscht. Inzwischen riecht es im Abteil nach Schweiß und noch was Säuerlichem, vielleicht Braunkohle. Bei Tagesanbruch fahren wir durch düstere Industriegebiete. Alle schweigen und ziehen es vor, noch ein Nickerchen zu machen. Dann gibt es Knoblauchwurst, Kaffee und Schnaps. Nicht für mich, die ich aus Tante Marias Proviantbeutel Äpfel und Käsebrote hervorhole. Für die andern. So vergeht die zähe Zeit, auf ratternden Rädern.

Als die Landschaft flach wird, ist Warschau nicht mehr weit. Warszawa, mein polnisches Etappenziel. Hier verbringe ich einen halben Tag, eine Nacht und noch einen halben Tag. Das Hotel Bristol ist ein Jugendstilbau mit altem Lift, viel Marmor, Spiegeln und Ornamenten, einst Eigentum des Pianisten Ignaz Jan Paderewski, jetzt sozialistisch verbrämt. Eine Vorzeigeadresse. Ich leiste mir ein Zimmer, ein sauberes Bett, den Komfort eines Bads. Bevor die Reise weiter- und weitergeht.

In den Kirchen brennen Kerzen, knien Menschen, die halblaut Gebete murmeln. Etwas Warmes geht von der Atmosphäre aus, während die Luft draußen kühl und prickelnd ist. Ich bin zum ersten Mal hier, ich kenne niemanden. Streife durch die wiederaufgebaute Altstadt, fliehe vor den breiten Straßenschneisen mit ihren stalinistischen Prachtbauten. Sagen alle, wie es war und nicht mehr ist. Schuld hat der Krieg, der Krieg und nochmal der Krieg. Ich möchte lieber schlafen, als durch diese Kulissen irren. Warschau ist kein glorreicher Phönix aus der Asche.

Der Lift ruckelt, und quälend die Träume, die mich zusammenzucken lassen. (War das Bristol in Gestapo-Hand?) Ich verlasse das Haus um die Mittagszeit, fahre zum Bahnhof, besteige den Moskau-Expreß.

Gibt es eine Steigerung von Fremdheit? An den Wolken liegt es nicht, aber der Zug mit seinen abgewetzten Plüschpolstern ist noch ostiger. Die Landschaft läuft ostwärts, da und dort Kühe, Katen, verhärmte Kirchtürme. Und Felder, wie Tücher ausgebreitet. Die Bilder queren mich und verschwinden spurlos. Eintönig nähert sich der Abend. Versinkt in Nacht. Als wir Brest erreichen.
Brest ist die Grenzstadt, Brest ist der Ort, wo der Moloch Sowjetunion beginnt und das riesige sowjetische Schienennetz. Kaum sind wir angekommen, ertönen draußen Pfiffe, Schreie, Hundegekläff. Soldaten patrouillieren auf dem Bahnsteig, Soldaten stürmen in die Waggons. Kommandorufe, Paß- und Zollkontrolle, trainierte Furchteinflößung. Die Luft zum Schneiden dick. Alles duckt sich. Das dauert eine kleine Ewigkeit. Einige Passagiere steigen aus, mit schweren Taschen und Koffern beladen. Was weiter? Plötzlich rollt ein Teil der Zugkomposition aus dem Bahnhofsgebäude und bleibt stehen. Die Wagen müssen auf die neue, sowjetische Schienenbreite eingestellt werden. Beginnt ein Anheben und Hämmern und Klopfen und Dröhnen, eine wüste Operation, die beweist, daß fortan andere Gesetze herrschen. Der Schrecken meiner Ljublaner Kindheitsnächte steigt wieder auf: der Lärm der gespenstisch rangierenden Züge. Eingesperrt im Eisenroß, in einem streng bewachten, von Scheinwerfern angestrahlten Niemandsland, erlebe ich wieder die Angst, verfrachtet zu werden, Gott weiß wohin. Der Atem stockt. Ich denke: Zäsur, und kann nicht weiterdenken.
Dann nochmals der Bahnhof mit den Soldaten und Schäferhunden, mit neuen, düster dreinblickenden Passagieren, aber

wie verschwommen. Das Dunkel läßt mich nicht los. Wir fahren in die dunkle, weißrussische Nacht. Kein Mond, kein Birkenschimmer. Wir fahren. Schnurgerade nach Osten.
Durch den Halbschlaf dämmert, irgendwann, irgendwo, MINSK. Ein Name, nichts weiter.
Der Morgen bringt Licht, bringt Neugier, bringt Tee. Nein, den Tee bringt die dralle Schaffnerin, auf dem Tablett: Teesud ins Glas gefüllt, dazu heißes Wasser aus dem Samowar. Poshalujsta. Leben ist in den Zug eingekehrt, der Moskau entgegenfiebert. Nach Moskau, nach Moskau, höre ich Tschechows drei Schwestern sagen, die sich aus dem fernen Sibirien in die Hauptstadt sehnten. Ich komme aus Westen – und steige in Moskau nur um.
Pünktlich um neun fahren wir im hellgrünen, mit Türmchen und weißen Ornamenten verzierten »Weißrussischen Bahnhof« ein. Endstation. Menschentrauben, wohin das Auge sieht. Ich schleppe meine Koffer zur Gepäckaufbewahrung, denn der Nachtzug nach Leningrad geht erst spät. Vor mir ein sonniger Tag in Moskau, zur freien Verfügung. Bei einem Mütterchen in Kopftuch und Schürze kaufe ich am Bahnhofausgang frische Piroshki, Pasteten mit Kraut- und Fleischfüllung, in Papier gewickelt. Die Rubelchen hab ich mir in Warschau besorgt.
Moskau ist groß. Ein Stadtplan muß her, auch wenn ich am liebsten aufs Geratewohl losziehe. Verwirrende Eindrücke. Die Gehsteige voller Dellen und Löcher. Fast jeder Passant trägt eine Einkaufstasche. (Man darf sich die Gelegenheiten nicht entgehen lassen.) Rotweiße Transparente verkünden die lichte Zukunft des Kommunismus. Die Häuserfassaden aber sind graubraun und trist. Ein seltsames Stilgemisch. Vieles kommt protzig daher (stalinistischer Klassizismus), anderes gesichtslos. Überraschend einige Adelsvillen aus dem 19. Jahrhundert, mit verwilderten Gärten, und schiefe Holzhäuser.

Und die goldenen oder blauen Zwiebelkuppeln der kleinen orthodoxen Kirchen. Sie wirken menschlich, sind aber meist nicht in Betrieb.
Sobald sich Straßen kurven, von schattigen Alleen bestanden, kommt Atmosphäre auf. Die breiten Schneisen demonstrieren nur Macht. Macht konzentriert sich am Roten Platz, vor dessen Lenin-Mausoleum eine Riesenschlange auf Einlaß wartet. Auf der andern Seite des Flusses gefällt es mir besser. In schöner Distanz zum Kreml, vor allem aber weil das alte Kaufmannsviertel einladend ist. Hier läßt sich träumen, wie Moskau einmal war, bevor es zur Hauptstadt des Sowjetreiches gemacht wurde. Gemütlich, dörflich, voller Klöster und Kneipen. Cafés und Restaurants fehlen im Straßenbild. In einer offenen Kirche liegt ein Toter aufgebahrt, ein Priester liest mit näselnder Stimme das Totengebet. Sonst Stille.
Aus der Stille heraus beschließe ich, zum Jaroslawskij Bahnhof zu fahren, von dem die Fernzüge nach Chabarowsk und Wladiwostok starten, die transsibirische Eisenbahn. Ich nehme die Metro, die in ihrem Pomp so gar nicht derjenigen von Paris gleicht. Und begegne lauter Lesenden. (Buchhandlungen habe ich allerdings keine gesehen.)
Die Bahnhofshalle ist groß und gedrängt voll. Wer sich von hier aufmacht, trägt viel Gepäck, reichlich Proviant, denn acht Tage (bis an den Pazifik) sind eine lange Reise. Man sieht den Menschen die Aufbruchsstimmung an: Ungeduld, Abschiedsschmerz. Sie stehen einzeln oder in Gruppen herum, umgeben von Taschen, Koffern, Säcken, schauen auf die Anzeigetafeln. Ich lese Omsk, Nowosibirsk, Wladiwostok. Bei den Namen wird mir abwechselnd kalt und warm, erfaßt mich Fernweh und eine noch stärkere Wehmut, als müßte ich aus meinem eigenen Leben emigrieren. Immer dieser Zwiespalt. Oder nenn es: Stirb und werde. Der Drang fortzugehen, gepaart mit der Angst vor Verlust. Bin ich nicht genug unterwegs? Und

will nun testen, ob es noch weiter ginge. Oder beobachte die andern, wie sie das Weggehen meistern.
Idiotin, sag ich, und stehe fasziniert vor den Gleisen. Du wolltest Weltforscherin werden, na bitte. Aber die um mich herum fahren womöglich nach Hause, hatten in Moskau zu tun oder besuchten Verwandte. Wer sagt, daß sie auf Entdeckungen aus sind. Sie werden unterwegs Schach spielen, endlos Tee und Wodka trinken, auf ihren Pritschen dösen und die Welt an sich vorbeiziehen lassen. Das ist alles.
Ich reibe mir die Augen, kaufe bei einem Mütterchen Eis und lutsche es mit Wonne, wie ein Kind. Augenblicklich fühle ich mich geborgen. Die imaginierten Distanzen schrumpfen, der Bahnhof wird zur guten Stube, oder doch fast. Als ich ins Unterreich der Metro schlüpfe, um mein Gepäck im Belorusskij abzuholen, fühle ich mich nicht fremd, sondern von der Menge wohlig umfangen.
Zum Leningrader Bahnhof nehme ich ein Taxi, es dunkelt schon. Zwei schwere Koffer, zwei schwere Beine. Ich weiß, daß ich auf meiner letzten Reiseetappe schlafen werde. Ich bin müde wie ein Hund.
Schnell finde ich den *Roten Pfeil*, der die beiden größten Städte des Landes verbindet. Eine Nachtfahrt noch und ich bin am Ziel. Das Bett ist komfortabel, meine Mitreisende im Abteil ruhig. Diesmal geht es nach Norden. Und als ich morgens erwache, bin ich dort. Angekommen.

# LIX

## *Uliza Schewtschenko 25/2*

Das Studentenheim befindet sich weit draußen auf der Wassiljewskij-Insel. Ein Plattenbau, umgeben von weiteren Plattenbauten. Dahinter der Smolensker Friedhof. Ich teile das Zimmer mit einer Russin. Erstens gibt es keine Einzelzimmer, zweitens sollen Ausländer bewacht werden. Nadja ist etwas älter als ich, wuchs in Kasachstan auf und schreibt an ihrer Doktorarbeit in Physik. Sie ist pockennarbig, schweigsam und wirkt unglücklich. Verlasse ich morgens das Zimmer, schläft sie noch, komme ich abends zurück, schläft sie schon wieder. Der Schlaf scheint ihre Zuflucht und Rettung zu sein, wovor? Ich frage nicht, und Nadja sagt nichts. Oder tut sie nur so, als ob sie schliefe? Und wozu sollte das gut sein? Es gibt bei mir nichts zu belauschen. Auf Zehenspitzen schleiche ich aus dem Zimmer, Telefongespräche führe ich im Erdgeschoß, wo die einzigen drei Apparate für das ganze Wohnheim stehen. Nadja ist ein Rätsel, aber von Bespitzelung versteht sie nichts. Trotzdem schließe ich ein paar Dinge im Koffer ein, zur Sicherheit.
Eines Tages wundert sie sich, daß ich im Schlaf rede, und zwar russisch. Mich wundert es noch mehr. Und was erzähl ich da?, frage ich leicht besorgt. Ich kann nur einzelne Wörter verstehen, keinen Zusammenhang, sagt Nadja seelenruhig. Während ich mich schäme, daß ich ihren Schlaf störe.
Unverfänglich lade ich sie später ins Konzert ein. Sie nimmt dankbar an, putzt sich ein wenig heraus, genießt die Musik, wird sogar etwas gesprächig. Als hätte ich ihre schläfrige Ein-

samkeit geknackt. Sie ist vaterlos und in Armut aufgewachsen, vermutlich ein uneheliches Soldatenkind. Dann kamen die Pocken, die Kurzsichtigkeit. Geliebt wurde sie wenig. Nun sollte Leningrad, diese schönste aller Städte, Abhilfe schaffen. Aber so einfach ist das nicht, wenn man aus der Steppe kommt und sie auch noch in sich trägt. Und dann dieser Schlafvirus.
Das Studentenheim ist ein trister Ort. Duschen geht nur kalt, oder fast, mit Wartezeiten. Ich ziehe den Gemeinschaftsraum dem Duschraum vor, weil dort ein Klavier steht, verstimmt zwar, aber gut genug, um die Finger beweglich und den Kopf hoch zu halten.
Doch, hier gibt es Italiener und Franzosen und Schweizer und Finnen, wir tauschen ab und zu Erfahrungen aus, und gehen dann eigene Wege, ungeschützt. Ich nenne es: eintauchen.
Die Überraschungen liegen vor der Tür. Im Nebenhaus ein Kindergarten, aus dem die Kleinen, bis oben eingemummt, zum Spazieren geführt werden. Wie Bällchen bewegen sie sich in Zweierreihen voran: rund die Gesichter, Mützen, Jacken, behandschuhten Hände, und vor dem farbigen Zug die adrette Kindergärtnerin, die gute Laune verbreitet. Kein Gezänk und Geplärr, es geht friedlich und ordentlich zu.
Drüben die Bulotschnaja, vor der sie manchmal Schlange stehen, nach Schwarzbrot, Wecken, Keksen und Piroggen. Das Schwarzbrot schmeckt würzig, als enthielte es Anis und Koriander. Von Schwarzbrot könnte man hier leben, von Borschtsch, geräuchertem Fisch und den vielen Milchprodukten: Joghurt, Sauermilch, Rjashenka, Kefir. Kaum angekommen, bin ich mit dem Einkaufsnetz unterwegs. So gehört sich das, alles andere ist chancenlos.
Ein Stück weiter der Smolensker Friedhof, mein Hauspark, und nicht nur meiner. Hier tummelt sich, wer Bäume und frische Luft sucht. Wege in alle Richtungen, eine stattliche Kirche, Alleen und viele Gräber. Sie sind mit hellblau oder

hellgrün gestrichenen Zäunen eingefaßt. Innerhalb dieses Gevierts: ein Holzkreuz, davor ein Tisch und zwei Bänke, um auf dem Grab zu speisen. Das Grabpicknick mutet heidnisch an und ungewöhnlich heiter. Ganze Familien tun sich gütlich. Dann verneigen sie sich und verlassen das Grab durch eine kleine Pforte im Zaun.
In den Bussen und Straßenbahnen herrscht nicht soviel Entspanntheit. Es wird gestoßen und gedrängelt, die Gesichter verraten Griesgram. Als wäre im Alltagsgrau jeder des andern Feind. Die Stadt nervt, und mag sie noch so besonders sein. Wer kann, flieht am Wochenende ins Grüne, auf die Datscha, zu den Hühnern und kleinen Gärten. Hinaus aus der Beengtheit der Straßen, der staatlichen Kontrolle.
Ich bin in einem Land, dessen Truppen vor nicht allzu langer Zeit den Prager Aufstand niedergewalzt haben. Ich hege keinerlei Sympathie für das Breschnew-Regime, will nur in Bibliotheken für meine Dissertation recherchieren und einer Stadt näherkommen, die einst St. Petersburg und Petrograd hieß. Ein großes Pensum für zehn Monate und vier Jahreszeiten.

# LX

## *In der Bibliothek*

Sie liegt fast am Newskij, gegenüber dem baumumstandenen Denkmal Katharinas der Großen: die Saltykow-Schtschedrin-Bibliothek, wo ich ganze Tage verbringe. Um neun setze ich mich mit meinem Bücherstapel hin, vor sieben verlasse ich den Saal nicht. Oder nur, um in der dampfenden Mensa Pelmeny (Teigtaschen), Borschtsch oder Pfannkuchen mit süßer Quarkfüllung zu essen. Frische Salate und Obst sind inexistent, das müssen die Schweizer Vitaminpräparate ausgleichen.
Der Bibliothekssaal ist groß, 19. Jahrhundert, voll besetzt. Das Bibliothekspersonal gereizt, unfreundlich, kontrollsüchtig. Ohnehin muß alles in der Garderobe abgegeben werden. Bleiben Schreibblock und Kugelschreiber, Geldbörse und Papiertaschentücher (die Toiletten sind Plumpsklos ohne einen Fetzen Papier). »Dewuschka, den Ausweis bitte!« Einmal, zweimal, dreimal. Manche Bücher sind »nicht ausleihbar«. Oder nicht an Ausländer. Hadern hilft nicht.
Aber es gibt genug zu tun. Was ich an Brauchbarem finde, schreibe ich ab, ich habe keine Wahl. Die zweitgrößte Bibliothek der Stadt verfügt über keinen einzigen öffentlichen Fotokopierautomaten. Das hat Logik, wo jede (private) Schreibmaschine staatlich registriert ist, damit keiner auf die Idee kommt, sie zur Vervielfältigung unerlaubter Schriften zu mißbrauchen. Samisdat – ein Schwerstverbrechen. Fehlte noch, Kopierer aufzustellen. Also exzerpiere ich halbe Bücher, bis ich über der lautlosen Tätigkeit einschlafe. Ja, gegen eins wird der Kopf schwer. Ich kreuze die Arme auf dem Tisch und

bette ihn so, daß er sich zufrieden ausklinken kann. Vergessen der Saal, das keifende Personal, alles. Nadja ist weit, vor den Büchern fürchte ich mich nicht. Sie sind da und warten. Lebt wohl, bis bald.

Danach geht es leichter, die Aufmerksamkeit ist geschärft. Hat Baratynskij, dieser schwermütig-scharfsichtige Dichterkollege von Puschkin, nicht recht: »Mag doch der Stern auf falsch bemessner Bahn, / Verirrt wie nachts ein fremder Wandrer, / Sich bodenlosem Weltenabgrund nahn – / An seinem Platz erglüht ein andrer! / Es spürt die Erde keine Not dabei; / Das Ohr der Welt wird nichts erreichen / Von seines Sturzes namenlosem Schrei; / Voll Gleichmaß in des Äthers Reichen / Erstrahlt des Bruders neugebornes Licht, / Das hellauf grüßend zu den Himmeln spricht.« Strophe 16 der Elegie »Der Herbst«, 1836/1837. Gut, daß mir niemand über die Schulter schaut. Gut, daß sowjetische Zensoren sich nicht an den alten Dichtern vergreifen, um ihnen auszutreiben, was sie im Revolutionsjargon »dekadenten Pessimismus« nennen. Und seien es Zeilen wie diese: »O wir ertragen schwer / Das Leben, das ums Herz in wilder Welle sprüht, / Indessen das Geschick ihm enge Grenzen zieht.«

Sehen die Bibliotheksbenutzer um mich herum unglücklich aus? Auch Rentner sitzen da über ihren Büchern, vielleicht um sich in andere (bessere) Wirklichkeiten zu flüchten, oder weil es in der Kommunalwohnung kalt und laut ist. Wir lächeln uns manchmal zu wie alte Bekannte, schließlich verbringen wir hier eine Menge Zeit. Die Alten sind armselig gekleidet, haben Zahnlücken, aber wirken konzentriert. Wenn sie lesen oder vornübergebeugt kleine Zettel beschreiben. Auch ihnen bleibt das Exzerpieren nicht erspart. Mit dieser Beute gehen sie abends, frohgemut oder nicht, nach Hause. Um am nächsten Morgen wiederzukommen. Ihr Leben spielt sich zwischen Buchseiten ab, während sie vom Fleisch fallen.

Dürr die Rentner, ausladend die Bibliothekarinnen: vollbusig, stark geschminkt, mit blondiertem, hochtoupiertem Haar. Keine Frage, wer das Sagen hat. Wobei solche Amazonen auch unter Garderobefrauen, Verkäuferinnen, Mensaköchinnen anzutreffen sind, wohlgenährt, mit einem Anflug von Hysterie. (Die schrille Stimme.)
Alles in allem lebt es sich gut an diesem Ort. Insulär. Draußen Verkehr, Regen, Matsch und andere Unannehmlichkeiten, drinnen die Welt des Geistes, die ohne Lärm für bessere Aufregungen sorgt. Ich blättere in Originalausgaben und alten Zeitschriften (schon Papier und Typographie entzücken), Namen werden lebendig. Damit beginnt ein Dialog. Er ist ebenso wirklich wie der, den ich mit einer Galja anknüpfe, nein, er geht tiefer. Und kein Ende abzusehen.
Guten Morgen, Puschkinsche Plejade, guten Abend. Episteln, Epigramme, Elegien, Widmungsgedichte. Baratynskij ist nur einer in diesem Freundeskreis, der düsterste Stern. Aber der, dessen melancholischem Schweif ich dreikönigshaft folge. (»Wozu das Sein? Der Erdenwelt Gestalten / Erscheinen wandellos, / Wir kennen sie: nur Wiederkunft des Alten / Harrt in der Zukunft Schoß.«)
Wenn die Tischlampen angeknipst werden und ihre Lichtkegel ausbreiten, entsteht ein Gefühl wohliger Vereinzelung. Jeder brütet über seinen Büchern, die Blicke schweifen nicht mehr herum. Dagegen nimmt das Ohr alles deutlicher wahr: das Knistern von Zeitungsseiten, Niesen, das Kratzen des Stifts.
Der Saal ist nur noch halbvoll, etwas wie Andacht liegt in der Luft. Sie riecht nach Moder, Patschuli und Kleister.
Eigentlich wäre jetzt gut bleiben, wären nur Rücken und Kopf frischer. Und der Magen gefüllt.
Ich gehe. Es ist kurz vor sieben, Katharina die Große schon angestrahlt.

# LXI

*Konzerte mit Alexej*

Ich muß nur den Newskij überqueren – und bin in der Kleinen Philharmonie. Die Plakate sind reinste Verführung: Swjatoslaw Richter gibt einen Klaviersoloabend mit Werken von Bach, ein russisches Streichquartett spielt Mozart und Schostakowitsch, ein Barockensemble widmet sich Vivaldi, Corelli etc. Der Kostenpunkt: zweieinhalb Rubel, eine Bagatelle. Ich vergesse meinen Hunger, stelle mich mutig an der Kasse an. Und habe meist Glück. Sitze, wie von Engelsflügeln getragen, auf einem roten Polster, Musik erklingt. Wunderbare, wunderbar gespielte Musik.
Richters Bach kommt wie aus andern Sphären. Kosmischen, würde Baratynskij sagen. Wo objektive, nicht subjektive Gesetze herrschen. Der Atem verlangsamt sich, das Herz schlägt ruhiger. Ich sehe den Mann, sein unbewegtes Gesicht, seine klaren Gesten, in Dienst genommen von Bachs Musik. Man könnte es Selbstvergessenheit nennen, wenn nicht in jedem Ton äußerste Disziplin steckte: so und nicht anders. Jedenfalls merkt man dieser Meisterschaft die Anstrengung nicht an. Sie verströmt natürliche, selbstverständliche Gelassenheit. Wie es Bachs Musik (»ad maiorem Dei gloriam«) gemäß ist.
Ein junges Publikum, völlig hingerissen.
Richter – distanziert, »abwesend« – ergreift die Blumensträuße, die ihm hochgereicht werden, und strebt mit schrägem Oberkörper vom Podium, als hätte er nur einen Wunsch: nach getaner Arbeit zu verschwinden, sich aufzulösen. Ein men-

schenscheues Medium, das Bachs Musik (*Wohltemperiertes Klavier*, Band 1 und 2) zur Materialisierung verholfen hat.

Richter und die anderen. Konzerte, viele. In der Kleinen, auch in der Großen Philharmonie, wo Mrawinskij Beethoven, Schumann, Tschaikowsky dirigiert.
Hier, in diesem weißen, von Säulen eingefaßten Saal, lerne ich während einer Pause Alexej kennen. Er spricht mich an, sagt, er habe mich schon mehrere Male gesehen. Ob wir nach dem Konzert zusammen etwas trinken könnten. So beginnt unsere musikalische Freundschaft, die sich ritualhaft auf gemeinsame Konzert- und anschließende Restaurantbesuche beschränkt.
Alexej ist Bergbauingenieur und ein Liebhaber von Literatur und Musik. Bald schon gibt er mir Kostproben seiner Belesenheit, indem er »à propos« dieses und jenes Gedicht rezitiert, und natürlich schreibe er auch selbst, er werde mir gern etwas zeigen. Alexej redet, redet, als müßte er mir die Welt erklären, als sei ich das ideale Auffangbecken für seinen Wortschwall, der auch politisch kritische Bemerkungen enthält. Hält er mich für naiv? Oder muß er sich Luft machen? Kleingewachsen, mit unschönem Gesicht und abstehendem Haar, ist er eine skurrile Erscheinung, von Frauen wohl eher bemitleidet als geliebt, und entsprechend einsam. Er redet wie ein Wasserfall. Über jenes Denkmal dort und die Launen der Newa, über Puschkins Verbannung und Tschaikowskys *Eugen Onegin*. Nur über sich selbst schweigt er sich aus. Das heißt, es gibt irgendwo eine Mama, mit der er nach Leningrad gezogen ist, Ärztin oder Krankenschwester. Und eine Babuschka auf dem Lande. Den Vater erwähnt er mit keinem Wort. Sein Familienname klingt jüdisch. Ich frage nicht, ich bin aufs Zuhören trainiert.
Über die Schweiz fragt *er* mich aus, über das Alpen- und Schokoladeland Schwejzarija, das die Russen seit Karamsin idealisiert haben, als eine Republik der Freiheit. Ich sage: Ein

Mythos, auch wenn manches daran wahr ist. Im Kleinen funktioniert die Demokratie am besten.
Was nicht funktioniert, ist der Leningrader Stadtverkehr, ich beklage mich über lange Wartezeiten auf Busse, die schrottreif über Eis und Matsch schlittern. Das hört er nicht gern. Sobald *ich* sein Land kritisiere, wird Alexej zum Patrioten, der es in Schutz nimmt und durch Dick und Dünn verteidigt. Wir reden nicht von Krieg, sage ich, wir reden von Autobussen. O nein, sagt er, das ist komplizierter! Noch immer tragen manche Leningrader Häuser Einschußlöcher, das Straßenpflaster wurde vielerorts seit sechzig Jahren nicht erneuert, die Tramschienen krümmen sich, daß die Wagen fast aus den Gleisen springen, es braucht Zeit. (Und Geld, denke ich.)
Da rezitiert er schon (aus Majakowskijs »Der Mensch«): »Hier hatte eine Stadt ihren Wohnsitz; / es war eine Stadt im Wahnwitz, / kaum rauszulösen ausm Rauch vom Schornsteinwald; / und in selbiger Metropole / beginnen alsbald / die glasigen Nächte.«
Alexej ist nicht zu widerlegen. Und wenn ich doch auf einer Meinung beharre, sagt er: Verehrtes Fräulein, Sie sind an Vorurteilen festgewachsen.
Am besten, wir tauschen keine Meinungen aus. Er erzählt, ich höre zu. Neulich sei er mit einem Kollegen zum Pilzesammeln nach Komarowo hinausgefahren, in der Vorortbahn viele Datschniki, aber kaum ein heiler Sitzplatz: die Polster alle aufgeschlitzt (»diese Chuligany«), im Wald dann reine Wonne (bis auf die Stechmücken), eine gute Pilzsaison, nur beim Picknick habe ein Typ sie angebaggert, wollte wohl was Scharfes (»ich trinke nicht!«) und sei dann ausfällig geworden, immer diese Grobheiten, dazu noch in der Nähe des Friedhofs, wo die große Achmatowa liegt, zu der alle Poesieverehrer pilgern (»auch ich!«). »Das ist Rußland: grob und hochherzig, versoffen anarchisch und voller Poesie.«

Anders gesagt: Hier haben alle ihre Macken, *aber* dabei bleibt es nicht. Man kann die Russen nur dialektisch erfassen. Und Alexej weiß, warum er »doch« und »aber« so oft gebraucht. In seiner Argumentation hat letztlich alles Platz. Außer meine Einwände, die ich mir höflich verkneife.
Wir sitzen vor einer Torte, bei Tee und Kaffee, er liebt Süßigkeiten, ißt aber langsam, weil der Redefluß nicht zu stoppen ist. Die nächste Geschäftsreise führe ihn in den hohen Norden, drei Tage, er kenne den Ort, sterbenslangweilig, abends sitze er im Hotelzimmer und lese, alles andere sei nicht auszuhalten. (Einschließlich der trinkenden Kumpel.) Ein wenig Selbstmitleid schwingt mit. Ich zeige kein Mitgefühl. Da versucht er mein Interesse durch die Schilderung einer jungen Dame zu erregen, die – »alleinerziehende Mutter und sehr gebildet« – immer wieder seine Wege kreuze. Er sei, zugegeben, etwas geniert, die Person sei nicht nur älter als er, sondern habe mehr Berufs- und Lebenserfahrung, ja, »Frauen sind reifer als Männer, besonders in Rußland.« Ich sage: Das macht nichts, Sie haben nichts zu fürchten. Worauf er mich dankbar ansieht.
Ein besonderer Bursche. Gnomenhaft, fabulierfreudig – und rätselhaft. Wie soll ich erkennen, wann er etwas ernst meint, wann er flunkert. Er weiß es wohl selbst nicht, so natürlich geht das eine ins andere über. In mir hat er eine ideale Zuhörerin, darum besteht er auf neuen und neuen Treffen.
Konzert, Café, Spaziergang zur Bushaltestelle. Wenn das scheppernde Gefährt hält, sind wir schon fürs nächste Mal verabredet. Er winkt mir nach und verschwindet in der Nacht.

Hab ich im Laufe der Zeit mehr über ihn erfahren? Er hat mir zahllose Geschichten aufgetischt, komische und tragische, Geschichten, die ihn berührten, ohne etwas Wesentliches über ihn preiszugeben. Als wollte er mit ihnen seine Einsamkeit kaschieren. Im Herzen war er allein. Und er ahnte, daß ich es ahnte.

Außer den Geschichten – den flunkernden, ködernden und verbergenden – gab es nichts. Er machte mir keine Komplimente, behandelte mich respektvoll und siezte mich bis zuletzt. Und als ich Leningrad verließ, bat er mich, den Kontakt nicht abzubrechen: Wir hätten uns doch genug zu sagen, um einen Briefwechsel anzufangen. Er schrieb mir jeden Monat mehrseitige, handgeschriebene Briefe, die deutliche Spuren der Zensur zeigten: die Umschläge waren mit dickem, gelbem Kleister verklebt.

In den Briefen wirkte er ungezwungener, persönlicher, schickte Gedichte und tagebuchartige Notizen, berichtete von seltsamen Vorfällen und quälenden Geschäftsreisen, doch mit der nötigen Vorsicht, was die Zensur betraf. Ich war seine einzige Bekannte in Westeuropa. Daß er mir schreiben konnte, bedeutete nicht nur einen Ausweg aus privater Einsamkeit, sondern auch aus der Isolation der totalitaristischen Heimat, die er – wohl aus Gründen beruflicher Geheimhaltung – nicht einmal für kurze Zeit verlassen durfte.

Die Korrespondenz dauerte über zehn Jahre. Sie war unausgeglichen: Alexej schrieb regelmäßig und ausführlich, ich in lockeren Abständen und kurz. Mein Leben änderte sich durch Heirat und Kind, seines schien keine neue Wendung genommen zu haben. Ich sah ihn vor mir: noch gnomenhafter, noch kauziger, auf der Suche nach einem Glück, das er vergeblich herbeiredete.

Und dann, plötzlich, von einem Tag auf den andern, nichts. Unser Briefwechsel ebbte nicht ab, sondern brach ab. Ohne Vorankündigung, ohne Grund. Und machte mich ratlos. Er antwortete nicht mehr. Umzüge hatte es viele gegeben, aber er hatte mir seine Adressen immer mitgeteilt. Ich schrieb ins Ungewisse. Zweimal, dreimal, dann gab ich es auf.

War er tot? Hatte er sich das Leben genommen? Oder ein neues angefangen, an einem mir unbekannten Ort?
Der gekappte Redestrom hinterließ eine schmerzliche Leere. Und das Gefühl, nicht nur von Alexej, sondern von seinem Land abgeschnitten zu sein.
Verschwunden die Sprachnabelschnur.
In einer Schachtel lagern hundertdreiundzwanzig Briefe, wie ein Vermächtnis.

# LXII

## *LL oder Lena forever*

Eine Mathematikerin, die Theaterökonomie studiert, das gibt es, sie heißt Lena L., ist eine Freundin von Freunden und wohnt mitten in Leningrad, an der Dekabristenstraße, unweit des Kirow-Theaters. Tiefe Stimme, ein markantes Gesicht mit basedowsch vorstehenden Augen (die Schilddrüse), hoher Wuchs, lehrerinnenhaft steifer Gang, blitzender Verstand. Wir mögen uns sofort. Lena spricht überlegen, klar, ohne den geringsten Hang zu Hysterie und Sprunghaftigkeit. Auch äußerlich ist sie das Gegenteil des »russischen Weibchens«, weder vollbusig noch blondiert noch irgendwie aufgetakelt. Ein Genie eben, sagen meine Freunde, die Klügste von allen. Und obendrein bescheiden.

Lena wirkt auf mich wie die geraden, lichten Alleen des »Sommergartens«: wohltuend, erfrischend. Waberndes Dunkel ist ihr völlig fremd. Analysieren, dann handeln, lautet ihre simple Devise, nach der sie schon kleine Wunder vollbracht hat: zum Beispiel die Zusammenführung der Familie. Geboren wurde sie im sibirischen Omsk, als Tochter einer Jüdin und eines aus altem Adelsgeschlecht stammenden Vaters, den Stalin deportieren ließ. In Omsk wuchs sie auf, ging zum Studium nach Leningrad. Und blieb. Zuerst holte sie den Bruder zu sich, dann – nach dem Tod der Mutter – den Vater, was höchst kompliziert war, da die Stadt für Zuzügler als »gesperrt« galt. Sie schaffte es, mit Geschick und Ausdauer. Und beendete damit ein Kapitel Familiengeschichte, das sich in provinzieller Verbannung abgespielt hatte.

Alle klammern sich an Lena: ihr Schauspieler-Bruder Mischa (ein jovialer Träumer), ihr Vater (ein feiner älterer Herr), ihre zahllosen Freunde, die sie unentwegt mit Ratschlägen versieht. Lena hat immer Zeit, Lena hilft in allen Lebenslagen, ein Anruf genügt, und Lena-Lenotschka spart nicht an Kräften und Kontakten. Das nennt sich Selbstlosigkeit. Oder einfach: Ich werde gebraucht.

Freude gehört dazu, die Befriedigung, wenn etwas gelingt. Zum Beispiel Theaterkarten besorgen für die begehrtesten Inszenierungen der Saison. Dank Lena bin ich regelmäßig in Towstonogows »Großem Dramatischem Theater«, sehe Bulgakows *Weiße Garde*, Gorkijs *Mutter*, Tschechow und O'Neill. Das Haus ist brechend voll, jede Aufführung ausverkauft, weil Towstonogow ideologische »Vorgaben« unterläuft, Freiräume schafft in einer politisch sich verhärtenden Zeit. Hier läßt sich atmen, sagt Lena, und: Mal sehen, wie lang man ihn gewähren läßt. Jeder Erfolg ist den Bürokraten suspekt.

Schon beim Betreten des Theaters diese prickelnde, verschwörerische Atmosphäre, Meilen vom Alltagsgrau entfernt. Das Publikum versteht jede halbe Anspielung, reagiert gebannt – und mit frenetischem Applaus. Der auch den Schauspielern gilt, Meistern ihres Fachs. Ich verstehe, was ich verstehe, immerhin genug, um die Begeisterung zu teilen. Über das Nichtverstandene klärt mich Lena auf. Lena und ihr theaterbesessener Freundeskreis, zu dem auch Jura gehört, dessen Frau Ballerina am Kirow-Theater ist. Da sitzen wir angeregt in Lenas Küche und lassen den Abend ausklingen.

Die Küchendebatten à la russe lerne ich bei Lena kennen, wo alles zusammenströmt. Weil Lena nicht nur den klügsten Kopf hat, sondern auch am besten bewirtet. Tischlein deck dich – und sie zaubert Piroggen und Kuchen, Käse und Wurst

herbei, und georgischen Rotwein. Bald kommt das Gespräch auf Politik. Der Einmarsch in Prag: ein Skandal. Ein schlechtes Omen. Die Lage verhärtet sich. Man muß etwas tun. Die Kunst bietet Mittel dazu.
Lenas Freunde sind Andersdenkende, doch als Dissidenten würden sie sich nicht bezeichnen. Auch Lena trumpft nicht mit lauten Parolen auf. Das System von innen zu sprengen, erfordert stille, stetige Wühlarbeit. Kyrill zum Beispiel hat religionsphilosophische Interessen, verkehrt mit Seminaristen und Novizen, einer seltenen Spezies. Und liest im Geheimen Berdjajew, Florenskij, Schestow. Ein verkappter Monarchist ist er auch.
Natürlich wird gestritten. Über Dostojewskijs Judophilie und Judophobie, die ätzenden Paradoxien einer Schriftstellerseele. Und über den untätigen russischen Intellektuellen, der sich als »überflüssiger Mensch« im Schönreden einrichtet. Bis das Faß überläuft. Bis die unterdrückten Kräfte sich revolutionär aufbäumen. Nein, dieses Rußland ist nicht zu retten. »Und immer sind wir mit uns selbst beschäftigt, eine ewige Nabelschau.«
Erhitzte mitternächtliche Küchengespräche, die kein Ende nehmen wollen. Lieber sind mir Lenas Samstagnachmittageinladungen mit Poesierezitation. Der Samstag wird zum besonderen Tag: Zuerst Klavierstunde im Konservatorium, bei Professor Aronow, dann Besuch in der nahegelegenen Banja, anschließend Lena und Lyrik, mit offenem Ende. Die Reihenfolge stimmt: Nach der Konzentration über Bachs Fugen entspanne ich mich im weißgekachelten Jugendstilbad, lasse mich massieren und mit Birkenruten traktieren, im Dampf mürbe werden und schläfrig die pittoresken Waschszenen beobachten (ein Volksbad). Und schlendere gutgelaunt-hungrig hinüber zu Lenotschka, die schon wartet. Auch Mischa ist da, umgeben von zwei reizenden jungen Schauspielerinnen. Es

gibt Tee und Kuchen. Das Zimmer füllt sich, weitere Freunde und Bekannte trudeln ein. Wir sitzen eng, oder gleich auf dem Boden, wo Mischa sich mit seiner Gitarre installiert und zu singen beginnt. Alte russische Romanzen, dann Lieder von Wissozkij und Bulat Okudschawa. Nach und nach stimmen alle ein.
Und Pause. Mischa versucht, sich an einen Text zu erinnern. »Der Wein ist herrlich … der in uns verliebt … und auch das Brot, das sich für uns läßt backen … und eine schöne Frau, die sich ergibt … nach vielen herzzermürbenden Attacken …« Lena: »Was aber tut man mit dem Untergang / der Sonne in den kalten Wolkenschichten, / wohin kein Laut von dieser Erde drang? Was tut man mit unsterblichen Gedichten? / – Sie essen, trinken, küssen? Da verrinnt / bereits der Augenblick und will nicht bleiben …« Nikolaj Gumiljow, »Der sechste Sinn«. Mir neu und unerhört, doch hier geht alles leicht von Mund zu Mund. Aus dem Kopfspeicher auf die Zunge. Denn die Bücher, die Bücher, sagt Lena, die gibt es nicht zu kaufen.
Eine Geheimsitzung also. Auf Gumiljow folgt Achmatowa, folgt Mandelstam, folgt Zwetajewa. Lena, Mischa und die anderen können alles auswendig, spielen sich die Zeilen wie Bälle zu. Am sichersten ist Lena, die ohne Zögern eingreift und weiter weiß. Ihr Poesievorrat scheint unerschöpflich. »Petropolis, diaphan: hier gehen wir zugrunde, / hier herrscht sie über uns: Proserpina. / Sooft die Uhr schlägt, schlägt die Todesstunde, / wir trinken Tod aus jedem Lufthauch da …« Mandelstam ist einer ihrer Lieblingsdichter. Und am liebsten mag sie seine wehmütigen Scherzgedichte: »Es lebte Alexander Gerzewitsch, ein jüdischer Musikant« oder »Ich trink auf soldatische Astern, auf alles, für was man mich rügt: / Den prächtigen Pelz und mein Asthma, auf Petersburg, gallig-vergnügt …« Lena summt die Verse und wiegt dabei den Kopf, Versmaß und Reime ge-

ben den Rhythmus vor: »Ich trink auf die Wellen, Biskaya, auf
Sahne aus Krügen, alpin / Auf Hochmut von englischen Mädchen und koloniales Chinin, / Ich trinke, doch bin ich nicht
schlüssig, was ich wohl lieber noch hab: / Den fröhlichen Asti
Spumante oder – Châteauneuf-du-Pape ...«
Eine betörende Séance. Eine Gipfelpartie, denn ich werde mit
dem Besten an russischer Poesie bekannt gemacht, in schönstem Vortrag.
Unsere Schätze kann uns keiner nehmen, sagt eine Raissa. Ich
frage nicht, wie sie das alles in ihrer Memory-Bibliothek horten, Hunderte, wenn nicht Tausende von Versen. Überlebensstrategie, lautet die Antwort. Was uns ständig vorenthalten
wird, finden wir in der Poesie unnachahmlich ausgedrückt.
Einer gibt es dem andern weiter. Das geht so: Es kursieren
Abschriften älterer oder westlicher Ausgaben, dann heißt es
auswendig lernen.
Mandelstam berührt uns, schwärmt Raissa. Was er in den
Dreißigern schrieb, haut uns heute noch vom Hocker. »Mein
Wolfshund-Jahrhundert, mich packts, mich befällts – / doch
ich bin nicht wölfischen Bluts. / Mich Mütze – stopf mich in
den Ärmel, den Pelz / sibirischer Steppenglut ...«
Mischa kauert in seiner Gitarrenecke, macht sich bemerkbar:
»Verström, Harmonika ... O Öde, Öde ... Ich spiel, die Hand
zerrinnt ... Du Luder trink, ich locke ja die Töne, trink, Räude du und Grind! ...« Jessenin. Hat sich unweit von hier, im
Hotel Angleterre am Isaaks-Platz, 1925 erhängt, nachdem er
schon zehn Jahre zuvor gedichtet hatte: »In meiner Heimat leb
ich nicht mehr gern, / Buchweizen ruft, aus Weiten, endlos
großen. / Ich laß die Kate Kate sein, bin fern, / ich streun, ein
Dieb, umher mit Heimatlosen ...«
Rührung, Stille. Danke Mischa, sagt Lena, und reicht ihm sein
Teeglas.
Aber es geht weiter. Zeit spielt in diesen Breiten keine Rolle.

Wir befinden uns im Raum der Poesie, und eines ergibt das andere. Puschkins Versroman *Eugen Onegin* bringt alle zum Lachen, ein rezitatorischer Stafettenlauf. Worauf sich Müdigkeit breitmacht. Es ist schon acht!
Wer gehen will, geht, wer bleiben will, bleibt, Mischa hat seine Gitarre griffbereit und ist aufgeräumter als zuvor. Der Abend erst läßt ihn zu voller Form auflaufen. (»Mein Schauspielergeschick.«) So essen wir denn, und Mischa gibt Einlagen. Wobei seine Frohnatur nicht hindert, daß das Gespräch den Tod streift, den Freitod von Jessenin, Majakowskij, Zwetajewa. (»Eine Generation, die ihre Dichter vergeudet hat.«) Ich erfahre mehr als während meines ganzen Studiums. Und so, als würde es mir eingebrannt.
Als Letzte verlasse ich, weit nach Mitternacht, Lenas Wohnung, eile auf die letzte Straßenbahn. Die legt sich wild in die Kurven, fegt über die ausgestorbene Leutnant-Schmidt-Brücke und speit uns auf der Wassiljewskij-Insel aus. Mich, eine Frau und deren betrunkenen Mann. Gute Nacht.


Die Samstage waren fix, darüber hinaus gab es unvermutete Treffen: »Kolja hat Geburtstag, ich mache Zypljonok tabaka (Huhn auf georgisch)« oder »Zwei Karten sind mir zugeflogen für den Ostrowskij im Kleinen Theater«. Ich war immer dabei, wenn es um Lena ging, immer. Sie war mein Herd, meine Säule, meine Lehrerin, meine Freude. Eine Freundin, die ich aus respektvoller Liebe lange siezte, und die mir gerade so – ohne falsche Innigkeit, ohne billigen Tratsch und Klatsch – ans Herz wuchs. Niemand konnte lachen wie Lena, kehlig, in absteigender Tonleiter und leicht verschämt. Niemand verstand sich so vorbehaltlos auf Gute-Laune-Verbreiten. Klagen hörte ich sie nie, das war unter ihrer Würde. Und wäre bloß Zeitverschwendung gewesen, denn Probleme wollen aktiv gelöst werden. Als Aktivistin (des Guten, Schönen, Wahren) nahm sie mich und viele andere unter ihre Fittiche, ohne Gegenleistungen zu erwarten. Sie war glücklich, daß sie uns glücklich machen konnte.

Später – schon nach meiner Leningrader Zeit – zog sie in eine Zweizimmerwohnung an der Tschaikowsky-Straße, heiratete den immer schwarzgekleideten, bärtigen Philosophen-Monarchisten Kyrill, ließ sich nach einem Jahr von ihm scheiden und verschrieb sich ganz der Arbeit (am Theaterwissenschaftlichen Institut), den Freunden und der Familie. Die Familie, das waren der betagte Vater und Bruder Mischa mit Frau und Söhnchen Aljoscha. Den Kleinen hütete sie bei jeder Gelegenheit, las ihm vor, machte einen Dichter aus ihm. Das war nicht tantenhafter, sondern mütterlicher Ehrgeiz. Den sie bei Mischas Tochter aus zweiter Ehe so weit trieb, daß das Kind bei ihr aufwuchs.

Die Last fällt auf den, der sie tragen kann. Lena trug und bürdete sich laufend Neues auf. Wie heißt es doch in einem späten Brief der Zwetajewa: »Ich habe mit fremden (mir aufgebürdeten) Lasten gespielt, wie ein Athlet mit Gewichten. Von mir ging Freiheit aus. Der Mensch wußte im Innersten, wenn er sich aus dem Fenster stürzt, fällt er *hinauf*.« Zwetajewa kapitulierte schließlich vor Krieg und Armut (sie nahm sich 1941 das Leben), Lena verausgabte sich, bis eine schwere Krankheit sie stoppte. Nun wurde mit einem Mal *sie* bedürftig. »Das ist bitter. Ich bin es SO gewohnt – zu schenken!« (Zwetajewa)

Bei meinem letzten Besuch versuchte sie, klaglos in die Zukunft zu sehen, sprach von Plänen, Reisen, während sie an jedem Bissen würgte. (Die Chemotherapie.) Ihre strahlende Zuversicht beschämte meinen Kleinmut. Lena ließ sich nicht kleinkriegen, sie blieb Lena forever. Auch wenn der Atem schwer ging, die Füße nur langsam vorankamen: ihr Verstand war kristallklar, ihr Mitteilungsdrang ungebrochen (das Telefon), ihre Würde noch schöner. Der untergegangenen Sowjetunion trauerte sie nicht nach.

Lebwohl, Lena, du hättest es nicht besser machen können.

## LXIII

*Die Jahreszeiten*

Nirgends habe ich die Jahreszeiten so eindringlich erlebt wie in Leningrad. Als ich ankam, war September, der die Alleen und Parks vergoldete. Gelb die Birken und Linden, flammend rot der Vogelbeerbaum. Und über allem ein zartblauer Himmel. Sonnenschein, der den morgendlichen Frost vertrieb. Die Luft zum Beißen und klar. Es leuchtet nicht nur die goldene Admiralitätsspitze, die Kuppel der Isaaks-Kirche, auch die Paläste in ihren Pastellfarben leuchten, und es leuchten ihre Spiegelungen, im Fluß, in den Kanälen. Rosa, blau, grün, türkis, ocker. Es leuchten Löwen und Sphingen, weiße Karyatiden und Säulenkolonnaden, es leuchten Treppen, Simse, Sockel. Und selbst die Statuen aus gegossenem Erz. Das Asphaltgrau leuchtet nicht, alles Häßliche entzieht sich gnädig dem Blick. Im Lichtbad des Septembers ist der »Sommergarten« voller Noblesse. Auf den Sandwegen gelbe Blätter, wie hingestreut. Eichhörnchen huschen durch das Laub, die Spaziergänger bleiben stehen, schauen. Es ist leichter, in dieser Jahreszeit glücklich zu sein. Sagen meine Freunde, die es wissen müssen.
Der Oktober glüht nicht mehr, bringt Kälte und Regen. Wie bei Puschkin: »Oktober ist es schon – und Ast und Zweig verlieren / Im Wald ihr letztes Laub und sind bald kahl und leer; / Herbstliche Kühle weht – der Weg beginnt zu frieren ...« Es wird unwirtlich, über der Newa bilden sich Nebel, und es beginnt das Spiel der Grautöne. Grau sind nicht nur Straßen und Gehsteige, Mietskasernen und deren triste Innenhöfe,

grau sind auch die Kanäle mit ihren granitenen Einfassungen und Balustraden, die Kasaner Kathedrale und der bleierne Himmel. Und die wuselnden Menschen, ein grauer Ameisenhaufen. Der Tag duckt sich von Dämmerung zu Dämmerung, darin die Ränder der Stadt ausfransen. Die Maßstäbe verkleinern sich. Am frohsten ist, wer zu Hause bleiben kann.
Erst recht im November. Da ist Leningrad naßkalt und dunkel und stinkt unter einer Glocke von Rauch, Ruß und Braunkohledunst. Die Schiffe auf der Newa verkehren nur noch träge, in den übervollen Bussen riecht es nach feuchten Kleidern. Überall Menschenballungen, als läge die Rettung im Herdentierig-Sklavischen. Als schütze Nähe vor der Unbill der Natur und einer undurchschaubaren Obrigkeit.
Novembergrau und Novemberstürme. Danach der Schnee wie eine Erlösung. Weißflockig legt er sich auf die nördliche Stadt, gibt ihr im Winterdämmer helle Konturen. Schnee liegt auf den Uferbrüstungen, den steinernen Löwen und Sphingen, den Dächern und Kuppeln. Auf Katharinas Herrscherhaupt und dem »Ehernen Reiter«. Glitzernd und still. Solange es kalt ist, sind die Geräusche gedämpft, erstarrt alles in kalter Pracht. Nur wenn es taut und der Matsch zu schmatzen beginnt, vergeht die stille Schönheit.
Von den Winden hängt es ab, ob Schnee zu Matsch wird, und Matsch zu Eis. Das geht schnell. Wer sich nicht vorsieht (richtiges Schuhwerk), hat das Nachsehen. Gehsteige werden nicht geräumt, so ist es keine Kunst, alle naselang hinzufallen. (Die Stadt von unten.) Ein Elend für die Alten.
Fluß und Kanäle schweigen schwarz. Bis sie sich mit einer Eishaut überziehen, die zur dicken Eisdecke wird. Bei der Peter-Pauls-Festung machen sich die Winterbader ans Werk: hacken ein rechteckiges Loch ins Eis und tauchen ins Wasser. Vor neugierig staunenden Zuschauern.
Eis auf der Mojka, dem Gribojedow-Kanal, der Fontanka,

Eis auf der Karpowka, der Großen und Kleinen Newka, der Newa. Als Leningrad 1941 von den Deutschen umzingelt und 900 Tage lang belagert wurde, war es nur der eisbedeckte »Lebensweg« über den Ladoga-See, der die Stadt mit der Außenwelt verband. Auf dieser einzigen Trasse wurden (unter pausenlosem Artilleriebeschuß) Waffen, Munition und Nahrungsmittel befördert. Die Stadt hungerte, ergab sich aber nicht. Ihr Heldentum kostete sie 650.000 Menschenleben und 10.000 zerstörte oder beschädigte Gebäude.

Im tiefen Winter wirkt die Strenge der geraden, wie mit dem Lineal gezogenen Straßen (*Linien* und *Prospekte* genannt) noch strenger. Strenger auch der Klassizismus der Paläste, der Granit der Ufereinfassungen, die Silhouette des Kresty-Gefängnisses. Dort, hinter diesem massigen Gebäude, wo unter Stalin Achmatowas Sohn einsaß (*Requiem*), beginnt die Landschaft der Fabriken und Schlote, unfaßbar trist.

Das alte Universitätsgebäude, Sitz der Philologischen Fakultät, liegt direkt an der Newa. Auf der Wassiljewskij-Insel, gegenüber vom Dekabristenplatz mit der Reiterstatue Peters des Großen. In den Pausen zwischen den Vorlesungen steht alles am Kai. Auch bei tiefen Minustemperaturen: Fellmütze aufgesetzt, und raus.

Vor allem aber wenn die Newa ihr grandiosestes Spektakel bietet: den Eisgang. Ist es Anfang oder Mitte April? Der Fluß besteht nicht mehr aus einer dicken Eisdecke, Schollen treiben langsam auf ihm hinab, große, kleine, berg- und bärförmige, reiben und stoßen, schieben und verkeilen sich, bilden Ungetüme oder zersplittern jäh. Das klingt wie Sphärenmusik. Kristallen und ächzend zugleich. Ein bißchen Schelle, ein bißchen Stöhnen, ein bißchen Glasharfe, ein bißchen Knacken. Das Ohr folgt dem Auge, das Auge dem Ohr, weil jede Sekunde die Konstellationen – die Töne – verändert. Phantastisch, dieses akustische Schauspiel, das drei Tage lang umsonst zu haben ist: als Naturereignis mitten in der Großstadt. Man kann sich nicht satt sehen (satt hören). Und Leningrads steingewordene Schönheit verblaßt zur Kulisse.

Es kommen windige Tauwetterwochen, die in einen späten, zaghaften Frühlingsanfang münden. Bis im Mai die Natur explosiv ihre Rechte behauptet, das Grün hochschießt und alles umfängt. Die Verwandlung ist mit Händen zu greifen, eine Sache weniger Tage. Als hätte ein Zaubermeister sein Stöckchen geschwungen – und plötzlich prangt, was eben noch kahl war, lockig belaubt. Der Mai ist eine Steigerung der Stadt, weil er ihrer ingenieurshaften Geometrie buschiges Baumgrün beimischt.

Die Hochzeit von Natur und Urbanität feiert Leningrad im Juni, während der Weißen Nächte. Licht von morgens bis spät in die Nacht. Nur zwischen zwei und fünf herrscht Dämmergrau. Mehr als drei Stunden Schlaf braucht in dieser Zeit keiner. Eine beschwingte Luzidität macht den Kopf hellwach, die Beine wollen von alleine gehen, den Kais entlang, durch die nächtlich lichten Straßen und Parks. Viel Jugend ist unterwegs, mit Gitarre und Gesang. Hochgemut, denn die Lichtdroge verklärt noch den düstersten Zustand. So wie sie die Stadt verklärt, ihre Höhen und Tiefen.

Leningrad ist nicht mehr ganz von dieser Welt, scheint zu schweben zwischen Realität und Fiktion. Auch die Probleme verlieren an Gewicht, wabern schmerzlos in einem Raum kollektiver Euphorie. Alles swingt, laß dich mitreißen. Jedes Unterfangen gelingt, noch bevor es begonnen hat. Eines Tages besteige ich ein Schiff und fahre nach Peterhof, dessen Schloß und funkelnde Wasserspiele wie die Verkörperung junigeborener Phantasie anmuten.

Abends ist der Himmel türkis. Gegen Mitternacht verblaßt die Farbe, bis sie einem fahlen Weiß weicht, das sich nach und nach gräulich verschleiert. Erst jetzt wird es schwierig, im

Freien Zeitung zu lesen. Aber wer will das schon, nur um zu beweisen, daß es auch nachts nie dunkel wird.
Das Farbenspektrum, die Grade der Helligkeit und Transparenz – unbeschreiblich.
Die Geläufigkeit des Schwebens – unbeschreiblich.
Könnte es sein, daß sich in dieser Zeit auch Krankheit und Ekstase kurzschließen (wie in Dostojewskijs *Weißen Nächten*)? Das einstige Armenviertel um den Gribojedow-Kanal ist keines mehr, doch einsame Gestalten wie Raskolnikow lungern noch immer herum, beugen sich wie die Uferweiden übers Wasser, stieren hinab. Das Licht kennt keine Gnade. Wer jetzt kein Haus hat, bleibt draußen, wer jetzt verrückt ist, kann es nicht verbergen. Die Schlaflosen – solche und andere – sind Legion. Ihr Karnevalsreigen zieht durch die überbelichteten Nächte.

An einem lichten Juniabend saß ich bei Wiktor Andronikowitsch Manujlow, meinem »Berater« und hiesigen Doktorvater. Die anderthalb Zimmer, die er in einer Kommunalka an der Vierten Sowjetskaja bewohnte, waren so vollgestellt, daß zwischen Möbeln und Bücherstapeln nur ein schmaler Pfad übrigblieb. Bücher überall: an den Wänden, auf und unter dem schwarzen Flügel und dem spartanischen Bett. Höflich lotste er mich – ein angesehener Akademiker – in das halbe, kammerähnliche Zimmer, bat mich, am kleinen Tisch Platz zu nehmen, und bot mir Kuchen und Rjashenka an. Ein rührend besorgter Mann. Um die sechzig, glatzköpfig, mit gesunder Gesichtsfarbe und zartem Teint, mehr Säugling als Buddha. Die Hände mollig, das Bäuchlein rund.
Den Tee gab's im Zimmer, auf der Bettkante. Hier auch zeigte er mir einige seiner Schätze: Briefe von Sergej Jessenin, Aquarelle von Maximilian Woloschin. Originale, was denn sonst. In der von Woloschin gegründeten Künstlerkolonie in Koktebel

auf der Krim verbrachte er seine ganzen Sommer, arbeitete an der Herausgabe von Woloschins Schriften. Er liebte die Geselligkeit, versammelte überall Schüler um sich. Kaum vertiefte ich mich staunend in einige Kostbarkeiten seines Archivs (das er später der Akademie der Wissenschaften vermachte), kamen neue Gäste: Studentinnen mit blonden Zöpfen und kornblumenblauen Augen, die Philologin Irma Kudrowa, ein langgewachsener Aspirant. Wiktor Andronikowitsch entschuldigte sich für die Enge, verschob schwitzend Bücherstapel, balancierte Stühle über unsern Köpfen. Meine Lieben, meine Lieben, zwitscherte er mit hoher Stimme, darf ich bekanntmachen. Und schon waren wir eine glücklich zusammengezwängte Schicksalsgemeinschaft. Hier herrschte keine Zensur. Hier kursierten freie Gedanken und seltene Bücher, die mir die Saltykowka vorenthalten hätte. Nimm, lies. Und frag, was du wissen willst.

Eine Versammlung von Literaturbesessenen auf wenigen Quadratmetern, durch das halboffene Fenster strömt laue Luft herein.

Ohne solche Orte, sagt Irma Kudrowa, könnte man hier nicht überleben.

Die Mädchen nicken, der Gastgeber wischt sich den Schweiß von der Stirn. Meine liebe Irmotschka, c'est un plaisir.

Woloschins Landschaftsaquarelle (1912, 1916) sind kleinformatig und zart: Meeresbuchten, Felsen, Berge. Die Krim, das alte »Kimmerien«. Einige hängen gerahmt überm Bett. Die Zopfträgerinnen machen große Augen.

Es gibt auch Fotos (Woloschin mit Schaufelbart, Jessenin in dandyhaftem Jackett). In diesem vollgestopften Gelehrtenkabinett bekommt die Literatur Herz und Gesicht.

Kleine, verschobene Welt. Und erst jetzt entdecke ich, daß die Bettdecke ein Teppich ist.

Die Stunden vergingen wie im Schlaf. Kaum im Flur, holte

uns die Wirklichkeit ein. Mit Küchengerüchen, im Treppenhaus mit Gestank. Wiktor Andronikowitschs Aura blieb zurück, und wir, seine Schäfchen, verliefen uns.
Ich ging lange zu Fuß durch die türkise Nacht. So flauten die starken Gefühle nicht ab.

# LXIV

*Notizen*

Sich schälende Fassaden, und die Hauseingänge wie Löcher: düster. Verkrieche dich. (Eine Maulwurfsgesellschaft.)
Das Dachwasser ergießt sich durch Abflußrohre direkt auf den Gehsteig. Spring über Bäche oder brich dir auf dem Eis ein Bein.
Dostojewskij liebte Eckhäuser. Da stehen sie noch, und Raskolnikow ist nicht weit.
Keine Bettler. In der Unterführung ein Mann mit Brotsack, verhärmt. Hinter ihm zwei Kriegsinvalide. Sie wirken teilnahmslos, wie halbverstorben.
Auf dem Newskij schnelle Gesichter, verwitterte Mützen. Keiner sieht den andern an.
Jura: Weißt du, woran wir die Ausländer erkennen? Sie schauen einem offen in die Augen. Während unser Blick ausweicht.
Ich kleide mich unauffällig, stehe brav in der Brotschlange. Und werde doch »erkannt«. Das schönste Kompliment: wenn sie mich für eine Estin oder Georgierin halten.
Die Schulklassen in der Eremitage: andächtig, diszipliniert. Besonders die vom Land. Allein schon Gold und Marmor blenden. (Und die Füße stecken in schonenden Filzpantoffeln.)
Die wenigen »praktizierenden« Kirchen: eine Parallelwelt. Aus der das Grau der kommunistischen Ideologie ebenso verbannt ist wie das Grau des Alltags. Die Ikonen leuchten, der Weihrauch duftet, Gebete und Gesänge steigen zum Himmel. Darin liegt Schönheit und Trost.

Russische Demut? Die gläubigen Kopftuchweibchen machen es vor, wenn sie sich vor jedem Heiligenbild endlos bekreuzigen. Vor jedem Grab.

In den Buchhandlungen: Lenin ohne Ende, einige alte Klassiker und sozrealistische Sowjetliteratur. Selbst eine Werkausgabe von Dostojewskij fehlt. Ich halte mich an die (wenigen) Antiquariate, die das Angebot etwas aufhellen. Wobei die Ausfuhr vorrevolutionärer Bücher verboten ist.

Die Frauenmode beschränkt sich im wesentlichen auf Stiefel, Mantel, Woll- oder Pelzmütze. Strickwaren sind beliebt. (Der Gesamteindruck: bieder und hinterwäldlerisch.)

Ob es in L. Zeugen Jehovas gibt?

Im Café Sewer: Torten von mehrstöckiger Opulenz, und entsprechende Serviererinnen (pausbackig, ausladend, mit sahneweißem Teint). Brauche ich eine Kalorienbombe, hole ich mir ein bombastisches Tortenstück.

Auch im tiefsten Winter wird Eis gegessen. Die Eisverkäufer sind allgegenwärtig.

Zum Verlieben: die russischen Verkleinerungsformen. Sie machen die Sprache zärtlich. *Täubchen, Sönnchen, Onkelchen.* Als die Garderobefrau sieht, daß ich verzweifelt nach etwas suche, besänftigt sie mich mit den Worten: Nur ruhig, Töchterchen, das Schlüsselchen wird sich schon finden.

Die Toiletten: ein Alptraum. Ich wage nicht, den wackligen Riegel zu schieben. Gott behüte, in diesem Ammoniakgestank eingesperrt zu sein. (Einmal schon bin ich mit dem Schrecken davongekommen: in der Kindheit, im lausigen Klo eines italienischen Restaurants. Die bleibende Klaustrophobie ...)

Der riesige Schloßplatz verschluckt Menschen und Kundgebungen. Ein Ungeheuer. Eingerahmt vom dreigeschoßigen Generalstabsgebäude mit seinen 768 Fenstern und – gegenüber – vom Winterpalais. Ich versuche mir nicht vorzustellen, was hier am »Blutsonntag« (9. Januar 1905) und während des

Oktoberaufstandes 1917 geschah. Terror, Gemetzel. Und wie die Alexandersäule alles überstand.

Mit Jura auf der Petrograder Seite, wo die Große Moschee steht. Türkisfarbener Orient. Die Kuppel ist dem Grabmal Timurs in Samarkand nachgebildet. An der Finanzierung (1912) beteiligte sich der Emir von Buchara. Nicht ahnend, daß Trozkij hier wenig später flammende Reden halten würde.

Puschkinhaus: der Versammlungsort der akademischen Elite. Als Dmitrij Lichatschow einen Vortrag über die »andere« russische Renaissance hält, sind sie alle da, die Koryphäen aus Kunst- und Literaturwissenschaft. Auch Lidia Ginsburg, die 900 Tage Blockade durchgestanden und überlebt hat.

Wenn die Kadetten promenieren, wenn die Marinesoldaten in ihren blau-weißen Uniformen und steifen Hüten mit Bändern über den Dekabristenplatz strömen, hebt sich die Stimmung. Etwas Frisches, Aufgeräumtes, Feierlich-Fröhliches geht von ihnen aus. Selbst der Kreuzer Aurora löst seine Starre.

Nichts ist europäisch am Hotel Jewropejskaja. Prostitution, KGB-Offiziere, ein düsterer Mix. Die Ausländer ghettoisiert. Da hilft kein Jugendstil. Und auch nicht Puschkins freiheitliche Geste (vom ehernen Sockel im nahegelegenen Park).

Nach Selenogorsk in Karelien darf ich nicht. Mein Bewegungsradius beträgt 30 km vom Stadtzentrum. Weitere Distanzen bedürfen behördlicher Bewilligung. Bin ich eingekerkert, »nach innen gedrückt«? Nein. Leningrad ist Abenteuer genug.

Melancholie: eine periodische Heimsuchung, dann sind die Grautöne gerade recht. Von Filzstiefeln und wattierten Jacken, von Pflaster und Asphalt.

Wo ist Slava mit seinem Cello? Richter spielt, er nicht. Zuletzt in Straßburg riet er mir, meine Kräfte zu konzentrieren. Ein dicker Strahl sei besser als zehn dünne. Jetzt bin ich hier, eine Bibliotheksmaus, laboriere an Studien über die Einsamkeit.

Dieser dekadente westliche Individualismus! Das russische Wir-Gefühl gibt sich überlegen. Im Freundeskreis erlebe ich es als Solidarität. Keine Steifheit im Umgang, keine Teilnahmslosigkeit. Bist du krank, kommen sie alle. Brechen Temporekorde in Hilfsbereitschaft.
Du fällst nicht auseinander.
Und wer renoviert die Stadt?
Und wo ist die freie Presse?
Und wann fängt die »lichte Zukunft« an?
Wer sein Kind taufen läßt, tut es »katakombenhaft«, um kein Aufsehen zu erregen. Sonst drohen Schikanen.
Öffentlich wird wenig gelacht. Öffentlich werden keine Witze erzählt, keine heiklen Themen gestreift. Der Geheimdienst hat spitze Ohren. Auch das Studentenheim ist »verwanzt«.
Am späten Sonntagnachmittag vor dem Hotel Astoria: sturzbetrunkene Finnen werden in wartende Busse verfrachtet. Sie haben sich billig amüsiert, jetzt geht es zurück in den Alltag. Trink, Brüderlein. Zu dritt eine Flasche Wodka macht einen kleinen Rausch. Und weiter zur nächsten Runde. Vergiß, wie beschissen es dir geht.
Ich kann nicht. Nicht, wenn die Tische brechen (Saus und Braus einer Geburtstagsfeier), wenn auf Champagner Bier, auf Bier Wodka, auf Wodka Kognak, auf Kognak Wein folgt, oder umgekehrt. Übelkeit beim bloßen Anblick. Genügt ein Gläschen Klarer zum Salzhering, und basta.
Einmal nur möchte ich Gogols Akakij Akakijewitsch, Dostojewskijs Doppelgänger und Belyjs exzentrischem Senator Ableuchow begegnen. Ist ihr Wahnsinn hausgemacht oder ein Produkt der »chimärenhaften« Stadt? Durch die auch Nasen spazieren, mit Generalsgehabe.
»Der nasse, schlüpfrige Prospekt schnitt den nassen Prospekt unter einem rechten, einem Winkel von neunzig Grad; auf dem Schnittpunkt beider Linien stand ein Schutzmann ...

Und genau dieselben Häuser ragten dort empor, und dieselben grauen Menschenströme zogen dort vorüber, und derselbe grüngelbe Nebel hing dort in der Luft. Konzentriert liefen dort Gesichter vorüber; die Trottoirs flüsterten und schlurften; wurden zerrieben von Galoschen; triumphierend segelte eine Bürgernase dahin. Nasen strömten in Mengen vorüber; Adler-, Enten-, Hasennasen, grünliche und weiße; hier strömte auch vorüber die Abwesenheit jeglicher Nase ... Es gibt die Unendlichkeit der in der Unendlichkeit laufenden Prospekte und die Unendlichkeit der in der Unendlichkeit einander schneidenden Schatten. Ganz Petersburg ist die Unendlichkeit des in die n-te Dimension erhobenen Prospekts. – Hinter Petersburg jedoch ist nichts.« (Andrej Belyj, *Petersburg*)

# LXV

*Abschiedslosigkeit*

Irgendwann wurden mir die dreißig Kilometer egal. Jura setzte mich in einen Bus, und wir fuhren ins estnische Tartu, eine für Ausländer verbotene Stadt. Verboten warum? Gab es einen Militärstützpunkt oder »geheime« Industrieanlagen? Keiner konnte es mir sagen. Für mich war die kleine Universitätsstadt die Wiege des russischen Strukturalismus um Jurij Michailowitsch Lotman, der hier dozierte und einen Forscherkreis unterhielt. Wir trafen ihn nicht an. Hörten nur eine Vorlesung seiner Frau über Alexander Blok, in einem gewächshausartigen Pavillon, der nach Dépendance aussah.
Im Zentrum: schattige Straßen, gesäumt von heruntergekommenen klassizistischen Gebäuden und Villen. Freundlich, provinziell. Wir blieben nicht, wir fuhren weiter, mit einem klapprigen Bus in die Wälder. Wo sich – Juras Geheimtipp – ein orthodoxes Frauenkloster verbarg. Es war noch nicht alt, das Holz der Kirche duftete. Im Kircheninneren duftete es nach Weihrauch und Bienenwachs. Wie schwarze Vögel huschten die Nonnen durch das Halbdunkel, zündeten Kerzen an. Der Abendgottesdienst begann.
Fällt man so aus der Zeit, dem Raum, in die Freiheit? Hier war kein Falsch, keine Lüge. Jura, entschieden: Diesen Ort taufen wir »Fürchte dich nicht«. Ich dachte: Sie können uns wirklich nichts anhaben. Nicht diesem reinen Gesang.
Als wären wir aus einem Morast gestiegen. In klare, helle Höhen. Der Atem ging ruhig, die Füße hatten Grund. Und das Herz einen einzigen Wunsch: Gutes zu tun.

Bleiben, in dieser Waldesmitte. Dieser wehrhaften Einsamkeit. Aber der Bus, der letzte, ließ nicht auf sich warten. Karrte uns zurück in die Niederungen. Und mit einem zweiten, robusteren, fuhren wir noch in derselben Nacht – vorbei am mondbeschienenen Peipussee – nach Leningrad.

Dann wagte ich es alleine. In die drei baltischen Republiken, nach Vilnius, Riga und Tallinn. Stieg in Vilnius aus dem Nachtzug und fand kein Hotel. Bis sich die x-te Rezeptionistin erweichen ließ und mir ein Angestelltenzimmer unterm Dach zur Verfügung stellte, für eine Nacht. Mit Nähmaschine, Wäschekörben etc. Ich hätte sie küssen können. Und machte mich frohgemut auf die Spuren von Mickiewicz und meinem entfernten Verwandten Władysław Kondratowicz-Syrokomla. Gaßauf, gaßab, kirchein, kirchaus.
Soweit, so gut, und auch wieder nicht. Denn die Schnellzüge nach Riga sind ausgebucht. Ich aber muß, muß, zu einem bestimmten Zeitpunkt ankommen, weil man mich erwartet. Was bleibt? Ein nächtlicher Bummelzug, der für Ausländer strikt verboten ist. Also bin ich keine Ausländerin. Also lege ich mich, um keinen Verdacht aufkommen zu lassen, gleich aufs Ohr, auf eine unbequeme Holzpritsche im offenen Waggon, wo alle reden und trinken und Schach spielen, bis sie umfallen.
Und bin am Morgen pünktlich in Riga.
Eine Freundin von Lena begleitete mich an den Sandstrand von Jurmala, außerhalb der Stadt. Ideales Badewetter, zum ersten Mal probierte ich die Ostsee. Und mochte sie. Das Meer anerkennt kein Regime, flutet frei. Den Badenden war diese Freiheit anzusehen. Sie wirkten unbeschwert, leger.
Ich erinnere unsere Strandtaschen, das Flanieren durch Rigas Altstadt. (Hanseatisches Backsteinrot, die Domorgel.) Rußland war weit.

Noch weiter weg (obwohl geographisch näher) war es in Tallinn, wo sie mich in einer Bäckerei erst bedienten, als ich von Russisch zu Deutsch wechselte. Die Esten haßten ihre Okkupatoren und sahen zähneknirschend zu, wie immer mehr Russen sich in dieser am westlichsten anmutenden Ecke der Sowjetunion ansiedelten. Ein goldenes, privilegiertes Fleckchen, hochbegehrt. Und pittoresk dazu.
In Leningrad holte mich die Sowjetunion ein.

Aber vermißt hatte man mich nicht. Nicht gesucht. Ich war ihnen entglitten. Ich hatte mein kleines Abenteuer unbeschadet überstanden. Ohne Kontrollen. Ohne Zwischenfall. Mit ein bißchen Chuzpe und Glück. Und ich kam nicht ungern zurück. Leningrad hatte mich längst eingesponnen. So sehr, daß ich mich von ihm nicht lösen konnte.
Nicht von den Freunden, nicht von den Straßen, nicht von diesem befremdlichen Klima zwischen Euphorie und Angst. Als ich auf der Heimreise, die mich über Berlin führte, morgens früh im Bahnhof Zoo ankam und überlegte, wie ich den Tag (bis zur Weiterfahrt mit dem Nachtzug) verbringen sollte, entschied ich mich ostalgisch: fuhr mit der S-Bahn zum Bahnhof Friedrichstraße und lief wie eine Getriebene durch die Straßen, auf der Suche nach Leningrader Gerüchen und Farben. In der Karl-Marx-Allee glaubte ich mich fast angekommen.
Dann fuhr ich – erleichtert oder auch nicht – zurück und sah mir in einem Kino beim Zoo Chaplins *Modern Times* an.

Der Drang nach Leningrad blieb. Ich träumte schon russisch, also waren die Schikanen am Zoll auszuhalten. Wie eine Verliebte verschloß ich die Augen vor den Zumutungen, verzieh im voraus oder rechtfertigte sogar, was mir Mühe machte. Bekloppt schizophren, das Ganze. Doch einmal dort, wußte ich,

was zu tun war. Ich besuchte Lena und ihre Freunde, ging ins Theater und Konzert, streifte durch Straßen und Antiquariate, und ließ mich vom Licht verzaubern. Politisch blenden ließ ich mich nicht. Die Bekanntschaft mit Jefim Grigorjewitsch Etkind und seinem »Kreis« war augenöffnend. In seiner Wohnung verkehrten sie alle: Lidia Ginsburg und Lidia Tschukowskaja und Natalia Gorbanewskaja und Iossif Brodskij.
Kommt Brodskij und bittet, ein eben fertiggestelltes Gedicht abtippen zu dürfen. (Die registrierten Schreibmaschinen.) Nach dem Abendessen die Premiere: Er liest vor. »Als erstmals Maria ins Heiligtum trug / das Kind, waren drinnen von denjen'gen nur, / die ständig sich dort sonst befanden, der fromme / Mann Simeon, Hanna, die alte Prophetin ...« Zum ersten Mal höre ich die näselnde Stimme, den rabbinisch anmutenden Singsang. »...Er ging, um zu sterben. Und nicht ins Getös / der Straße trat er, als die Tür er aufstieß, / vielmehr in die taubstumme Herrschaft des Todes ...«
Die Runde lauscht. Und applaudiert. (Ob die Wände Ohren haben?)
Brodskij gab mir das Gedicht mit. Bald darauf besuchte ich ihn in seinen »anderthalb Zimmern«.
Es sind die greisen Eltern, die öffnen, grüßen und mich durch eine »Schranktür« in das Kabinett des Dichters geleiten. Ja, ich durchquere einen antiken Schrank (geschickte Tarnung). Dann sitzen wir auf einem Sofa und sind schon mitten im Gespräch. Über »meinen« Baratynskij, den er gleich zu zitieren beginnt (»... Erfahrung und Erleben sind durchmessen, / Eng ist das Erdensein, / In altvertrauten Träumen, selbstvergessen, / Schläfst du entzaubert ein ...«), über »seine« Achmatowa, über John Donne, W. H. Auden, Robert Frost. Er urteilt klar und streng und unnachgiebig. Oben auf dem Schrank ein alter Überseekoffer und eine winzige amerikanische Flagge. Don't ask. Ich höre gleichzeitig zu und lasse meinen Blick schweifen.

Von seinem sommersprossigen Gesicht zu den gerahmten Fotoporträts seiner Lieblingsdichter, die über einem mit Büchern und Papieren bedeckten Sekretär hängen. Hier also, denke ich. Entstehen seine Sachen. Auf diesen wenigen Quadratmetern. In der n-ten Dimension der Poesie. Als er plötzlich miaut. Wie ein rothaariger Kater, wie eine verwöhnte Mieze miaut. Sprachverweigernd. »Mein Tick.«
Nein, ich langweilte ihn nicht. Das komme von alleine. Vom Alleinsein, vielleicht. Das Arbeitslager hat er hinter sich, von Normalität aber kann keine Rede sein. Der KGB verfolgt ihn auf Schritt und Tritt. »In alten Tagen wartete auch ich / im Regen in den Börsenkolonnaden. / Und sah das an als eine Gabe Gottes. / Und hatte vielleicht recht. Auch ich war schließlich / einst glücklich … / Doch das alles ist lang vorbei, auf immer. Ganz entschwunden. / Ich sehe aus dem Fenster, schreib ›wohin‹, / doch setze ich erst gar kein Fragezeichen …«
Melancholie, von trockener Ironie überlagert. Kein Selbstmitleid. Das Miauen schafft Luft. (Sollen die KGB-Leute sich wundern.)
Wir unterhielten uns, tranken Tee, von Zeit zu Zeit miaute er. So vergingen die Stunden. Dann durchquerte ich den Schrank und stand bald schon auf der Straße. Im blendenden Licht eines Dienstags. Benommen vom »Weltenwechsel«.
Das war im März 1972. Drei Monate später wurde er ausgewiesen, reiste über Israel in die USA. Um den amerikanischen Wimpel auf dem Schrankdach in sein Recht zu setzen.

Von nun an wurde ich beschattet. Immer erblickte ich in einiger Distanz eine graue Figur, ob ich mit Alexej nach dem Konzert auf den Bus wartete oder mich Jefim Grigorjewitschs Haus näherte. Sie wußten Bescheid. In Moskau folgten sie mir so ungeniert, daß sie – diesmal zu zweit – mit mir in den Lift stiegen und, als ich den Knopf drückte, unisono »Richtig!«

riefen. Meine Freunde, namhafte Literaturwissenschaftler, waren besorgt. Besorgt um mich, während ich fürchtete, ihnen zu schaden. Der eigensinnigen alten Nadeschda Mandelstam war das alles egal, sie bekam ständig Westbesuch. Empfing mich liegend auf einem orientalisch dekorierten Sofa, kaute Sonnenblumenkerne und fragte rundheraus: Glauben Sie an Gott? Erst als ich bejahte, war sie bereit, sich auf ein Gespräch mit mir einzulassen.
Unten die Männer, bis zuletzt. Obwohl es kalt war. Ich nahm ein Taxi, entkam ihnen für ein paar Stunden. Bis mich zwei andere »Gräulinge« vor der Tür eines »Szenedichters« und Konzeptkünstlers erwarteten. Hier fand eine Party statt, mit schrägen Vögeln, performanceartigen Lesungen, aparter Verpflegung. Die Aufpasser hatten einiges zu tun.
Die Aufpasser. Irgendwann hatte ich sie satt und ließ Rußland – schweren Herzens – für ein paar Jahre Rußland sein.

Um nach dem »Umbau« wiederzukommen. Leningrad heißt nun Sankt Petersburg. Prunkt mit Restaurants, Läden, neuen Hotels, zahllosen Cafés. An dem Haus, wo Brodskij in Anderthalb-Zimmer-Isolation lebte, hängt eine Gedenktafel, Anna Achmatowa hat im unweit gelegenen Scheremetjew-Palais ein Museum bekommen. Und sogar an Vladimir Nabokov wird erinnert: die feudale Wohnung der Familie an der Morskaja ist museal hergerichtet. Buchhandlungen gibt es zuhauf, ihr Angebot deckt alles ab, in dieser Reihenfolge: Zarismus; Orthodoxie; Esoterik; Fantasy und Krimis; in- und ausländische Belletristik (von Nabokov bis Grisham); psychologische Ratgeber; Kochbücher; Reiseliteratur. Manche Läden haben bis ein Uhr nachts geöffnet.
Nur Zeit hat keiner mehr. Alle haben ihre eigenen Firmen (Mischa sein eigenes kleines Theater), rennen herum, kleben an ihren Handys. Stehen im Stau. Zeit haben die verlumpten

Rentner, die Bettler und Bettlerinnen, die jetzt fast überall anzutreffen sind. Die Straßenkinder mit glasigem Blick. Sie haben es auf die Touristen abgesehen. Wer will, mag das Rückkehr zur Normalität nennen. Aber normal ist dieses Petersburg nicht. Hinter den aufpolierten Fassaden rottet es dahin. Kriminelle Banden machen es unsicher.

Nein, Abschied genommen habe ich nie. Und Leningrad war ein besonderes Glück.
Glück?
Damals ja. Glück wie: Geborgenheit, Gerstenbrot, Graugans. Ich lernte, was Freundschaft heißt und wie gut sich's auf Gräbern essen läßt. Und den Kaloriengehalt von Worten. (Dichtung als Überlebensration.) Und die Helligkeitsskala nicht untergehender Tage.
Schön.
Und das Chorische eines andern, irgendwie unzielgerichteten Lebensentwurfs.
Also kein Bedauern?
Wie sollte ich. Auch wenn die Zeiten sich geändert haben.

# LXVI

*Vom Vermissen*

Leningrad und Lena vermißte ich lange. Auf meiner Vermissensliste rangierten sie weit oben. Anderes war unwiederbringlich verloren: das Siestazimmer meiner Kindheit, die weißen Kniestrümpfe (zum Frühlingsanfang), Kesztye, mein Pelzhandschuh.

Ich vermisse Bekanntes, ich sehne mich nach Unbekanntem (auf russisch *skutschaju* und *toskuju*). Ich bin ein Mangelwesen. (Wer ist es nicht.) Immer fehlt etwas. Eine Wärmeflasche, ein schattiger Baum, jenes Meer (das bestimmte), Vater (unterwegs auf seiner Jenseitsloipe). Dattelpalmen, verstepptes Hochland, ein beherzter Kümmerer. Zeit.

Was soll ich mit dem gnadenlosen Satz anfangen: »Die melancholischen Mädchen sind für immer ausverkauft.« Als wäre die Mongolei keine Option mehr, als wären Wünschen und Sehnen verbarrikadiert.

Dort, dort, ostwärts und noch östlicher verheißen die Namen einen dunklen Reim: Iran, Aserbeidschan, Afghanistan, Turkmenistan, Tadschikistan, Usbekistan, Kasachstan. Und die Vorstellung macht sich ans Werk. Und hält nicht inne, bis sie ihr gutgebautes Wunder im Schrank hat.

Moscheekuppeln (türkisblau), Seidenkaftane (mit Ikat-Muster), Teppich- und Gewürzbasare. Schwarze Milch. Hell gefiedertes Schilf. Salzwüsten. Die Grenzen, die Schmuggelrouten blende ich aus. Nicht aber die Frauen in ihren schwarzen Umhängen. Die Mädchen in turkmenischer Farbenpracht.

Etwas ruft, ruft schon lange. Seidenstraße. The Silk Road. Hat Marco Polo die Phantasie des Kindes infiziert?

Auf einen Sprung war ich dort, noch vor Leningrad, mit der Aeroflot im brütendheißen Taschkent, im Herzen Usbekistans. Wollte die sagenumwobenen Städte Samarkand und Buchara sehen, was Intourist verweigerte. Njet wie Njet. Die Taschkenter Teehäuser waren ein schwacher Trost, die Hitze schwindelerregend. Aus der Hoteldusche kam kein Wasser oder nur heißes. Backofenluft, versetzt mit Staub, mit gelblichem Sand. Zum Verdorren.
Die Reise ging weiter nach Alma-Ata, in die grüne kasachische Hauptstadt. Parks, Parks, Springbrunnen, in der Umgebung riesige Obstbaumplantagen. (Alma-Ata heißt auf kasachisch »Vater der Äpfel«.) Im Hintergrund, kulissenartig aufgebaut, die weißen Gebirgsriesen. Hier wehte frische Luft, und über die Märkte gingen tausenderlei Gesichter: Kasachen, Kirgisen, Usbeken, Uiguren, mit Filz- und Lammfell- und seidenbestickten Hüten (Mützen). Die Russen ohne Kopfbedeckung. Djamila, eine zierliche Dolmetscherin, zeigte mir wieselgleich Straßen und Plätze. Ihr rechter Zeigefinger hielt nicht still: Da da da dort und dort. Sie war stolz auf ihre gesunde, blühende Stadt, erzählte von Ausflügen in die Berge (Fichtenwälder, Bäche, Fels und Schnee), und daß die Hitze nie so grausam zuschlug, und daß kein Wassermangel herrschte.
Auf dem Flug von Alma-Ata nach Tbilissi dann die Wüstenszenarien: endloses Braun mit vereinzelten grünen Adern, die glitzernde Fläche des Aralsees, dessen Ränder austrockneten und versalzten (blendendes Weiß, gesäumt von Rosa), Sanddünen, Straßenschneisen. Wir flogen tief, in meiner Phantasie sah ich Kamele und Kollerdisteln. Und lehmbraune Siedlungen. Irgendwo im Dunst verbargen sich Samarkand, Buchara, Chiwa, Urgentsch, die man mir vorenthalten hatte. Und vor-

bei. Langsam versackte die Sonne über Zentralasien. Das Kaspische Meer war im Dämmer nicht auszumachen. In Tbilissi: rabenschwarze Nacht.
Am Morgen erwachte ich in einer andern Welt. Zwischen grünen georgischen Hügeln. Die kleinen Altstadthäuser mit Fachwerk und Altanen sahen auf den ersten Blick türkisch aus, die steinernen Kirchen frühromanisch. Und auch wieder nicht. Alles oszillierte zwischen Vertraut und Fremd, wollte in kein Klischee hineinpassen. Gwili, ein schwarzlockiger Philologiestudent, gab mir Einblicke in die georgische Sprache: Vergiß dein indoeuropäisches Denken, wo das Subjekt eines Satzes immer im Nominativ steht. Bei uns steht es im Ergativ! Schwindlig wurde mir erst recht, als er die vierzig Sprachen der Kaukasusregion aufzuzählen begann, Abchasisch, Adygeisch, Mingrelisch, Kabardinisch, Lasisch, Ossetisch, Swanisch … Ach. Ist die Musik nicht verständlicher? fragte ich. Und kaufte noch am selben Tag eine Platte mit kabardinischen Schwerttänzen, anfeuernd bis zur Raserei.
Unvergeßlich blieb die Gastfreundschaft. Das Abendessen mit Gwilis Verwandtschaft und Freunden, das eine halbe Nacht dauerte. Nicht nur wegen der vielen Köstlichkeiten (Bohnensuppe, in Weinblätter eingerollte Reisröllchen, Schafkäse, Lammschaschlik, scharf gewürztes Huhn, mit Rosinen vermischtes Gemüse, Trauben, Feigen, Wassermelone), sondern weil ständig das mit schwerem georgischen Rotwein gefüllte Trinkhorn erhoben und ein langer Toast ausgebracht wurde. Gurgelnd und kehlig und blumig rann die Sprache dahin, und ohne die Worte zu verstehen, wußte ich, daß sie poetisch waren. Wir lieben die Schönheit, sagte Gwili. Und wir sparen nicht mit der Zeit. Wie sollten sie auch, diese Weltmeister der Trinksprüche, die mehr vom Wort als vom Wein berauscht waren. Bis zur finalen, herzlich-herzlichen Umarmung: Auf die Brüderschaft!

Reisen ist Reisen, ist den Staub unter die Füße nehmen. Auch wenn in der Erinnerung irgendwann Freuden und Strapazen, Erlebtes und Erlesenes verschwimmen.

Die Neugier trieb mich, Jahrzehnte später, in den Iran. An die Ränder der Salzwüste Kavir, ins zarathustrische Yasd, nach Teheran, Kerman, Isfahan und Schiras. Die Neugier und der Wunsch, Versäumtes nachzuholen. Isfahan soll für Samarkand entschädigen. (Stimme des Kindes, das auf seinem Recht besteht.)

Damals und dort das autoritäre Regime der Sowjets, hier ein autoritärer Mullah-Staat. Aber der Drang ist stärker als die Skepsis. Reden die Landschaften und Altertümer doch eine andere Sprache.

Und ich finde sie: die hitzegebackenen Lehmminarette, die mit türkisen und blauen Fayencekacheln ausgekleideten prächtigen Moscheekuppeln, die Iwane und Höfe und Medressen, die staunenden, betenden Pilger, das gelassene Fußvolk mit abendlichen Fladenbroten unterm Arm. Es ist Ramadan, das Leben tritt leise. Bis zum Sonnenuntergang, der schlagartig Bewegung bringt. Plötzlich wuselt alles herum, vor den Läden bilden sich Schlangen, und wer nicht zu Hause ein Festmahl kocht, picknickt im Freien, in öffentlichen Parks, auf ausgebreiteten Tüchern.

Ich sehe, was ich sehe, dahinter sehe ich nicht. Ich sehe kaum Bettler, aber mehrere Derwische mit Trinkschalen und Glöckchen, das Gesicht gegerbt, das graue Haar wild vom Kopf stehend. Ich sehe eifrig feilschende Teppichhändler und eine wettsingende Männerschar unter dem Gewölbe der zweistöckigen Khaju-Brücke in Isfahan. Ich sehe, wie Liebespaare Hafis' Grab küssen und Studenten durch den »Garten des irdischen Paradieses« (Baghe Eram, Schiras) streifen, wie Skateboarder ihre nächtlichen Runden drehen und Handwerker in einer winzigen Werkstatt Moscheekacheln reparieren. Ich sehe das

Augenzwinkern der jungen Frauen und ihren selbstbewußten Gang. Ich sehe, wie sich beim Freitagsgebet auf dem riesigen Isfahaner Imam-Platz die mehrtausendköpfige Menge verneigt und hinkniet und erhebt und wieder verneigt, ein wogendes Kornfeld. Und danach ruhig auseinandergeht, ohne Lärm und Gedränge. Ich sehe Straßenfeger, Flußreiniger (Algenplage), bunt gekleidete Zarathustra-Anhängerinnen, die im Tempel von Yasd vor dem heiligen Feuer beten. Und Fladenbrotbäcker und junge Männer, die ganze Brotstapel auf ihren Mopeds balancieren. Ich sehe Musiker, die in zu Teestuben umgestalteten Hammams spielen (Hackbrett, Trommel, Gesang) und Schlafende (in Parks, Moscheehöfen und dunklen Basarecken). Ich sehe Mullahs mit weißem Turban und flotter Aktentasche zügig Straßen überqueren und Frauen Wasserpfeife rauchen. Ich sehe endlose Pistazienhaine, eine Karawane magerer Kamele und – in einem staubigen Wüstenkaff – Fußball spielende Kinder. Ich sehe winzige Vögelchen und Teppichmuster voller Blumen. Ich sehe singende Teppichknüpferinnen, die den Farben der Fäden Melodien zuordnen. Ich sehe schroffe Berge und Steinwüsten und tiefgrüne, bewässerte Ebenen. Und Obstplantagen und lehmbraune Dörfer mit kubischen, von kleinen Kuppeln überwölbten Häusern. Ich sehe Windtürme, die den Wind »fangen«, um ihn zur Lüftung und Kühlung ins Haus zu leiten. Ich sehe Plakate mit bärtigen Männerköpfen und Denkmäler für »gefallene Märtyrer« und auf öffentlichen Plätzen farbige Tierskulpturen: Tauben, Schwäne, Hirsche, jahrmarktreif. Ich sehe uniformierte Kinder im Gänsemarsch zur Grabmoschee des Schahs Nematollah Vali tippeln (Mahan), und sehe die Meditationszelle des Sufi-Mönchs, ausgemalt wie von Adolf Wölfli. Ich sehe düstere Polizeikontrollposten und die monumentalen Ruinen von Persepolis (mit Fabelwesen bewehrte Säulen, Prozessionsfriese, »Völkertore«, Treppen). Sehe ratlos vor sich hin stierende Jugendliche und

Stoffhändler, bedrängt von ihren Tuchballen. Sehe einen Himmel, der alle Farben produziert, und nachts die Milchstraße, weiß wie ungefärbte Wolle. Ich sehe Zypressen, Rosen, Mimosen, Zitronen-, Quitten-, Granatapfelbäume, und Pappeln und Dattelpalmen, und Ziegen, weit verstreut. Ich höre das Gutenmorgen des Chauffeurs (*Sob be-cheir*) und das Aufwiedersehen aus allen Mündern (*Choda hafes*). Ich sitze vor reich gedeckten Tischen: Bohnensuppe, Lamm- und Hühnerschaschlik, Safranreis mit Berberitzen, Joghurt, Gurkensalat, Crème caramel, Melone, frische Datteln. Ich trinke Wasser oder Cola oder alkoholfreies Bier oder Tee. Nur keinen Wein, keine Spirituosen.

Was ich sehe, ist verwirrend reich. Und kommt mir manchmal vor, als kennte ich es von irgendwoher. Folge ich Träumen oder Erinnerungen, sehnsuchtsvoller Neugier oder einem Uraltruf? Ich folge. Ich denke: Fremd, und mit einem Mal: Vertraut. Ich sehe mir die Gesichter der alten Isfahaner Männer (unterm Brückenbogen) an und stelle mir Vater vor, mittendrin: er wäre nicht aufgefallen. Auch mich beachtet fast keiner. Ein bißchen mehr Mimikry, und sie würden mich als ihresgleichen durchgehen lassen.

Aber ich will keine zweite Existenz erproben, will nur meine Poren öffnen. Meine Sinne und Denkräume ausweiten. Darin liegt ein Stückchen Glück. (Das Glück der ausgestreckten Hand.)

Zuhause angekommen vermisse ich das Licht des iranischen Hochlands, die interessierten Blicke, den Safran-Berberitzen-Reis, das Moscheenblau. Ich vermisse nicht die peinliche Leere des überdimensionierten Chomeini-Flughafens, der den Isolationskurs des Landes widerspiegelt. Zur Vervollständigung des inneren Bilderbogens lese ich Scheich Saadis *Geschichten aus dem Rosengarten* und Bahman Nirumands Buch *Der unerklärte Weltkrieg*. Saadi: »Versunken ist, was gut, was böse war am

Weltenlauf – es blieb vom Gram kein Gran zurück ...« Nirumand: »Die wichtigste Waffe, die der Iran besitzt, sind unzählige ideologisch verbrämte, zum Märtyrertod bereite Männer, auch Frauen, die gemeinsam mit ihren Glaubensbrüdern und Glaubensschwestern die ganze Region in einen Flächenbrand verwandeln und darüber hinaus auch die Sicherheit Europas und der USA stark gefährden könnten ...«
Kriegsszenarien. Angstszenarien. Und doch kann jeder Iraner seinen Hafis auswendig, die Lieder der Liebe.
Vermissen bleibt Widerspruch.

# LXVII

## *Vom Sammeln*

Die Kofferkindheit ließ es nicht zu. Verbot Anhäufungen jeder Art. Es hieß: Leicht bleiben, beweglich. Bloß keine Last. Aber den Muscheln konnte ich nicht widerstehen, den weißen, rosafarbenen, braungescheckten Muscheln, die zart und zerbrechlich waren, eine leichte Fracht. Ich sammelte sie mit Hingabe, legte sie in wattegefütterte kleine Schachteln und hütete sie als meinen Schatz. Sie liefen nicht davon, ließen sich wieder und wieder berühren und bestaunen. Ich erinnerte mich an den Strand, wo ich sie gefunden oder aus dem Sand geklaubt hatte, ich verband sie mit einem Ort, ja mit einer Tageszeit. Und so waren sie über ihre Schönheit hinaus Träger eines bestimmten Moments, winzige Zeugen einer Konstellation, die mich einschloß. Im zugigen Leben bildeten sie Erinnerungsspeicher. Ich ahnte die Verläßlichkeit ihres Überdauerns.
Zu den Muscheln gesellten sich später Schuhe, Bücher, Postkarten, seltsamste Andenken. Das Gefallen, das ich an ihnen fand, hatte keinen pragmatischen Grund. Die Dinge evozierten etwas – und würden auch meine Beziehung zu ihnen bewahren. Ich erstand alte Bücher, denen ich meinen eigenen Stempel aufdrückte (Unterstreichungen, Buchzeichen), ich kaufte bosnische Schnabelschuhe, die mich beim Tragen an den freundlichen Basarhändler erinnerten. Allmählich formten die gesammelten Gegenstände eine Gemeinschaft, in der ich die Spuren meines Lebens, seine Zufälle und Gesetzmäßigkeiten erkannte.

Von System konnte keine Rede sein, denn mein Sammeln war nie systematisch, hatte es nie auf Vollständigkeit abgesehen. Es gab Vorlieben – das Wort Liebe ist wichtig –, und es gab den Wunsch, der Gegenstand möge gegen Vergessen und Vergehen standhalten. Der Gegenstand? Ich sammelte auch Namen, indem ich sie säuberlich aufschrieb. Ich hielt Flüchtiges in Notizheften fest, die von Tintenblau zu Altrosa wechselten und deren Reihe immer stattlicher wurde. Zwischen die Seiten gerieten Grashalme, Museumseintrittskarten, winzige *objets trouvés* und auch mal ein *billet doux*. Beweisstücke erlebter Gegenwart. Bojen im Meer der Zeit.
Ich sammelte, um eine eigene Welt aufzubauen. Um der Zugluft meiner spielzeuglosen Nomadenkindheit etwas Festes entgegenzusetzen. Heute sind es diese Dinge, aus denen mir Geschichte entgegenschlägt, meine eigene.
Sie setzen Staub an, werden je nachdem mürbe oder vergilben, aber sie altern kaum. Die weißblaue Miniaturkirche aus Patmos, der spangrüne Drachen aus Ljubljana, das rumänische Holzkreuz, der winzige Alabasterhase, die dünne metallene Orgelpfeife, die venezianische Colombinenmaske, der herzförmige Stein vom Ufer der Maira, das mit Silbermünzen dekorierte schwarze Beduinentuch, die türkisblaue marokkanische Teeschale, der indische Holzkreisel, die russische Palech-Brosche, der kleine Gipsengel, die rote Schmuckschatulle, die kaukasische Wollmütze, das Reise-Domino-Set, der Pinocchio-Stift, die buntgewobene makedonische Umhängetasche. Und Hunderte von Ansichtskarten (in Schuhschachteln nach Ländern geordnet), und Hunderte von Vinyl-Platten (nach Komponisten geordnet).
Aus Rußland kehrte ich – am Ende meines Stipendienjahres – mit zwei schweren Koffern voller Bücher und Platten (der Firma *Melodija*) zurück, so schwer, daß sich die Sehnen meiner rechten Hand entzündeten. Aber ich hatte keine Wahl,

der Post war nicht zu trauen – und das Mitgebrachte eine Welt. Heute krächzen die Melodija-Platten fürchterlich, und die Lermontow-, Lesskow- und Tschechow-Ausgaben riechen nach Kunststoff und billigem Leim. Es genügt, daß ich die Regale mit der Nase abtaste, um die Provenienz der Bücher festzustellen. Nur: missen möchte ich die sowjetischen nicht. Sie sind Zeitkapseln, holen Vergangenes herauf. Und erinnern mich nicht zuletzt daran, wie schwierig es war, sie (in Antiquariaten) zu beschaffen, wie schwierig, sie anschließend nach Hause zu schaffen.

So konnte ich nur lachen, als ein Freund mir vor Jahren einen gemeinsamen fernen Wohnsitz mit dem Argument schmackhaft machen wollte, er werde mir alle Bücher wieder kaufen (»I'll buy you all your books again«). Wie, bitte, soll das gehen? Jedes einzelne Buch hat seine Geschichte, und mit jedem bin ich – angefangen beim Kauf bis zu den verschlungenen Wegen der Lektüre – verbunden. Bibliotheken lassen sich nicht kopieren. Oder wenn, dann minus ihre Geschichte.

Inzwischen schauen mich die im Laufe langer Jahre gesammelten Dinge verschwörerisch an. Als wollten sie mich heimsuchen, mahnen. Sie sind viele, ich bin allein. Ihre Übermacht quillt aus Schränken und Regalen, stellt sich auf Simsen und Tischen zur Schau. Denn ich habe nicht nur aktiv gesammelt, ich habe auch aufbewahrt, was mir zugeflogen kam: Briefe (schachtelweise, von Freunden, Liebhabern, Kollegen), Postkarten (dito), Widmungsexemplare (dito), Geschenke (Ella Komlewas Ballettschuhe, russische Schals, Seidentücher, Handtaschen, Teegläser, Halsketten, Zeichnungen, Vasen, Teller). Will ich mich von etwas trennen, weht mir Zugluft ins Gesicht. Das bekannte Gefühl: Loslassen, oder: Koffer sind Koffer / sind Abschied / sind Leder / sind Faß-mal-an / sind Pack-mich-voll / und wieder aus / sind Wir-ziehen-von-hier-nach-dort / und von dort / ach ja / nach weiter.

An diesem Weiter führt kein Weg vorbei, und doch. Und doch stehen die Dinge, solide, für etwas Stabilität. Bilden einen Rahmen. Bieten Schutz. Gewähren Halt. Diese stummen, sprechenden Dinge. Die nicht ins Jenseits wollen, aber dazu taugen, ein Zuhause abzugeben.
Daß sie mich spielend überdauern können, ist gut.
Daß sie mich zur Ordnung rufen, ist gut.
Daß sie, ohne sich selber zu verändern, mir zeigen, wie ich mich verändert habe, ist gut.
Daß sie (meiner Sentimentalität zum Trotz) unabhängig sind, ist gut.
Längst führen sie untereinander Gespräche, die mich überflüssig machen. Das ist gut.
Von ihrer Unschuld will ich nicht reden. Unschuldig sind weder sie noch ich. Aber gemessen an meinen Fragen sind sie fraglos gut.

# LXVIII

*Vom Vergessen*

Erinnerung ist die Summe des Vergessenen, sagt Ilse Aichinger.
Der Satz droht, wie ein gefräßiges schwarzes Loch, jeden Erinnerungsrest zu verschlingen.
Aber nein. Erinnerung ist Erinnerung, auch wenn sie da und dort Lücken aufweist. Es gibt Risse im Film. Pausen. Ist das schlimm? Der Körper hat das Recht, sich zu entlasten. Auf eine Tabula rasa ist er nicht aus.
Bevor ich mir das bestimmte ungarische Märchenbuch (halbzerfleddert) ins Gedächtnis zurückrufe, rieche ich es: Zimt und etwas Süßlich-Bitteres. Nirgends sonst bin ich diesem Geruch begegnet. Er führt mitten hinein in die Kindheit, ins Märchenreich. Nur was der Teufel mit Jancsó angestellt hat, weiß ich nicht mehr. Teufel, Jancsó, Zsuzsa, lassen wir es gut sein. Das Buch riecht weihnächtlich, und Mutter liest. Darin ist das halbe Glück beschlossen.
M. nennt mich eine Geruchsfetischistin, während sie selber von *weißen Pinseln, rosa Fingerspitzen* und *akuten Ellenbogen* schwärmt.
Das Vergessen, sage ich, macht um den Geruch einen Bogen. Wenn es nach Heu duftet, sehe ich hunderterlei Bilder aufsteigen.
M. denkt in Bildern, M. erinnert sich in Bildern. Der Rest kümmert sie wenig.
Die Bilder, sage ich, in Ehren. Aber zuerst kommen die Gerüche.

Verläßlich: der Braunkohlegeruch (Ljubljana), der Geruch nach Tang und frittierten Sardinen (Triest), Zypressenduft (Triest, Grado), der Geruch nach regennassem Immergrün (Triest), der Geruch nach Zuckerwatte und gerösteten Mandeln (alle Jahrmärkte meiner Kindheit), der Geruch nach abgestandenem Fett und Pisse (Provinzbahnhöfe Osteuropas), Javelwassergeruch (ungeziefergeplagter Süden), dumpfer Weihrauchgeruch (Italiens Kirchen), Jodgeruch (alte Apotheken). Ein Sekundenlink, und der Film rollt ab.
Wo er reißt, reißt er. Ich feilsche nicht um das Ganze.
Irgendwie spielt die Erinnerung Himmel und Hölle, springt, bleibt stehen, springt.
Und M.: Bilden die Marginalien das Diskontinuum, bildet der Hauptstrang das Kontinuum.
Jetzt aber sachte: Wer sagt mir, was Hauptstrang, Nebenstrang und alles Weitere ist. Diese Fäden, Verknüpfungen, losen Enden, Zufallsmuster.
Spring, Schwesterlein, spring. Und überspring.

Das Überspringen ist Erleichterung. Oder ergibt sich, weil das Gedächtnis streikt. Etwas will nicht, suche und zwacke, vergeblich. Tote Hunde? Amorphe Zonen? Laß sie unberührt. Gründle nicht in trüben Wassern.
*A partial amnesia*, sagt B. Und: Lebensrettend.
In Kosztolányis Roman *Lerche* vergessen die Eltern aktiv, daß ihre Tochter häßlich ist. Fleischige Nase, nüsternartige Nasenlöcher, klitzekleine, molkefarbene Augen, ein watschelnder Gang. Mitnichten heiratstauglich. Und was nun? Mach die Last zu Liebe, wärm dich dran. Auch wenn das Vergeßspiel lügenhaft ist.
Da sitzen Vater und Sohn in einer türkischen Taverne (Kumkapı), beobachten die Touristen nebenan. Der Sohn um die achtzehn, schlaksig, mit schlechter Haut und großer Zahn-

spange. Sie essen wenig und reden noch weniger. Bis die Musik nebenan zum Tanz aufspielt und blonde, übergewichtige Touristinnen sich im Kreis zu drehen beginnen. Das Spektakel der wackelnden Hintern bringt sie zum Lachen – und plötzlich einander näher. Will der Vater (womöglich geschieden und ein levantinischer Don Juan) dem häßlichen Sohn Mut machen? Dieser sei vernarrt in Russinnen, erzählt er mir ungefragt. Während der Sohn verlegen kichert. Das Frauenthema liegt auf dem Tisch, das einzige, das den Häßling zu interessieren scheint. Auch wenn er neben seinem Vater völlig chancenlos ist. Doch darüber kein Wort. Das Entscheidende bleibt tabu. Wird mit jovialer Geste weggekehrt. My son is going to study in the U.S., heißt es hochtrabend. Als sich der Sohn erhebt, sehe ich, daß er magersüchtig ist.

Wegschauen, vergessen, vergessen, wegschauen. Wenn es sein muß. Wenn es sein will. Der Schmerz ist zu allem fähig. Zuerst zieht er sich die Haut des Vergessens über, dann reißt er sie auf.
Und wenn kein Schmerz ist?
Dann gilt wohl mit Blanchot: »Vergessen, sich fügen dem Vergessen in der Erinnerung, die nichts vergißt.«

# LXIX

*Wind*

> Das Gesicht des Windes ist das,
> was er in Bewegung setzt.
> *Yoko Tawada*

Nicht zu fassen: Da, und wieder weg, und hinterläßt doch Spuren, wenn er will. Der Wind, der Wind, das himmlische unhimmlische Kind. Bergwind, Talwind, Landwind, Seewind, Höhenwind, Fallwind, Wirbelwind, Sturmwind, Nordwind, Südwind, Ostwind, Westwind, Brise, Lüftchen, Meerwind, Wüstenwind, Föhn, Scirocco, Tramontana, Maestrale, Bora, Mistral. Es sage mir keiner, die Winde seien austauschbar, ein Wind, der heute in Triest weht, wehe morgen in Berlin. Weshalb es sich nicht lohne, auszuwandern. Die Winde sind Wesen, haben ihre Gebiete, Namen und Wirkungsweisen. Und bin ich im indischen Sinne winddurchlässig (Vata), heißt das nur, daß ich es in meiner zugigen Existenz mit verschiedenen Winden aufnehmen muß, ohne mich umblasen zu lassen. Je mehr Wanderung und Auswanderung, desto größer die Zahl der Windbegegnungen. Bei jeder streift mich die Ahnung, daß Ruhe ein Ausnahmezustand ist.

*Wind*, *vent*, *veter*, *szél*, im Grunde muß er einsilbig sein, der Wind, wie der Schnee, nicht wie die Wolke, die Formen annimmt: von Flocken, Flügeln, Fischen, Drachen, Ohren, Toren, Rüsseln, Schiffen, Amphoren, von Pferden, Segeln, Bohrern, in Schiefer, Weiß, Bleigrau, Beige, Schmutzgelb,

Creme. Der Wind hat keine Farbe, aber er tönt: singt, pfeift, stöhnt und tobt sich aus.

Die Bora in Triest – ferne Nachfahrin des Nordwindgottes Boreas – fauchte wie ein wildes Tier. Stürzte vom Karst hinab zum Meer und riß mit, was ihr in den Weg kam. Ich lernte sie fürchten, klein, wie ich war. Wenn sie am Haus rüttelte, das Meer aufwühlte, Regen in Eis verwandelte, daß die Menschen auf allen Vieren krochen. An Straßenecken waren Seile gespannt, zum Festhalten. Derweil flogen Mützen und Schirme und Schals davon, bauschten sich Mäntel wie Ballons. Ein Fest für Cartoonisten, hätte es nicht immer wieder Tote gegeben. Unter Passanten, Polizisten, Fischern. Bora-Statistiken verzeichnen Windgeschwindigkeiten zwischen 130 und 180 Stundenkilometern, am heftigsten wütet der Wind in den Wintermonaten. Kalt, kalt, für das Kind bedeutete er Hausarrest.

Und doch gab es mäßige Bora-Tage, viertelbedrohliche, da mich Mutter in meinen ungarischen Lammfellmantel packte und mitnahm. Ich sah das bleigraue, schaumzerzauste Meer, spürte die Elementargewalt des Winds, kämpfte gegen Widerstand und Angst. Triest wurde zum Tohuwabohu, zu einem entfesselten Etwas, das laut an mein Ohr schlug. Die Hauptstadt der Bora fletschte ihre Zähne.

Beim trägen Südwind, dem Scirocco, verbreitete sie bleierne Müdigkeit und schlechte Laune. Der Wind kam stoßweise, vom Meer her, das in Dunst gehüllt war. Fiebrige Wärmewellen, laue Luftpolster, im Kopf machte sich Dumpfheit breit. Pinien, Tamarisken und Oleander zitterten unfroh. An solchen Tagen jagte ich lieber die Lichthasen im Siestazimmer, als auf den Strandfelsen zu sitzen. Obwohl das Wasser Abkühlung versprach.

Sage mir keiner, die Winde glichen sich.

In der Lagune von Grado bläst der Tramontana. Gras und Büsche auf den winzigen Inseln biegen sich im Wind. Es ist frisch, die Schaumkronen glänzen im Abendlicht, der Himmel gleicht einem fahrenden Bild. Pallaksch, Pallaksch, entfährt es mir. Rechts Pasolinis Medea-Eiland, die Schilfhütte, ohne Callas. Giuseppe Zigaina neben mir sagt, ein Gruß in der Lagune bestehe in einem einfachen Heben der Hand, vergleichbar einem Flügelschlag. Dann legt unser Schiff an der kleinen Mole der Insel Anfora an. Der Wind kommt in kalten Böen, zieht, reißt, rüttelt. Liest in der Blindenschrift des Meers. Die Wolken segeln. Kapuze hoch, und den Damm entlang, durch kniehohes Gewächs. Ich muß mich bücken, um den Windstößen zu trotzen. Grauer Lagunenschlamm, aus dem Holzteile ragen. Dahinter das blaugrüne seichte Wasser. Es riecht nach Algen und Jod. Ich atme den Geruch ein, den schneidenden Wind. Er dringt in meine Lunge. Er betäubt mein Ohr. Und weiter. Durch meinen Kopf schwimmen die Mosaikfische Aquileias. So eine fröhliche Schar. Über mir treiben eilige Wolken. Sie erzählen vom Sturm auf dem offenen Meer. Hier, in der Lagune, sprüht keine meterhohe Gischt, obwohl der Wind zulegt. Er ohrfeigt mich. Noch vor dem Ende des Damms kehre ich um, mit salzfeuchtem Gesicht. Sehe tränend die runden Grasteppiche im Brackwasser. Die Sonne geht unter.
In der Fischerkneipe ist es windstill, Muschelrisotto dampft in den Tellern. Und das Fleisch der fangfrischen Seebrasse ist weiß und saftig. Ich esse ein Stück Meer, während draußen die Nacht hereinbricht.

Im Wind ist ein schwieriges Wohnen, weiß Biagio Marin. Auf gradesisch: »Vive nel vento / xe difissile modo ...« Doch wer spricht von Wohnen? Sind wir nicht immer umgezogen, windisch? Ob ich die Winde jage oder sie mich, was soll's. Von Einfangen kann keine Rede sein. Alle Eimer, Lassos umsonst.

Da, sag ich zum Kind, da hast du die Windrose. Sie wird's schon weisen. Staune und vertraue.

# INHALT

I  Wer war Vater? .............................................................. 7
II  Bis nach Wilna ............................................................ 16
III  Das andere Gedächtnis................................................ 23
IV  No memory................................................................ 25
V  Was heute ist (Intermittierendes Stillleben)................ 32
VI  Was es mit Koffern auf sich hat ................................. 34
VII  Budapest, remixed..................................................... 38
VIII  Garten, Züge ............................................................. 44
IX  Am Meer ................................................................... 50
X  Amelia....................................................................... 55
XI  Das Siestazimmer ...................................................... 60
XII  Stadtbilder ................................................................. 63
XIII  Onkel Misi ................................................................ 67
XIV  Farben ....................................................................... 71
XV  Grenzen .................................................................... 74
XVI  Helle Parenthese ....................................................... 77
XVII  Schatten .................................................................... 81
XVIII  Heimweh nach Jalousien........................................... 85
XIX  Durch Schnee ........................................................... 87
XX  Der Schlitten, der Hang............................................ 91
XXI  Puppe Sári, Puppe Lisi ............................................. 95
XXII  Bruder ist krank........................................................ 98
XXIII  Verlassenheitstaufe ................................................. 102
XXIV  Ich lese, also bin ich ............................................... 103
XXV  Fassung. Fassade ..................................................... 108
XXVI  Musica .................................................................... 111
XXVII  Küssen .................................................................... 116
XXVIII  Der Atlas ................................................................ 119

| | | |
|---|---|---|
| XXIX | Vorfreude | 124 |
| XXX | Notate, Listen | 126 |
| XXXI | Sand | 133 |
| XXXII | Sand wie Land | 137 |
| XXXIII | Seltsam | 143 |
| XXXIV | Umzug | 147 |
| XXXV | Herr S. | 153 |
| XXXVI | Dostojewskij | 157 |
| XXXVII | Zwischen Hund und Wolf | 165 |
| XXXVIII | Keine Kalbereien mehr, mehr Musik | 168 |
| XXXIX | Janusz | 175 |
| XL | Vorfrühling: jetzt | 179 |
| XLI | Clara Haskil | 181 |
| XLII | Ticks | 183 |
| XLIII | Vorbilder | 186 |
| XLIV | Kniesockenglück | 189 |
| XLV | Ostern | 193 |
| XLVI | Man will uns nicht | 202 |
| XLVII | Am Neusiedlersee | 206 |
| XLVIII | Wie war das mit vierzehn | 215 |
| LIX | Mehr Risse, bitte | 220 |
| L | Die Schweigerin | 222 |
| LI | Dedek | 227 |
| LII | Die Schläferinnen | 235 |
| LIII | Paris, 6 Quai du Marché Neuf | 239 |
| LIV | Straßen, Kirchen | 242 |
| LV | Der Organist | 247 |
| LVI | Praha | 253 |
| LVII | Karfreitagsintermezzo | 258 |
| LVIII | Russische Tage und Tage. Die Reise | 259 |
| LIX | Uliza Schewtschenko, 25/2 | 265 |
| LX | In der Bibliothek | 268 |
| LXI | Konzerte mit Alexej | 271 |

| LXII | LL oder Lena forever | 277 |
| LXIII | Die Jahreszeiten | 285 |
| LXIV | Notizen | 292 |
| LXV | Abschiedslosigkeit | 297 |
| LXVI | Vom Vermissen | 304 |
| LXVII | Vom Sammeln | 311 |
| LXVIII | Vom Vergessen | 315 |
| LXIX | Wind | 318 |

Die Autorin dankt der Schweizer Kulturstiftung PRO HELVETIA
für die großzügige Unterstützung dieser Arbeit.

© Literaturverlag Droschl Graz – Wien 2009
7. Auflage 2017

Umschlag: & Co, www.und-co.at
Satz: AD
Druck: Theiss

ISBN 978-3-85420-760-3

Literaturverlag Droschl  Stenggstraße 33  A-8043 Graz
www.droschl.com